QUESTÕES DE BIOÉTICA CLÍNICA

PARECERES DA COMISSÃO DE BIOÉTICA DO HOSPITAL DAS CLÍNICAS DA FACULDADE DE MEDICINA DA UNIVERSIDADE DE SÃO PAULO

QUESTÕES DE BIOÉTICA CLÍNICA

PARECERES DA COMISSÃO DE BIOÉTICA DO HOSPITAL DAS CLÍNICAS DA FACULDADE DE MEDICINA DA UNIVERSIDADE DE SÃO PAULO

ORGANIZADORES

CLAUDIO COHEN

Mestre e Doutor em Psicologia Social pela USP, Livre Docência em Ética Médica pela Faculdade de Medicina da USP
Professor Associado da Faculdade de Medicina da USP
Presidente da Comissão de Bioética (CoBi) do Hospital das Clínicas da Faculdade de Medicina da Universidade de São Paulo (HC-FMUSP)
Membro da Câmara Técnica de Saúde Mental do Conselho Regional de Medicina do Estado de São Paulo
Membro da Comissão de Ética da Sociedade Brasileira de Psicanálise de São Paulo
Coordenador do Núcleo de Estudos de Bioética da USP

MARIA GARCIA

Procuradora do Estado Aposentada
Ex-Assessora Jurídica da Reitoria da USP
Livre-Docente em Direito Constitucional pela PUC-SP
Membro da CoBi do HCFMUSP
Membro do Instituto Brasileiro de Direito Constitucional (IBDC) e do Instituto dos Advogados de São Paulo (IASP)

NON SOLUS
ELSEVIER

Capa
Folio Designers

Editoração Eletrônica
Rosane Guedes

Elsevier Editora Ltda.
Rua Sete de Setembro, 111/16º andar
20050-006 - Centro - Rio de Janeiro - RJ - Brasil
Telefone: (21) 3970-9300 - Fax: (21) 2507-1991
e-mail: info@elsevier.com.br

Escritório São Paulo
Rua Quintana, 753/8º andar
04569-011 - Brooklin - São Paulo - SP - Brasil
Tel: (11) 5105-8555

ISBN: 978-85-352-2730-7

NOTA

O conhecimento médico está em permanente mudança. Os cuidados normais de segurança devem ser seguidos, mas, como as novas pesquisas e a experiência clínica ampliam nosso conhecimento, alterações no tratamento e terapia à base de drogas podem ser necessárias ou apropriadas. Os leitores são aconselhados a checar informações mais atuais dos produtos, fornecidas pelos fabricantes de cada droga a ser administrada, para verificar a dose recomendada, o método e a duração da administração e as contra-indicações. É responsabilidade do médico, com base na experiência e contando com o conhecimento do paciente, determinar as dosagens e o melhor tratamento para cada um individualmente. Nem o editor nem o autor assume qualquer responsabilidade por eventual dano ou perda a pessoas ou a propriedade originada por esta publicação.

O EDITOR

CIP-BRASIL. CATALOGAÇÃO-NA-FONTE
SINDICATO NACIONAL DOS EDITORES DE LIVROS, RJ

C628q Cohen, Claudio
Questões de bioética clínica: pareceres da Comissão da Bioética do Hospital das Clínicas da Faculdade de Medicina da Universidade de São Paulo / Claudio Cohen, Maria Garcia. - 1.ed. - Rio de Janeiro: Elsevier, 2007.

ISBN 978-85-352-2730-7

1. Hospital de Clínicas (SP). Comissão de Bioética. 2. Bioética. 3. Ética médica. I. Garcia, Maria. II. Título.

07-2460 CDD: 174.2
CDU: 614.253

27.06.07 02.07.07 002496

Comissão de Bioética (CoBi) do Hospital das Clínicas da Faculdade de Medicina da Universidade de São Paulo (HC-FMUSP)

Membro	*Titulação*
CLAUDIO COHEN – Presidente	Livre-Docente em Ética Médica pela FMUSP; Professor Associado da FMUSP; Presidente da CoBi do HC-FMUSP; Membro da Câmara Técnica de Saúde Mental do Conselho Regional de Medicina do Estado de São Paulo; Membro da Comissão de Ética da Sociedade Brasileira de Psicanálise de São Paulo
MAX GRINBERG – Vice-Presidente	Diretor da Unidade Clínica de Valvopatia do InCor; Vice-Presidente da Comissão de Bioética da FMUSP
ÂNGELA MAGGIO DA FONSECA	Professora Associada Livre-Docente do Departamento de Obstetrícia e Ginecologia da FMUSP
ANÍSIO BALDESSIN	Bacharel em Filosofia e Teologia Padre Camiliano – Capelão do HC-FMUSP
CHIN AN LIN	Professor Colaborador do Departamento de Clínica Médica da FMUSP; Médico Assistente-Doutor da Clínica Geral do HC-FMUSP
EDNA RODRIGUES	Doutora em Enfermagem; Executivo Público da Diretoria Executiva do Instituto de Psiquiatria
ELIANA RODRIGUES CARLESSI	Diretora da Divisão de Enfermagem – ICHC
ELMA ZOBOLI	Enfermeira, Mestre em Bioética, Doutora em Saúde Pública; Docente da Escola de Enfermagem da USP
FÁTIMA SOLANGE PASINI	Doutora em Biotecnologia/Área Interunidades em Biotecnologia/USP; Atuante na Disciplina de Oncologia – Departamento de Radiologia da FMUSP
GABRIEL WOLF OSELKA	Professor Associado da FMUSP; Coordenador do Centro de Bioética do CREMESP
ITIRO SUZUKI	Diretor Técnico e Médico Assistente do Instituto de Ortopedia e Traumatologia do HC-FMUSP

Membro	*Titulação*
JOAQUIM EDSON VIEIRA	Graduado em Medicina pela FMUSP; Especialista em Anestesiologia pelo HC-FMUSP; Bacharel em Sociologia pela FFLCH-USP; Doutor em Patologia pela FMUSP; *Research Fellow* na Universidade de Chicago-EUA; Diploma em *Medical Education* pela Universidade de Dundee-Escócia; Médico da Divisão de Anestesia do HC-FMUSP; Secretário do CEDEM – Centro de Desenvolvimento de Educação Médica Prof. Eduardo Marcondes da FMUSP e Diretor Científico Adjunto da Associação Paulista de Medicina (APM)
JOSÉ ABI KARAM	Médico Assistente do Pronto-Socorro - ICHC-FMUSP; Professor Colaborador – Departamento de Clínica Médica da FMUSP; Coordenador Médico do Hospital Local Sapopemba – HC-FMUSP
LUCIMAR AP. BARRENSE NOGUEIRA SAMPAIO	Doutora em Enfermagem; Diretora das Unidades Cirúrgicas Coordenação de Enfermagem – Instituto do Coração – HC-FMUSP
LINAMARA RIZZO BATISTTELLA	Professora do Departamento de Medicina Legal, Ética Médica, Medicina Social e do Trabalho da FMUSP; Diretora da Divisão de Medicina de Reabilitação do HC-FMUSP
MARCO SEGRE	Professor Emérito de Medicina Legal, Ética Médica e Medicina Social e do Trabalho da FMUSP; Professor da Disciplina "Ética do Início da Vida" do curso de Mestrado de Bioética do Centro Universitário São Camilo; Professor de Ética Médica das Faculdades de Medicina da UNISA (SP) UNIMES (Santos)
MARIA GARCIA	Livre-Docente em Direito do Estado pela PUC/SP; Professora de Direito Constitucional e Direito Educacional da PUC/SP; Procuradora do Estado Aposentada Ex-Assessora Jurídica da USP; Membro do IASP, do IBDC e da CoBi.
MARIA JOSÉ PARO FORTE	Mestra em Serviço Social – Divisão de Serviço Social – Instituto da Criança HC-FMUSP
MAURÍCIO SECKLER	Formado em Medicina pela FMUSP; Médico do Hospital Universitário da USP – HU; Diretor Clínico do HU de 2000 a 2002; Coordenador do Grupo de Apoio ao Profissional e Paciente Crítico (GRAPPAC) de 1992 a 2000; Membro do CEP (Comitê de Ética em Pesquisa) do HU
MASSAYUKI YAMAMOTO	Diretor Executivo do Instituto Central do HC-FMUSP
MARIA MATHILDE MARCHI	Procuradora do HC-FMUSP e Coordenadora do Núcleo Especializado em Direito (NUDI)
PILAR LECUSSAN GUTIEREZ	Médica Psiquiatra do ICR HC-FMUSP
RACHEL SZTAJN	Professora Associada da Faculdade de Direito da USP
RAYMUNDO SOARES DE AZEVEDO	Professor Associado MS-5 do Departamento de Patologia da FMUSP; Coordenador do Programa de Doutorado em Patologia da USP; Responsável pelas Disciplinas de Patologia Clínica, Patometria e Vacinologia
RENATO DEL SANT	Mestre em Psiquiatria pela FMUSP e Médico Assistente do Instituto de Psiquiatria do HC-FMUSP
VITA AGUIAR DE OLIVEIRA	Pós-graduada em Gestão Pública pela Fundação Escola de Sociologia e Política de São Paulo (FESPSP); Representante do Fórum de Portadores de Patologias do Estado de São Paulo (FOPPESP) na CoBi; Voluntária da Associação Brasil Huntington (ABH)

Agradecimentos

À Administração Superior do Hospital das Clínicas da Faculdade de Medicina da Universidade de São Paulo, nas pessoas do Prof. Dr. Marcos Boulos – Diretor da Faculdade de Medicina da Universidade de São Paulo e Presidente do Conselho Deliberativo do Hospital das Clínicas; Prof. Dr. José Otavio Costa Auler Junior – Diretor Clínico do Hospital das Clínicas; e Dr. José Manoel de Camargo Teixeira – Superintendente do Hospital das Clínicas, por tornar possível a edição deste livro.

À Fundação Faculdade de Medicina, na pessoa do seu Diretor Geral Prof. Dr. Flávio Fava de Moraes, pelo apoio recebido.

Aos membros da Comissão de Bioética do Hospital das Clínicas e da Faculdade de Medicina da Universidade de São Paulo, pelos trabalhos de excelência e qualidade que vêm efetuando nos seus pareceres.

À Diretora de Serviço, Terezinha Simões da Cruz, pelo apoio e assessoria na condução dos trabalhos administrativos.

À secretária da Comissão de Bioética, Viviane da Cruz Nunes, pela assessoria durante todas as fases do processo da construção do livro.

Ao Núcleo Editorial do Hospital das Clínicas e da Faculdade de Medicina da Universidade de São Paulo.

Aos profissionais da saúde e demais funcionários que, direta ou indiretamente, contribuíram com o seu trabalho para a publicação, divulgação e lançamento do livro *Questões de Bioética – Pareceres da Comissão de Bioética do Hospital das Clínicas da Faculdade de Medicina da Universidade de São Paulo.*

Apresentação

Consciente de que os seres humanos são parte integrante da biosfera e que exercem papel importante na existência um do outro, conforme o que preceitua a "Declaração Universal sobre Bioética e Direitos Humanos", esta publicação visa fazer com que o profissional da área da saúde tome conhecimento de situações vivenciadas no Hospital das Clínicas da Faculdade de Medicina da Universidade de São Paulo (HC-FMUSP), discutidas e analisadas sob a luz dos conceitos bioéticos pelos integrantes da Comissão de Bioética do HC-FMUSP. Os pareceres aqui emitidos foram endossados pela Administração Superior deste hospital.

Prof. Dr. José Otavio Costa Auler Junior
Diretor Clínico do Hospital das Clínicas

Prefácio

O Hospital das Clínicas da Faculdade de Medicina da Universidade de São Paulo, o maior hospital do país, e também da maior universidade do Brasil, atende pacientes provindos de diferentes locais, com hábitos e costumes diversos e também com crenças distintas.

No contexto acima, é comum que surjam questionamentos decorrentes do emprego de novidades científicas, de crendices populares e mesmo de preceitos religiosos.

A Comissão de Bioética, da Diretoria Clínica do Hospital das Clínicas, tem sido a assessora fundamental para as tomadas de decisões, sejam estas relacionadas ao médico assistente ou aos administradores.

No livro *Questões de Bioética Clínica – Pareceres da Comissão de Bioética do Hospital das Clínicas da Faculdade de Medicina da Universidade de São Paulo*, Cláudio Cohen e Maria Garcia selecionaram diferentes pareceres da Comissão de Bioética. Dentre os pareceres destaco: Alta a Pedido, Pedido de Transferência de Servidor Infectado pelo HIV, Orientação sobre Fornecimento de Medicamento de Alto Custo mediante Imposição Judicial, Demanda Crescente do Atendimento do Pronto-Socorro diante da Assistência Adequada, Cirurgia de Transexualidade, Reprodução Assistida, Diretrizes sobre Psicocirurgia, Indicação sobre Interrupção de Gestação, Orientação para Utilização de Recursos da Indústria Privada para Financiar Projetos Institucionais, Parecer sobre Ética e Sigilo Profissional Referente ao Fornecimento de Informações de Pacientes, Solicitação de Prontuário de Paciente por Autoridade Judicial, Indicação do Momento de Morte para Fins Legais e Realização do Exame HIV para Fins de Investigação Diagnóstica quando Houver Recusa do Paciente.

Como se pode observar, são pareceres sobre dificuldades com que os profissionais e as instituições de saúde se deparam e que são abordados com competência, buscando analisar os diferentes aspectos de cada situação.

Este deve ser um "manual" a que devemos recorrer com freqüência para nos orientar nas situações práticas de nosso cotidiano profissional.

A melhor apresentação deste texto é a sua leitura.

Marcos Boulos
Diretor da Faculdade de Medicina da USP
Presidente do Conselho Deliberativo do Hospital das Clínicas

Introdução

A expectativa média de vida do ser humano até o século XVIII era de aproximadamente 35 anos, atualmente ela é de 70 a 80 anos, dependendo do país. Porém, nos aproximamos rapidamente de ter uma expectativa média de vida de 100 anos, que já foi alcançada por muitas pessoas.

Este prolongamento se deu principalmente pelo desenvolvimento científico, aplicado na prática pelas ciências da vida e que é conhecido como uma medicalização da vida. E essas mudanças biológicas, psicológicas e sociais trouxeram novos paradigmas, como o conceito de cuidados paliativos ou a clonagem, mas também criaram conflitos éticos entre a sacralização da vida e a utilização de embriões, ou a utilização de células-tronco adultas e embrionárias, ou ainda, a qualidade de vida e a distanasia.

Em conseqüência desta evolução da espécie, podemos identificar algumas dificuldades diante da revolução cultural, como, por exemplo, se adaptar a estes novos valores e ainda querer ter o livre-arbítrio para ter uma vida quase três vezes maior.

Para lidar com tais questões, os bioeticistas tentam construir novos paradigmas para conceitos como o de saúde e o de vida. Por outro lado, a sociedade deverá também rever conceitos como os de família, educação, trabalho, alocação de recurso, início e fim da vida.

Certamente, o conceito de ética é anterior aos gregos, mas devemos a este povo o fato de tê-la nomeado, enquanto filosofia do bem e do mal. Porém, desde os nossos primeiros ancestrais, os que puderam simbolizar e, portanto, dar um significado ao mundo, já deveria existir uma ética que possibilitava as relações humanas. Assim como já existiam tabus e leis sociais que regulamentavam o comportamento humano mesmo antes que fossem criados os códigos escritos de moral.

No entanto, o ser humano, em termos emocionais, continua sendo o mesmo. Isto pode ser observado na história da humanidade que nos mostra que tendemos a reproduzir o mesmo comportamento, como, por exemplo, o temor que temos à morte.

Atualmente estamos revivendo o renascer da cultura humanista, que se caracteriza pela sua visão antropocêntrica do mundo. Para dar um exemplo desta repetição, retomamos o movimento artístico e científico conhecido como Renascimento dos sécs. XV e XVI que pôde ser caracterizado pelo renascer da cultura grega clássica.

Esse movimento cultural, que nos trouxe novos valores e o conhecimento científico da anatomia humana, não nos permitiu localizar em qual parte do corpo está a nossa alma. Do mesmo modo que na atualidade, com a nova revolução científica, com a possibilidade da utilização de células-tronco ou do aquecimento global, não nos transformamos em diabos ou deuses. Estas questões humanas são muito complexas e difíceis de serem avaliadas apenas pelo método científico ou pela religião.

Estes novos valores da vida, como o de morte encefálica ou o da questão dos transgênicos, em parte, são resultantes do desenvolvimento científico, mas, em parte, surgem do renascimento do pensamento humanista e da percepção evolucionista da humanidade, aceitando que já não existe o certo ou o errado absoluto e universal, mas se podem respeitar os diferentes valores individuais e culturais.

Para lidar com tais conflitos de valores, surge a bioética, que desde sua origem tem se ocupado de questões estruturais da humanidade e que aceita e respeita os diferentes valores, tentando construir consensos para o convívio social, nos responsabilizando pelas nossas tomadas de decisão.

A possibilidade de lidar com este mundo novo nos assusta. As novas perspectivas que a ciência traz e que permitem modificar a nossa sociedade e os seus valores, além de nos dar a autonomia de criar o nosso futuro, são aterradoras. Precisamos, por exemplo, lidar eticamente com os clones humanos, ou, neste momento, saber qual é o limite social possível e se devemos aceitar a seleção natural proposta por Darwin ou a seleção artificial proposta pelos cientistas, ou ainda, o que pode ser permitido em experimentos científicos.

Devemos salientar que o humano é construído a partir de uma filosofia estruturalista, portanto a ética do indivíduo emergirá do convívio com a cultura e das relações psicossociais. Deste modo, os outros animais não têm problemas éticos, pois não são sujeitos da cultura. Somos nós, seres humanos capazes de simbolizar, que criamos e resolvemos os problemas éticos e morais.

Assim sendo, nós não nascemos nem éticos e nem antiéticos, nascemos aéticos, mas temos a possibilidade de nos tornarmos seres éticos. Construiremos a nossa eticidade durante o nosso desenvolvimento, pois ela faz parte do nosso processo de hominização, fenômeno que toda pessoa deve percorrer para se tornar um indivíduo.

Assim, podemos pensar em pelo menos duas éticas diferentes e que podem se contrapor: a ética do indivíduo e a ética do outro. Destas diferenças é que surgirá o que podemos denominar bioética das relações. Deste modo, devemos entender que a bioética emerge da percepção simbólica da existência do outro (sujeito ou objeto), do conflito que este fenômeno nos causa e da necessidade de nos relacionar com estima e respeito ao outro.

Não devemos nos impor e nem nos submeter uns aos outros, devemos aprender a acolher as diferenças, aceitando o que os outros sentem e pensam. Isso pode ser observado, por exemplo, no momento em que a sociedade passa a respeitar os direitos das minorias.

Por sua vez, a bioética clínica, que é discutida nas comissões institucionais de bioética, tem a ver com uma reflexão prática das questões éticas relativas às relações humanas. Elas emergem quando aceitamos a existência de novos valores, que devem ser entendidos e respeitados a partir de uma visão pluralista. Atualmente nos é muito difícil afirmar o que venha a ser aceito universalmente como certo ou errado absoluto. Existem vários princípios e diferentes culturas, com suas próprias verdades, que irão questionar um fato ou uma situação. As decisões morais não são verdadeiras ou falsas, elas estão vinculadas à competência do grupo em avaliar os conflitos éticos.

Por outro lado, a bioética, enquanto uma construção ideológica para se poder pensar eticamente a respeito das ciências da vida, ainda não consegue ter toda a atenção que mereceria no cotidiano da vida de instituições, como o Hospital das Clínicas da FMUSP.

A grande contribuição prática que pode ser dada pelas Comissões de Bioética de tais instituições, que lidam com questões complexas que em alguns casos nem foram pensadas pela comunidade, é a de refletir enquanto grupo multiprofissional sobre os fatos, identificando os valores éticos em questão e analisando o curso das ações possíveis.

Portanto, é desejável que os pareceres da comissão de bioética estabeleçam certa jurisprudência institucional, ou pelo menos ajudem na tomada de decisão das pessoas que trabalham na instituição.

Por esses motivos é que a bioética clínica surge como uma possibilidade de se pensar e discutir com as diferentes instituições sociais que lidam com a saúde e com os profissionais da área da saúde, a aplicação desses novos valores resultantes do desenvolvimento científico diante de uma sociedade pluralista. E a reflexão dos conflitos emergentes deve ser analisada desde os valores da ética, como ciência dos fundamentos ou princípios das ações, e dos valores da moral, como conjunto de normas que regulam as ações humanas, valores estes que irão trazer elementos que possam definir os limites dessa relação ante as funções institucionais.

A atitude do indivíduo em relação à sua função institucional deveria ser coerente com os próprios valores, mas este também deveria ter a clareza de que será responsabilizado pela sociedade por seus atos.

Um profissional da área da saúde não deve se restringir apenas à condição objetiva do conhecimento técnico que possui ou do título que a sociedade lhe confere, há também uma condição subjetiva e afetivo-cognitiva que o indivíduo deverá adquirir na sua experiência profissional. A somatória dessas condições, subjetivas e objetivas, é que tornará o profissional competente para a sua função.

Entendemos que se pudermos realizar um esforço, poderemos pensar de forma única o indivíduo e a sociedade ao mesmo tempo, desde seu componente externo ou moral e de seu componente interno ou ético. Isto não quer dizer que seja um "uno" constante e harmônico, mas sim um "uno" em constante desenvolvimento e, portanto, em constante conflito.

O valor desta percepção bioética é de que devemos nos respeitar, enquanto seres únicos, mas ao mesmo tempo devemos respeitar ao outro; esta percepção diferenciada nos ensina a necessidade do respeito às funções sociais e o respeito ao desenvolvimento do indivíduo. O antiético, neste tipo de compreensão, seria o não aceitar as funções criadas pela humanidade, que devem ser apreendidas pelo indivíduo para o seu desenvolvimento; por exemplo, a função da família, da saúde, da justiça, etc., que permitem o desenvolvimento individual.

Podemos perceber por que a bioética pode ser entendida como uma reflexão ética sobre a vida. A grande tarefa da bioética clínica é poder pensar nos conflitos institucionais, tendo que educar as pessoas diante das suas deliberações.

Por outro lado, inegável se tornou, na atualidade, considerar o rumo vertiginoso que alcançaram e desenvolvem os estudos da Biotecnologia. É inegável também que os resultados desse impacto se fazem sentir em outras áreas do conhecimento, além da Bioética e do Biodireito, por força da dinâmica do denominado Neoconstitucionalismo e da intertextualidade do Direito Constitucional.

O Biodireito consiste no conjunto das normas jurídicas que, a partir da Biogenética e suas ramificações, têm a *vida*, nas suas várias modalidades, por objeto principal e específico.

A partir desse conceito, adentra-se a problemática atual da Biotecnologia e tudo o que agrega o denominado desenvolvimento científico, desde a análise preliminar do que significa efetivamente "desenvolvimento" para a Humanidade, no estágio atual principalmente, em que coabitam problemas de extrema miséria e alta tecnologia, além dos permanentes conflitos mundiais em termos de agressividade humana.

Essa problemática se estende às áreas da efetiva aplicação do conhecimento, repercutindo na prática profissional, sob o ângulo genérico dos direitos humanos fundamentais e da sua efetividade.

Esses direitos que abrangem várias dimensões, desde os direitos individuais e sociais, aos direitos políticos, difusos e coletivos, atualmente se estendem, juntamente aos avanços da Biotecnologia, àqueles referentes ao genoma, ao DNA e a tudo o que signifique a *pessoa e a personalidade humana.*

Pelo exposto, houve a necessidade e a premência de uma obra que pudesse oferecer, aos estudiosos do Direito, da Medicina, e de outras áreas interessadas, direta ou indiretamente, os subsídios de entidades como as Comissões de Bioética, no caso, a CoBi do HCFMUSP, com seus pareceres sobre as questões analisadas em que se congregam, conforme exposto, as manifestações de diversas áreas do conhecimento para o atendimento às dificuldades e perplexidades que diariamente enfrentam não apenas os profissionais implicados, mas o ser humano, nos múltiplos aspectos da sua existência.

Claudio Cohen
Maria Garcia

Sumário

1

Administração Hospitalar

A complexidade da medicina atual requer não somente um plantel de profissionais extremamente bem qualificados, mas também um significativo aporte de meios técnicos e econômicos, adequada infra-estrutura e uma organização administrativa e gerencial à altura da tarefa que está chamada a cumprir a fim de atender a expectativa social para os hospitais. A medicina é a resposta humana e ética à vulnerabilidade dos que sofrem, e o hospital é lugar de concretização desta resposta, assim, ele também deve se estruturar de tal forma que seja um organismo ético, uma entidade ética vivente. É a pessoa que sofre quem impõe ao hospital a necessidade dele de se proclamar um organismo ético comprometido, vivo e sensível.

Os hospitais devem atuar como agentes morais conscientes, explícitos, sensíveis, para não permitir que tensões internas ou pressões externas o afastem de suas finalidades humanitárias. Muitas das ações dos médicos, enfermeiros, administradores não lhes são atribuídas individualmente, mas ao hospital. Para uma assistência de boa qualidade técnica e ética não basta a mera somatória da ética individual de quem trabalha no hospital, mas é preciso a atuação sinérgica de todos, sejam da área assistencial ou administrativa, enquanto uma equipe que se guia pelo zelo e o respeito devidos à vida e à saúde das pessoas que acorrem ao hospital em busca de cuidado.

A vida social se degrada quando quem tem em suas mãos as dimensões morais mais sagradas da existência, como a religião, a justiça ou a saúde, não aspiram a excelência técnica e moral em sua atuação. O hospital então, como organismo ético, deve incorporar valores éticos compatíveis com sua nobre missão. Desta forma, atitudes e procedimentos apropriados a uma rede de negócios, e que são necessários para a gestão dos hospitais com vistas a mantê-lo como organização administrativo-burocrática, não podem ser incorporados em seu cotidiano sem uma grande dose de sentimento humano unido à capacidade profissional específica.

O Hospital das Clínicas da Universidade de São Paulo, como as demais organizações hospitalares, deve atuar como um organismo ético, uma entidade ética vivente. E esta necessidade assume tom especial se considerarmos sua peculiaridade de hospital de ensino. A Comissão de Bioética do HCFMUSP tem atuado nestes últimos 10 anos como um lócus privilegiado para discussão dos valores éticos adequados à missão deste complexo de assistência, pesquisa e ensino. Seus nortes têm sido a consciência de que para imprimir uma imagem ética do hospital não basta a atuação ética de cada qual de maneira independente e isolada, e a preocupação de convicções éticas coletivas não podem ser asfixiantes, desrespeitando o pluralismo moral dos trabalhadores e usuários do serviço.

A bioética é antes de tudo o fruto vagaroso de uma ampla consulta dialogal das várias correntes culturais ou religiosas, a fim de elaborar consensos, possíveis para o momento, após avaliação criteriosa e responsável para a distinção das práticas promotoras e impeditivas da sanidade da população e dignidade das pessoas. Devem-se incentivar as que promovem e frear as que impedem a plena consecução do respeito à dignidade de todos os humanos envolvidos na assistência à saúde, ou seja, tanto os profissionais quanto os pacientes. É neste intuito que apresentamos a coletânea a seguir, focando as questões pertinentes à administração hospitalar.

ELMA ZOBOLI

Parecer Processo H.C. 1675/92-1

Assunto: Alta a pedido
Interessado: Instituto da Criança

Um dos pilares da bioética, subdisciplina da Ética Aplicada é o aspecto da Autonomia do paciente, ou seja, o consentimento informado intencional e livre de coação.

No caso de um paciente cientificado dos riscos que corre insistir em requerer sua alta hospitalar contra o parecer médico, não estaria este paciente exercendo seu direito de autonomia?

No intuito de esclarecer este ponto, vale notar:

Para que qualquer indivíduo exerça sua vontade livremente, sua cidadania, seu direito de optar por tratamento adequado, enfim, sua autonomia plena, é mister e condição *sine qua non* que esteja no gozo de suas faculdades mentais.

Em termos psicopatológicos, a função psíquica que se pesquisa com o intuito de se estabelecer o aspecto acima mencionado é o *juízo, ou capacidade de ajuizar*, que nada mais é que a capacidade do indivíduo de avaliar a sua própria realidade interior, e também a realidade objetiva, exterior, o que se aquilata, a partir das afirmações que a pessoa emite a seu respeito e a respeito do mundo objetivo.

Por conseguinte, segue-se que o indivíduo que tem íntegra sua capacidade de juízo é plenamente capaz de decidir seu destino de si próprio e de responder por seus atos, por seus erros e acertos, de compreender o alcance e conseqüências de suas ações. Já uma pessoa em franco surto psicótico agudo pode estar captando a realidade de forma altamente distorcida e tomar decisões externamente perigosas. E o ser humano em plena lucidez é capaz tanto de grandes acertos quanto de grandes desatinos.

Há situações em que o ser humano não está capaz de exercer adequadamente sua capacidade de juízo, a saber:

1. O indivíduo em coma.
2. O indivíduo portador de múltiplas deficiências sensoriais.
3. O indivíduo imaturo, como por exemplo, uma criança pequena, ou o portador de retardo mental.
4. O indivíduo portador de determinados distúrbios psiquiátricos.

Convém esclarecer que o prejuízo da capacidade de juízo encontrado na realidade clínica não é uma situação de tudo ou nada; ele pode ser encontrado nos mais diversos graus, podendo ser discreto, moderado, intenso ou total, e que o grau de intensidade também pode variar ao longo do tempo. Em outros termos, existem incapacidades totais e parciais, provisórias ou permanentes.

Depreende-se disto a necessidade de se avaliar o grau de capacidade do paciente. Nas situações em que ela inexiste, o simples expediente de se transferirem as atribuições do paciente ao seu parente próximo ou responsável legal pode não ser suficiente. Seria necessário avaliar neste, também, sua capacidade de juízo, como também a isenção desta pessoa.

A discussão deste tema diz respeito basicamente à autonomia do paciente, ou seja, o seu consentimento informado intencional e livre de coação. Para efeito de simplicidade podemos dividir inicialmente os pacientes em dois grandes grupos de acordo com a capacidade de ajuizar: a) os plenamente capazes; e b) os parcial ou totalmente incapazes. Primeiramente examinaremos os pacientes do primeiro grupo, que constituem a maioria.

A) PACIENTES PLENAMENTE CAPAZES PARA ATOS DA VIDA CIVIL E HÍGIDOS MENTALMENTE

O princípio da Autonomia do Paciente, um dos pilares da Bioética e que cada vez mais permeia a relação médico-paciente, contempla o seguinte:

1. O paciente, ao consultar um médico, tem o direito de ser plenamente esclarecido sobre seu diagnóstico, seu prognóstico e sobre as possibilidades terapêuticas e suas eventuais conseqüências.
2. O paciente não é obrigado a seguir o parecer médico; ele poderá, se quiser, consultar outro profissional, ou até, se tal lhe aprouver, optar por não seguir opinião médica de espécie alguma. Não existe lei que obrigue o paciente a seguir a orientação médica, e, em nosso país, ninguém está obrigado a fazer ou deixar de fazer qualquer coisa a não ser por força da lei.
3. Todavia, no relacionamento médico-paciente, também o médico tem direitos além de deveres. Suponhamos, à guisa de exemplo, a situação de um paciente com grave condição clínica para a qual só exista uma única alternativa terapêutica viável e sem a qual o paciente não possa sobreviver. Para que o médico se responsabilize pelo tratamento proposto e suas conseqüências, é necessário que o paciente esteja de fato sob seus cuidados e no mínimo seguindo sua conduta, e esta responsabilidade inexiste se o paciente não segue sua orientação ou passa a inexistir a partir do momento em que o paciente opta conscientemente pela interrupção do tratamento. Se este paciente, em pleno uso de suas faculdades mentais, decidir, fazendo uso de suas prerrogativas de cidadão que exerce sua autonomia, abandonar o tratamento médico mesmo tendo sido alertado para o potencial perigo de tal atitude, é mister que se acate a vontade livremente expressa do paciente. Porém, em tal situação, não pode o médico ser responsabilizado pelas conseqüências da atitude que foi tomada de forma livre e exclusivamente pelo paciente. Todo cidadão dotado de plena capacidade civil (e o paciente é acima de tudo um cidadão) é plenamente responsável pelos atos de sua livre iniciativa, então qual seria o sentido de considerar de forma diferente o cidadão que está na condição de paciente? O peso da responsabilidade sobre o tratamento e suas conseqüências, que não é pequeno, é dever do médico assumi-lo; todavia, para que tal ocorra, tem o médico o direito de ter seu parecer acatado por parte do paciente, não sendo possível assumir-se tamanho ônus de outra forma.

Uma variação hipotética desta situação seria uma condição em que houvesse, por exemplo, duas alternativas terapêuticas possíveis, sendo que uma delas seria a de primeira escolha, por ser de risco bem menor, e a segunda, embora possível, acarretasse um risco bem maior, e vamos supor que nesta eventualidade o paciente teimasse em recusar o tratamento recomendado do ponto de vista médico. Creio que aqui cabe ao médico proteger-se através de documento onde conste, explicitamente, que a responsabilidade por eventuais complicações devidas à não-escolha da melhor alternativa terapêutica deverá recair sobre o paciente.

Apresentadas estas posições iniciais, vale a pena notar que, a este respeito, o Código de Ética Médica apresenta contradições em alguns de seus artigos. Alguns dispositivos endossam plenamente o ideal ético da Autonomia, como por exemplo, o artigo 48 – É vedado ao médico "Exercer sua autoridade de maneira a limitar o direito do paciente de decidir livremente sobre a sua pessoa ou bem-estar".

Por outro lado os artigos 32 e 46 já deram ensejo à interpretação de que limitam a autonomia do paciente e chegam até adotar uma postura altamente paternalista do papel do profissional médico ao negar qualquer responsabilidade do paciente quanto a uma decisão sua, livre e soberana. Tal posição é expressa, por exemplo, no parecer emitido pelo CREMESP de julho/agosto de 1991, sobre a consulta nº 15349/91, que acaba por considerar o documento de "alta a pedido" inócuo como elemento de preservação da responsabilidade do médico da situação em que a atitude do paciente acarrete risco para a sua sobrevivência.

O mencionado parecer inicialmente cita o artigo 46 – É vedado ao médico – "Efetuar qualquer procedimento médico sem o esclarecimento e o consentimento prévio do paciente ou de seu responsável legal, *salvo em iminente perigo de vida*". Logo em seguida o parecerista interpreta que na situação desta exceção o consentimento é IRRELEVANTE e o TRATAMENTO ARBITRÁRIO SE IMPÕE, sob pena de se ensejar uma omissão de socorro. Não endossamos tal interpretação por entender que tal postura reflete uma posição paternalista da Medicina na qual fica subentendido o conceito do paciente como propriedade e responsabilidade do médico, e o que este ache ou deixe de achar é irrelevante e negado, portanto, sua responsabilidade por um ato de sua iniciativa, intencional e sem coação. Além do mais, interpretamos que o sentido original do espírito da lei do promulgador do referido artigo fosse bastante diverso. Provavelmente o que se tinha em mente seria uma situação de emergência de um paciente que chega inconsciente e desacompanhado a um pronto-socorro, onde, aí sim, a obtenção do consentimento seria, nesta circunstância especialíssima, irrelevante.

O parecerista também cita o artigo 32 – É vedado ao médico – "Isentar-se de responsabilidade de qualquer ato médico que tenha praticado ou indicado, ainda que tenha sido solicitado ou consentido pelo paciente ou seu responsável legal." E o parecerista em seguida prossegue "Portanto, a solicitação de alta a pedido pelo paciente ou seu responsável legal não exime o médico da responsabilidade que tal ato possa suscitar à vida do paciente."

Não concordamos com este posicionamento. Ora, se a autonomia do paciente é um princípio ético consagrado, se em nosso país ninguém é obrigado a fazer nada a não ser por força da lei, se nenhuma lei obriga o paciente a seguir a conduta médica, e se o paciente/cidadão plenamente competente para os atos da vida civil e no pleno uso de suas faculdades mentais decidiu, de forma livre e autônoma, sem qualquer coação, interromper o tratamento médico, mesmo após ter sido minuciosamente alertado de todos os riscos que sua decisão acarreta, ainda que haja risco de vida em tal decisão, por que motivo deveria ser o médico responsabilizado por uma decisão que não foi sua, não foi um ato médico, mas sim uma tomada de decisão soberana do paciente?

Recente parecer do CREMESP aprovado em 19 de abril de 1996, do Conselheiro Marco Segre, adota uma postura bem diferente da do parecer de 1991. Em seu preâmbulo ele enfatiza apoio ao ideal bioético da Autonomia e cita o artigo 56 do Código de Ética – É vedado ao médico – "Desrespeitar o direito do paciente de decidir livremente sobre a execução de práticas diagnósticas ou terapêuticas, salvo em caso de iminente perigo de vida".

Com relação à exceção mencionada neste dispositivo, o parecerista refere textualmente "Exceção é feita, em nosso Código de Ética Médica, às situações em que se configure objetivamente o perigo iminente de vida, quando o médico PODERÁ (e não "deverá", no sentido de "obrigação" em nosso entendimento) intervir compulsoriamente sobre o paciente (estando resguardado pela Lei)... Está claro que o termo de alta a pedido, quanto mais claro for, possivelmente até subscrito por testemunhas, é documento necessário e que protege o Serviço contra eventuais futuras acusações de omissão de socorro."

Em resumo, entendemos que, no caso dos pacientes plenamente capazes para os atos da vida civil, em pleno uso de suas faculdades mentais, após pleno esclarecimento de sua condição clínica, devem ter sua autonomia respeitada no caso de não aceitarem o tratamento médico e que tal decisão acarreta também um ônus de responsabilidade para o paciente. O médico só pode ser responsável pelas ações e conseqüências dos atos médicos que ele tenha de fato indicado.

B) PACIENTES INCAPAZES PARA OS ATOS DA VIDA CIVIL OU PORTADORES DE GRAVE CONDIÇÃO CLÍNICA OU PSIQUIÁTRICA QUE OS IMPEÇA DE AJUIZAR

Aqui se incluem:

1. O indivíduo em coma.
2. O indivíduo portador de múltiplas deficiências sensoriais.
3. O indivíduo imaturo, como por exemplo, uma criança pequena, ou o portador de retardo mental.
4. O indivíduo portador de determinados distúrbios psiquiátricos.

Nestas situações, o usual é a delegação da decisão soberana do paciente ao seu tutor ou responsável legal.

Embora tal prática seja satisfatória na imensa maioria das vezes, infelizmente por vezes deparamo-nos com situações práticas muito difíceis de se resolverem do ponto de vista ético. Um exemplo muito conhecido é o caso do paciente pediátrico cuja condição clínica requer uma transfusão de sangue e os pais se opõem por motivos religiosos ou ideológicos. Nestas situações, em que há risco de vida, já existe uma práxis, qual seja, transferir-se provisoriamente a guarda da criança para a Vara de Menores, no sentido de se permitir o procedimento necessário para salvar-se a vida da criança.

Já em outros casos não existe um procedimento padronizado ou de comparável eficácia, como no exemplo acima mencionado. Conhecem-se casos, mormente no Instituto de Psiquiatria, em que se percebe, por vezes, que o indivíduo que é o responsável legal do paciente adota atitudes ativas no sentido não de zelar pela pessoa que está sob sua guarda, mas até de prejudicá-la. Pode ser citada como exemplo a solicitação de alta a pedido por parte do responsável do paciente que apresenta altíssimo risco de suicídio. Outro extremo seria a recusa do responsável em levar para casa paciente incapaz e com alta médica. Infelizmente existem situações em que o responsável age com má-fé. Em tal situação o responsável está na verdade cometendo ilícito penal, pois a recusa do responsável em permitir o tratamento adequado o expõe a processo legal, pois, conforme rege o artigo 431 combinado com o 453 do Código Civil, o tutor (e o curador) responde pelos prejuízos que, por negligência, culpa ou dolo, causar ao pupilo. O Boletim de Ocorrência Policial deverá ser o instrumento legal para salvaguardar os interesses do paciente e também da Instituição nestes casos.

CoBi, em 14 de novembro de 1996

DR. JOSÉ CARLOS RAMOS CASTILLO
Relator da Comissão de Bioética

Parecer Ofício GCIH 108/98

Assunto: Parecer sobre conduta nos acidentes pérfuro-cortantes em funcionários

A situação à qual o ofício se refere diz respeito aos casos em que, através de ferimentos pérfuro-cortantes, um funcionário do hospital se contamina com material biológico de algum paciente. Neste caso, o funcionário contaminado corre o risco de contrair as doenças passíveis de transmissão por material biológico, como por exemplo, hepatite B, hepatite C ou o vírus HIV. Saber se o funcionário corre ou não este risco é fundamental para que se possam instituir medidas terapêuticas que se façam necessárias, e, para tal, torna-se imprescindível colher as respectivas sorologias do paciente-fonte.

A supervisora do Grupo de Controle de Infecção Hospitalar, aponta que se levantou a questão da necessidade do consentimento do paciente nestes casos e da dificuldade de o mesmo ser obtido dos pacientes em UTI ou com alteração do nível de consciência, e, por conseguinte, solicita urgente parecer da nossa Comissão, que segue abaixo.

Aparentemente, é uma questão de fácil solução, pois o próprio Termo de Responsabilidade estipula a figura do representante do paciente que responderá pelo mesmo nas ocasiões em que o paciente estiver impossibilitado por qualquer motivo em manifestar a sua vontade. É de se supor que, na grande maioria dos casos, não haja oposição por parte do paciente ou de seu representante em concordar com o procedimento acima mencionado.

Todavia, caso haja recusa por parte de seu paciente ou de seu representante, a situação tornar-se-á muito complexa ante o dilema ético que surge. Neste caso temos o conflito de interesses em que, por um lado, do ponto de vista da autonomia do chamado "paciente-fonte", pode-se alegar ser seu direito dispor de seu corpo e decidir sobre quais exames ele aceita e quais não aceita fazer; por outro lado, do ponto de vista do funcionário contaminado com material biológico, este automaticamente torna-se um potencial paciente. Pode-se alegar que, tendo em vista o fato de o material biológico do paciente-fonte estar inoculado em seu organismo, ele teria o direito de ser informado sobre a possibilidade de contaminação e que as sorologias do paciente a partir da contaminação também lhe dizem respeito, e que todas estas considerações façam parte de sua autonomia.

Além do mais, a informação sorológica é crucial para se tomarem ou não medidas terapêuticas sistêmicas e potencialmente graves quanto ao funcionário. O corolário disto seria que o funcionário-paciente passaria a ter o direito de exigir a realização destas sorologias no paciente-fonte. Fica aqui um confronto da autonomia do paciente-fonte *versus* o funcionário-paciente.

Neste dilema ético, cabem algumas considerações. Um bem comparável à autonomia é o direito à liberdade individual, garantido constitucionalmente. Contudo, mesmo este direito não se exerce sem liames. A minha liberdade não é ilimitada. Ela termina onde começa a liberdade de outrem. No campo da saúde temos pelo menos um exemplo, vale dizer, as doenças de notificação compulsória, cuja notificação se faz à revelia da anuência ou não do paciente. Neste caso se supõe que a saúde pública é um bem maior que engloba a todos e teria, portanto, primazia diante da autonomia individual. Esta posição filosófica corresponde àquilo que os teóricos da Ética Normativa consideram *ética teleológica*, ou seja, a postura de avaliar o valor ético de uma ação pelas suas conseqüências. A postura antagônica à ética teleológica vem a ser a ética deontológica, a qual avalia o valor ético de uma ação se ela for conforme um princípio, cujo exemplo histórico mais brilhante é o imperativo categórico Kantiano.

No caso em questão, do conflito das duas autonomias, a ética deontológica nos leva a um impasse, pois o princípio do respeito à autonomia vale para as duas partes. Já a postura ética teleológica permite uma tentativa de solução do conflito. Vejamos quais seriam as conseqüências caso se tornasse norma que aos funcionários de saúde contaminados com material biológico fosse negado obter a informação sorológica do paciente-fonte caso este recusasse a execução da sorologia. Isso desmotivaria o trabalho dos funcionários, aumentaria o risco e o custo da insalubridade, tenderia a uma queda talvez da qualidade do trabalho e acabaria, por fim, por atingir de forma deletéria a toda a sociedade. Por outro lado, se fosse garantido aos funcionários contaminados o acesso à sorologia do paciente-fonte, os funcionários sertir-se-iam mais protegidos, mais seguros, diminuiriam a insalubridade e o seu custo social decorrente; isto tudo reverteria em um melhor atendimento aos pacientes e, por extensão, à sociedade.

Vale lembrar que o Parecer do CREMESP "AIDS E ÉTICA MÉDICA", aprovado na 1295ª Reunião Plenária, de 03/05/88, ao abordar o item do sigilo profissional, admite que a ruptura de sigilo é admissível quando o paciente contaminado recusa-se a informar sua condição às pessoas que com o paciente tiveram contato sexual, pois em tal situação "...haverá aqui, nessas condições, possibilidade de ruptura de sigilo plenamente justificada, posto que se está a proteger bens de maior relevância que o bem-estar individual, quais sejam o bem-estar social e a saúde (e mesmo a vida) de outras pessoas – tem-se aqui em vista o conceito de legítima defesa." No mesmo parecer, esta posição é reenfatizada logo em seguida: "...havendo a recusa do paciente nesse sentido, é lícita a iniciativa do médico em informar o comunicante contra a vontade daquele pelas mesmas razões acima expostas – o que se está a proteger se sobrepõe aos motivos pessoais do paciente, ocorrendo, assim, justa causa".

Os argumentos acima podem ser invocados para a defesa do direito do funcionário contaminado em obter a informação sorológica.

Tendo em vista as considerações acima, este parecerista conclui que é direito do funcionário obter informação sobre a sorologia do paciente-fonte, pois esta informação é crucial para a sua saúde, para a saúde de seus familiares e para a saúde dos pacientes com quem este funcionário irá lidar após recuperar-se do acidente. Em princípio deve-se obter a cooperação do paciente-fonte ou de seu representante, porém, em caso de recusa, justifica-se obter a sorologia compulsoriamente, pois a saúde de terceiros está em risco.

DR. JOSÉ CARLOS RAMOS CASTILLO

Parecer

Assunto: Relatório de ocorrências verificadas durante o plantão na UTR

Esta Comissão recebe solicitação da ....., Diretora Técnica do Serviço de Saúde e da Diretora Técnica da Divisão de Saúde, endereçada ao Dr. ....., anteriormente endereçada à primeira nomeada pelo Professor Doutor ..... – Chefe Clínico da Unidade de Transplante Renal, Divisão de Clínica Urológica – HCFMUSP, e Enf. ......

Trata-se de pedido da Divisão de Enfermagem do ICHC de autorização para a inclusão de relatório de ocorrências verificadas durante o plantão de 30.08.99, na Unidade de Transplante Renal, ao prontuário do paciente ....., admitido em 17.08.99, com diagnóstico de insuficiência renal crônica, *diabete mellitus* tipo I, ITU de repetição e pielonefrite crônica para realização de nefroctomia bilateral para preparo pré-transplante duplo rim-pâncreas.

O relatório explica as suspeitas de terem sido alterados dados constantes do prontuário, em 23 e 24 de agosto, que, de forma significativa, falsearam os resultados da dextro e da pressão arterial do paciente. Do prontuário do ICHC, as alterações foram: no resultado da dextro, que de 75 foi transformado em 275, mediante o acréscimo do algarismo 2; e de 78 em 378, mediante o acréscimo do algarismo 3. Os lançamentos foram feitos com caneta diferente da utilizada pelos funcionários.

Em fase de investigação que se seguiu a tal descoberta constatou-se que o paciente adulterava todos os resultados dos exames laboratoriais realizados em laboratórios particulares e os apresentava ao médico que o acompanhava laboratorialmente. Ademais, verificou-se que os registros dos resultados de exames laboratoriais da ficha individual utilizadas pelos médicos foram, também, alterados. Discutido o caso com a equipe multiprofissional, já que os resultados das análises clínicas eram incompatíveis com o diagnóstico de internação, foi o paciente encaminhado à psiquiatria, tendo as médicas daquela clínica diagnosticado "Síndrome de Munchausen", doença factícia grave.

Em "A Assustadora História de Pacientes Famosos e Difíceis", Richard Gordon relata que a doença foi descoberta em 1951, por Richard Archer, que percebeu que pacientes com tal patologia passam a vida percorrendo hospitais com doenças bizarras, que levam à internação e, com freqüência, a operações exploratórias. Aquele médico dividiu os casos da síndrome em três tipos: 1- Abdominal, em que o paciente "desfruta operações" em diversos hospitais, dos quais sai por conta própria, espetacular e prematuramente, mesmo que esteja com feridas sangrando e gotejando; 2- Hemorragia, em que o paciente vem ao hospital sangrando muito, por dentro e por fora; e 3- Neurológico, em que o paciente tem acessos de vertigem, desmaios, entorpecimentos (p. 265).

Segundo o autor, o paciente de Munchausen tem histórico médico bem ensaiado de fato e ficção. Ao ser admitido, é o paciente perfeito, merecedor da amizade de todos e tolerando as piores investigações. A pessoa acometida de "Munchausen", para atrair a atenção, cria sintomas de males que não a afligem, como no caso, mesmo que isso implique sofrer intervenções desnecessárias que podem, inclusive, comprometer sua integridade. Isto implica a conduta do paciente, nada obstante ter apenas 15 anos.

Sobre a inclusão do documento ao prontuário do paciente, nada a objetar do ponto de vista bioético. O prontuário do paciente, documento que deve espelhar diagnóstico, exames, terapêuticas recomendadas e quaisquer outros elementos, serve para que a equipe de saúde, notadamente os médicos, tenha conhecimento da evolução da patologia e dos resultados das terapêuticas adotadas e possa adotar medidas adicionais que se façam necessárias, no interesse do paciente.

O prontuário de cada paciente é documento da maior importância por indicar as condutas adotadas pelos profissionais de saúde, os resultados dessas condutas e, além disso, ter valor probatório, razão pela qual a fidelidade de que devem estar revestidas as informações ali lançadas é extremada.

Por isso é importante que conste do prontuário o relatório dos fatos acima transcritos, de forma minudente, para que a patologia agora diagnosticada evite que seja o interessado submetido a procedimentos cirúrgicos, ou outros, desnecessários, sem que se aponte violação de qualquer dever ético. Até porque a detecção tempestiva do desvio psicológico deve servir de alerta para que, quando da admissão do mesmo paciente para terapêuticas invasivas, se apure sua real necessidade.

Sob o aspecto ético, tratando-se de patologia diagnosticada como séria, que exige terapêutica própria, a inclusão do relatório ao prontuário de ..... deve ser admitida de vez que o impedimento implicaria deixar de lado evidências dos distúrbios que servirão para acompanhamento de qualquer terapêutica.

Os fatos relatados ocorreram cerca de uma semana após a admissão do paciente à clínica que faz a consulta, e são de extrema gravidade, pois configuram falsidade ideológica e documental, no plano criminal.

Há que louvar a investigação das suspeitas pela equipe de saúde que verificou terem sido alterados dados de exames ao compará-los com o diagnóstico de internação, evitando que o paciente fosse submetido à cirurgia de transplante que acarretaria, de forma permanente, dano irreparável à sua integridade física. O erro médico que poderia decorrer de possível desatenção às modificações introduzidas no prontuário, porém, é assustador.

Que dados ali constantes sejam alterados por qualquer pessoa, notadamente, como no caso, o próprio paciente, e que só muito posteriormente se constatem as falsidades é estarrecedor.

Se há suspeitas de que alterações foram feitas nos dias 23 e 24, sua percepção no 30 é tardia, indicador de que ou o prontuário do paciente não foi manuseado no intervalo, ou o manuseio foi pouco cuidadoso. Se houve manuseio entre 24 e 30, por que as adulterações deixaram de ser apontadas? Outras pessoas, além do paciente, que não integrem a equipe de saúde poderiam ter acesso ao prontuário? Outros prontuários foram igualmente adulterados? Essas dúvidas, não esclarecidas no relatório de ocorrências, indicam que sob o aspecto de segurança, da higidez dos dados, o modo de guarda dos prontuários é inadequado e vulnerável.

Com isso, fica comprometido o sigilo de que deve revestir-se toda informação lançada naquele documento, que se torna imprestável para fins de prova. Por último, mas não menos importante, talvez como alerta, o eventual comprometimento da integridade física do paciente que teria sido resultado de manipulação indevida de prontuários pode gerar problemas para a Instituição e os profissionais a ela vinculados.

Sob o aspecto da bioética, possível quebra de confiança, quer no profissional de saúde quer na Instituição, que pode causar nos pacientes cuidados e restrições nas informações prestadas aos profissionais poderão gerar danos significativos para a saúde da população que ocorre ao HC.

É certo que houve falta de cuidado no trato do prontuário deste paciente, e que fatos similares podem ter ocorrido com prontuários de outros pacientes. A responsabilidade da Instituição na manutenção dos prontuários demonstra-se ineficaz, pelo que se sugere que providências sejam adotadas para coibir condutas desse tipo em qualquer das unidades do HC, além de se apurar eventual descuido que tenha facilitado (recuso-me a imaginar colaboração do pessoal da Unidade) as manobras ao final detectadas.

DRA. RACHEL SZTAJN
Membro da CoBi

Parecer aprovado pela CoBi em sessão de 09.12.1999

Parecer

Assunto: Pacientes portadores de patologias nasossinusais potencialmente graves aguardam tratamento cirúrgico devido à falta de materiais cirúrgicos

No tocante a um ofício como o que o Prof. ..... nos envia, considero que a Comissão de Bioética deva inicialmente lamentar o fato de que a carência de material cirúrgico venha protelar e mesmo impedir o tratamento dos 53 pacientes mencionados e qualificados no próprio ofício.

À Bioética pode caber a discussão dos critérios de alocação de recursos, em Saúde. Inclui-se também em sua área a defesa do "valor vida e saúde" na prática profissional. Diante, entretanto, de uma situação objetiva, em que **pessoas não podem ser tratadas** em razão de falta de recursos, ratificando tratar-se de situação deplorável, o encaminhamento de cada paciente deverá ser realizado **a critério médico, sempre levando em conta a autonomia do paciente,** procurando, sempre, produzir-lhe o **menor dano possível.**

A Comissão de Bioética deseja, entretanto, apresentar, ainda, as seguintes **considerações: 1.** a situação apresentada na carta do Prof. ..... é conhecida; **2.** os recursos disponíveis são facilmente esgotáveis; **3.** os riscos profissionais e institucionais são grandes; **4.** a Comissão de Bioética vê com preocupação a situação expressa pela Divisão de Clínica Otorrinolaringológica, que provavelmente pode ser estendida a várias outras Divisões do Hospital; **5.** os recursos disponíveis devem ser comparados com o melhor oferecido em nosso meio, e não com padrões internacionais, que devem ser buscados; **6.** as pessoas acometidas por doenças que requeiram tratamento para os quais a Instituição não possua recursos, não devem ser tratadas, e de preferência nem mesmo agendadas, sendo orientadas a procurar outros recursos; **7.** os atendimentos prestados sem a devida qualidade são de responsabilidade do prestador; **8.** nos casos de atendimento inevitável ou inadiável, os recursos devem ser utilizados como sempre o foram, com informação das limitações e alternativas ao cliente; **9.** deve-se propor um programa educativo permanente contra o desperdício e a favor do uso racional de recursos; **10.** o agendamento de operações deve ser feito de forma mais flexível, para que se evitem o excesso de agendamento e as freqüentes suspensões de operações por excesso de programação, que submete os doentes a ansiedade e jejum desnecessários; e **11.** deve ser apresentado um limite ao número de atendimentos ambulatoriais compatível não só com a capacidade de atendimento do serviço inicialmente procurado, mas também dos serviços auxiliares como laboratório, radiologia, radioterapia e outros.

Para isto, poderia ser feito um levantamento da demanda e da capacidade ideal de atendimento com os recursos disponíveis. Esta atitude seria uma alternativa para apresentar o problema do financiamento da saúde fora da Instituição, mas acarretaria uma diminuição dos serviços.

PROF. DR. MARCO SEGRE
Membro
Comissão de Bioética
DR. MARCOS ROBERTO TAVARES
Membro
Comissão de Bioética

Parecer aprovado pela CoBi em sessão de 23.03.2000

Parecer CoBi 0021996

Assunto: Parecer sobre alta de paciente incapaz - "Esquizofrenia Residual"
Solicitante: Instituto de Psiquiatria

PRELIMINARES

O Processo diz respeito ao paciente que, em 1982, iniciou tratamento no ambulatório de Psiquiatria Infantil do Instituto de Psiquiatria do Hospital das Clínicas da Faculdade de Medicina da Universidade de São Paulo – HCFMUSP. Na clínica do Instituto de Psiquiatria – IPq, foi internado por diversas vezes, estando atualmente em sua oitava internação. O diagnóstico inicial de "Esquizofrenia Infantil" foi atualizado para Esquizofrenia Residual", sendo seu estado atual de acentuada cronicidade. Foi submetido a extensa investigação clínica, exames subsidiários e diversas modalidades terapêuticas com resultados insatisfatórios no que diz respeito à saúde mental do paciente. Do ponto de vista corporal, o paciente apresenta completa higidez física. Na enfermaria não manifesta comportamento agressivo e é facilmente controlado pela enfermagem; todavia, no meio familiar apresenta gravíssimos distúrbios de conduta.

Os profissionais diversos que cuidaram e cuidam atualmente do paciente são concordes que o mesmo tenha alta do HC, cuja filosofia assistencial prioriza patologias agudas, e que, em seguida, seja o paciente transferido e mantido em instituição de longa permanência. O impasse surge, pois o pai do paciente, e seu responsável, recusa-se a assinar o termo de alta, desde setembro de 1994.

O IMPASSE

O responsável pelo paciente, que também é o seu progenitor, recusa-se a assinar o termo de alta e, em 18/08/1994, envia ao Conselho Regional de Medicina do Estado de São Paulo – CREMESP, extensa representação onde faz diversas alegações, infundadas, de mau atendimento prestado pela Instituição a seu filho, que lhe foi negado o acesso aos exames laboratoriais constantes do prontuários e levanta a suspeita de o paciente ter contraído AIDS com base em suposto intenso emagrecimento patológico (na verdade o paciente era portador de obesidade, devida a uma voracidade psicopatológica, que, graças à adequada orientação dietética e boa farmacoterapia, foi controlada – seu peso está em 65 kg para 1,75 m de altura, cifras não indicativas de baixa massa corporal).

Os autos deste processo demonstram que estas alegações carecem de fundamento (fls. 3; 17-18; 23-25; 44-45). Na realidade este paciente tem sido alvo de exemplar atendimento pela equipe multiprofissional do IPq-HCFMUSP.

O que se revela problemática e preocupante na verdade é a atitude do responsável pelo paciente, como fica flagrante no incidente mencionado em fls. 49 deste processo;

em 12/12/1995 o responsável do paciente foi convocado no intuito de autorizar procedimentos odontológicos sob anestesia geral no paciente em questão, e, na presença de testemunhas, o responsável, após explicada a importância da cirurgia e riscos, não concordou em assinar o Termo de Autorização e ficou de retornar dois dias depois para dar uma resposta. No documento da pág. 49, assinado pelos doutores ....., ... e ....., consta literalmente "São Paulo, 15/12/1995.... ao retornar, estavam presentes o Dr. ..... , Diretor de Divisão Médica, e a Dra. ..... , Assistente Social, além de mim. O responsável pelo paciente informou que estava orientado a não assinar nada, além de fazer ameaças".

PROVIDÊNCIAS TOMADAS PELO IPq-HCFMUSP

Os Diretores do IPq HCFMUSP houveram por bem consultar a Procuradoria Jurídica por mais de uma vez, fornecendo farta documentação à mesma.

Em 26/12/1994, esta se manifestou sugerindo que o responsável fosse notificado extrajudicialmente para em 15 dias comparecer ao IPq para receber o paciente; em isto não ocorrendo, poderia o IPq removê-lo para outra instituição que preste assistência a pacientes crônicos.

Em 08/02/1995, o IPq solicita novo parecer à Procuradoria Jurídica, pois alega que por dispositivos regulamentares não se pode concretizar a transferência do paciente para outra instituição sem a assinatura do responsável do termo de alta e solicita como proceder, já que o responsável recusa-se terminantemente a assinar.

Em 03/04/95, a Procuradoria Jurídica responde solicitando estudo social, parecer do médico assistente e que o assunto enseja provocação ao órgão Competente, no caso, a Curadoria de Incapazes.

Tais providências foram tomadas, e, por fim, o Dr. ..... tem uma reunião com a Curadoria de Incapazes, sendo que em 13/15/96 o mesmo encaminha à Superintendência os esclarecimentos obtidos, a saber (fls. 69):

a) "O Termo de Responsabilidade... é suficiente para autorização de procedimentos... e das remoções para outras entidades.
Quanto à remoção para uma instituição mais adequada ao quadro clínico do paciente, deve-se enfatizar que a mesma é uma opção terapêutica e seria omissão, negligência ou imprudência privá-lo.

b) ....o Curador ou tutor do paciente também tem um conjunto de obrigações inerentes à sua função. No ato da internação, o responsável substabelece formalmente parte de suas responsabilidades ao hospital. Cabe-nos executar nossas tarefas.... este fluxo só será embargado mediante a notificação por escrito do responsável.... Tal notificação poderá expor o responsável a processo legal.... caso se configure a intenção do responsável de que não seja ministrado o tratamento clínico adequado.... Conforme rege o artigo 431 do Código Civil, combinado com o artigo 453 do mesmo Código, o tutor (e o curador) responde pelos prejuízos que, por negligência, culpa, ou dolo, causar ao pupilo (interdito).

O artigo 159 do Código Civil pune o responsável por prejuízos a terceiros "Aquele que, por ação ou omissão voluntária, negligência ou imprudência, violar direito ou causar prejuízo a outrem fica abrigado a reparar o dano".

O Boletim de Ocorrência será o instrumento inicial para salvaguardar os interesses das instituições e do paciente aqui internado.

CONSIDERAÇÕES FINAIS DO RELATOR

1) Tendo em apreço que, nos esclarecimentos obtidos pelo Diretor Executivo do IPq, Dr. Luiz Arcon, junto à Curadoria de Incapazes, consta que o Termo de Responsabilidade é suficiente para remoções para outras entidades, creio ser interessante consultar a Procuradoria Jurídica se não poderia o IPq proceder à transferência do paciente para uma instituição de crônicos, dispensando a formalidade de assinatura do Termo de Alta por parte do responsável.

2) No caso em preço, a recusa em assinar a alta e a recusa em autorizar o procedimento anestésico para tratamento dentário (fls. 49) constituem indícios de que o responsável do paciente, por omissão, age de forma a prejudicar seu pupilo, incorrendo possivelmente nos artigos 431, 453 e 159 do Código Civil. Creio ser interessante consultar a Procuradoria Jurídica se não caberia o início de processo legal.

DR. JOSÉ CARLOS RAMOS CASTILLO
Membro – CoBi

Parecer Mem. SAMSS 586/01, de 26.10.01

Assunto: Pedido de transferência de servidor portador de HIV

O presente parecer foi elaborado a partir do ofício enviado pelo Dr. ....., Diretor Técnico de Serviço de Saúde, Coordenador do Serviço Especializado em Segurança de Medicina do Trabalho do Hospital das Clínicas da Faculdade de Medicina da Universidade de São Paulo, solicitando à Comissão de Bioética pronunciamento a respeito da situação do servidor portador de vírus HIV, que em razão desta condição foi alocado para área que pertence a suas funções normais, mas sem contato com pacientes, e solicitou transferência para área onde passaria a ter contato com os pacientes.

O posicionamento do médico foi de negar o pedido de transferência, com base em critérios técnico-administrativos, tendo anexado cópias de artigo científico a respeito do assunto intitulado: Análises filogenéticas indicam uma transmissão atípica de enfermeiro para paciente de vírus de imunodeficiência humana do tipo 1, publicado no Journal of Virology em março/2000.

Os pareceres elaborados pelos órgãos reguladores da atividade médica: CREMESP e CFM, são concordes em enfatizar que o médico ou profissional de saúde portador de vírus HIV não pode ser discriminado nem impedido de exercer a sua atividade profissional, devendo ser evitadas, no entanto, as funções que ofereçam riscos de contaminação por contato com os pacientes (Consultas CREMESP 1854-47/88, 27418/89, 70597/97 e Processo Consulta CFM 98/92).

Neste particular, transcrevemos trecho de capítulo da obra: Iniciação à Bioética, publicada pelo CFM em 1998, de autoria do Dr. Guido Carlos Levi e Antonio Ozório Leme de Barros à página 289: "Prevaleceu o bom-senso de se recomendar aos profissionais realizadores de práticas invasivas (particularmente aquelas de maior risco de acidentes pérfuro-cortantes para os que as realizam) que, se pertencentes a algum grupo com comportamento de risco, submetam-se periodicamente, em caráter voluntário, a exames para detecção de doenças transmissíveis pelo sangue. Caso o profissional da saúde tenha exame sorológico cujo resultado venha a ser positivo para alguma patologia cuja erradicação do agente etiológico ainda não é possível, será desejável seja ele realocado para outro tipo de atividade na qual não haja risco para o paciente; nunca, porém, deverá ser impedido de exercer a sua profissão".

Em conclusão, no caso em pauta, entendemos que se o funcionário estiver incluído na situação descrita: exercício de atividade que envolva risco de contaminação, ainda que mínimo, ao paciente, este profissional não deverá ter a sua solicitação atendida no tocante à sua transferência de função.

Este parecer foi aprovado pela Comissão de Bioética, com a recomendação ao Serviço Especializado em Segurança de Medicina do Trabalho do Hospital das Clínicas da

Faculdade de Medicina da Universidade de São Paulo para que entre em contato com a chefia do funcionário, para que sejam evitadas decisões que caracterizem práticas discriminatórias ao seu exercício profissional e lhe sejam designadas funções que não envolvam qualquer risco de contaminação aos pacientes.

DR. ITIRO SUZUKI
Relator
Comissão de Bioética

Parecer

Assunto: Orientação quanto ao uso de aventais com nomes de indústrias farmacêuticas ou de medicamentos

A par de ser efetivamente vedado ao médico fazer propaganda de produtos comerciais, a situação que ele descreve tem implicações éticas anteriores à norma, introduzindo desvãos no nem sempre harmônico relacionamento médico-paciente-hospital. Com um avental, ou qualquer outra vestimenta aludindo claramente a um medicamento, laboratório farmacêutico, ou, então, outro hospital que não aquele em que ocorre o tratamento, insinua-se, subliminarmente, que a medicação ministrada pode não ser a melhor, ou que o hospital onde ele está - até mesmo por ser da rede pública - não é o mais eficiente. Possivelmente não há intenção de desvio de clientela, ou de auferir lucros com a divulgação de medicamentos, na maioria dos casos. Pode tratar-se, simplesmente, de comodismo do médico, que, dirigindo-se depois a outro hospital (ou vindo dele), não deseja perder tempo para "trocar de roupa", ou, até de algum exibicionismo ao querer mostrar que ele também faz parte do corpo clínico de determinado nosocômio, mas, parece-me, que essa prática deva ser evitada. Essa prática também se contra-indica para outros tipos de divulgação de instituições ou produtos farmacêuticos. Também tem razão o missivista, a meu ver, quando assevera que nossa função formadora, num hospital-escola, ficaria prejudicada por esse tipo de permissividade, ainda que ela possa parecer inócua, num primeiro momento.

PROF. DR. MARCO SEGRE
Relator
Comissão de Bioética

Parecer

Assunto: Normatização sobre divulgação de imagem em mídia científica

1. Fui suficientemente informado de que a imagem de minha doença ou afecção será publicada em revista, mídia ou apresentada em evento científico, cuja divulgação tem finalidade exclusiva de pesquisa ou ensino de matéria médico-científica. Não será divulgada, sob nenhuma hipótese, em qualquer órgão de mídia alheio ao ambiente científico ou com finalidade distinta da acima exposta. 2. Fui informado de que a imagem enfatizará, o máximo possível, o aspecto da alteração patológica, mesmo quando se tratar de lesões na face. Estou ciente todavia de que a imagem de determinadas lesões pode implicar a possibilidade de reconhecimento de minhas feições dependendo de sua localização. 3. Minha concordância foi voluntária e fui previamente informado de que poderia muito bem não concordar com ela. A recusa não alterará absolutamente, em nada o meu tratamento ou qualquer outro evento relacionado à minha pessoa. 4. Estou ciente de que respeitados os dispositivos acima não poderei retroceder ou retirar meu consentimento após o ato da publicação de minha imagem em periódico ou mídia científica.

DR. JOSÉ CARLOS RAMOS CASTILLO
Relator
Comissão de Bioética

Parecer

Assunto: Proposta de alteração no Termo de Consentimento, incorporando particularidades específicas do Programa de Transplante Cardíaco em Crianças

O InCor solicitou avaliação pela Comissão de Bioética do HCFMUSP do documento denominado TERMO DE CONSENTIMENTO PARA REGISTRO DE RECEPTORES PARA TRANSPLANTE CARDÍACO ORTOTÓPICO EM CRIANÇAS. A intenção de uso está dentro da linha de pensamento que entende que atos assistenciais necessitam ser legitimados por *CONSENTIMENTO PÓS-INFORMAÇÃO* por escrito, à semelhança da exigência perante procedimentos de pesquisa em seres humanos.

O *CONSENTIMENTO PÓS-INFORMAÇÃO*, oral ou escrito, é instrumento da relação médico-paciente à medida que tem como objetivos: permitir ao paciente compartilhar decisões com base no exercício da autonomia; ponderar livremente antes da realização de procedimentos médicos; firmar convicção, uma vez tecnicamente informado sobre métodos a serem empregados, benefícios, riscos e outras eventuais opções diagnósticas ou terapêuticas; solicitar esclarecimentos adicionais a qualquer momento; revogar a palavra, por estrita vontade de interromper o curso das condutas, após melhor juízo.

Esta prática com implicações éticas tem como origem o conceito, próximo de completar um século, que "*todo ser humano em idade adulta e com capacidade mental normal tem o direito de determinar o que será feito no seu próprio corpo.* "Ele está inserido no preceito de valor universal "*seja uma pessoa e respeite os demais como pessoa*".

O *CONSENTIMENTO PÓS-INFORMAÇÃO* pressupõe mais do que um dever legal que defenderia a equipe médica perante questionamentos de ordem ética e jurídica. O que ocorre é que a presunção de erro médico e as conseqüentes – e crescentes – representações a Tribunais de Ética ou de Justiça determinaram variações do estilo e do conteúdo baseados numa visão defensiva contra insatisfações devidas ou indevidas; o *CONSENTIMENTO PÓS-INFORMAÇÃO* sofreu desta maneira distorções da sua natural característica de instrumento essencialmente benéfico para a boa relação médico-paciente. Neste aspecto, admite-se que tão mais legalista seja o caráter desta comunicação, tanto menos ética ela tende a se tornar e corre o risco de resultar uma prática tão somente de "cumprimento da lei". Em contrapartida, não há uma normatização legal para balizar "ao gosto das leis" o desenvolvimento do processo de informação pré-consentimento.

A utilidade do *CONSENTIMENTO PÓS-INFORMAÇÃO* por escrito parece variar na dependência da estimativa – contém assim grau apreciável de subjetividade – do binômio risco-benefício. Em situações de Pesquisa Clínica, a obrigatoriedade de ser por escrito justifica-se pela ausência de benefício pessoal imediato para o voluntário, portanto qualquer mínimo risco clínico torna-se eticamente alto; utiliza-se o título *CONSENTIMENTO PÓS-INFORMA-*

ção, pois há que ter certeza que a aprovação para ser submetido a uma pesquisa médica foi dada após reflexões e não tão somente por delegada confiança ao saber médico.

Na assistência, a utilidade do *Consentimento Pós-informação* por escrito está intimamente ligada à concretização das expectativas pessoais. A base comum à Assistência e à Pesquisa é a humanização da prática profissional na área da Saúde através de princípios da Bioética aplicados à relação médico-paciente. E em função desta, o *Consentimento Pós-informação* por escrito não deve visar ser a comunicação bastante ao longo do atendimento, na verdade é um protocolo de intenções. Até porque há a impossibilidade da existência de um consentimento totalmente esclarecido.

Perante alterações significantes no panorama inicial do estado de saúde inicial, o *Consentimento Pós-informação* deverá ser renovado, pois interagem novos conhecimentos e nova visão dos fatos. E também por necessitar ser a abordagem informativa apropriada a cada situação, adaptada aos aspectos sociais e psicológicos individuais, não caberia um documento padronizado. Fica assim prejudicada a comunicação exclusivamente ou prioritariamente por escrito, que "*ao encerrar o assunto*" soa mais como o cumprimento de ritual legal.

Por outro lado, ocorrem circunstâncias em que o paciente/familiar demonstra desinteresse pelas informações – até pela grande confiança na equipe médica – ou incapacidade de as compreender; há, então, a recusa à informação, e, conseqüentemente, fica prejudicado o *Consentimento Pós-informação*. Pode-se admitir que os princípios da Autonomia e da Não-Maleficência dêem resguardo a esta atitude, mas deve ficar claro para o paciente que é dever do médico fornecer informações quando vier a desejá-las, ou até que ele pode transferir este direito para pessoa de sua confiança.

Só se nasce uma vez, e nesta única vida convive-se com estados de saúde e de doença. O ato do transplante representa a saúde de um órgão que se pretende preservar *post-mortem,* beneficiando outrem desenganado pela doença. É uma situação de excepcionalidade, na qual se consente a única esperança de sobrevida diante da certeza de morte, num cenário de angústias e informações – desestimuladoras em outras circunstâncias – sobre riscos imediatos e mediatos para o receptor, incluindo previsão de tempo de sobrevida e perda do objetivo, ou seja, da saúde do órgão que foi doado.

Aos previsíveis conflitos de ordem imunitária entre a aceitação e a rejeição do transplante por própria competência imunitária, poderiam ganhar convívio outros embates de natureza ético-jurídica. Pelo menos é o que demonstram pensar aqueles que trazem à apreciação da Bioética um documento tencionado ao resguardo da responsabilidade profissional frente a eventuais questionamentos por maus resultados.

Perante a cardiopatia fatal, o ato do transplante significa esperança de reconquistar qualidade de vida e ganhar sobrevida – utopicamente mentalizada *ad eternum*; é a opção terapêutica para a fase avançada da doença cardíaca de mau prognóstico, pois ineficazes são os esquemas farmacológicos ou as intervenções convencionais.

Conjugando dignidade e cidadania e tendo como catalizador a relação médico-paciente, da interação dos efeitos terapêuticos obtidos quanto à condição de vida e adiamento da morte, resultam distintos graus de satisfação e tolerância; satisfação pelo que de bom se obteve, tolerância ao que restou contra si ou que há de vir.

Ao mesmo tempo em que o paciente/responsável legal é comunicado da necessidade do transplante, é fundamental que o *Consentimento Pós-informação* – após um processo informativo e deliberativo – considere que a Medicina não dispõe de pleno domínio sobre o coração que vai pulsar como hóspede num organismo que o deseja em sua mente, mas ao mesmo tempo o rejeita pelos próprios mecanismos de sobrevivência ligados à imunidade. E daí decorrem altos custos representados por riscos e conseqüências adversas.

Assim, ao aceitar um método terapêutico de grande risco como é o transplante cardíaco, paciente/responsável legal, pretendendo a satisfação do sucesso, compromete-se a tolerar um futuro de incertezas, que fica naquele momento mentalizado como um período de mal menor diante da extrema gravidade.

No contexto do transplante, é oportuno ter em mente que, desde o início médico, o paciente não tem o controle sobre todo o processo do transplante, ele não pode ter data e hora predeterminada, como habitualmente; depende-se da imprevisibilidade de fatalidades, solidariedade pró-doação e compatibilidade biológica pró-recepção. Castelos no ar feitos e desfeitos recebem um dia o alicerce do transplante, o desejo realizado enche o coração de vida, literalmente.

O órgão novo elimina a doença primária, mas não retira do receptor o rótulo de doente; o período pós-transplante exige permanente atenção a um conjunto de eventos previsíveis, incluindo o paradoxo do prejuízo útil das drogas que suprimem a imunidade.

Em outras palavras, aceitar o transplante cardíaco significa compromisso tanto do paciente com percalços evolutivos quanto da equipe médica com habilidades para preservar a recuperação do desempenho cardíaco e harmonizar aceitação ao órgão e potencial de efeitos adversos de drogas e oportunismos infecciosos.

A resolução da questão distancia-se de qualquer base científica lógica quando nos apercebemos que os agentes imunossupressores têm nítida influência negativa sobre fatores de risco cardiovascular como hiperlipidemia, hipertensão arterial sistêmica e diabete melito, ao mesmo tempo em que nenhum estudo demonstrou que estratégias de redução de gorduras beneficia o transplante e, ainda, e muito importante, que múltiplos episódios de rejeição têm sido responsabilizados como fator de risco cardiovascular.

A justificada busca de benefício que não pode vir isento de malefícios envolve os princípios básicos da bioética. Uma vez conquistada a Eqüidade através da participação governamental (Central de Transplante da Secretaria de Estado da Saúde), uma vez obtida a anuência segundo o respeito à Autonomia, Beneficência e Não-Maleficência integram-se numa impossibilidade de idealidade.

Esta dura realidade facilita a compreensão sobre a intranqüilidade da equipe médica quanto a futuras responsabilizações por maus eventos advindos do ato que ainda pode ser classificado como heróico. Mas será que se justifica o documento, a necessidade da assinatura comprovando o consentimento e mais do que isto, que houve de fato informação? Afinal o pós-transplante é situação em que qualquer porquê crítico não pode desconsiderar o princípio da beneficência prevalente na origem.

A comunicação fraterna, mais do que um simples dever humanitário do médico, é expressão de compaixão, a virtude dos que não são indiferentes ao sofrimento alheio e que estimula ações generosas, como é o ato de explicar e reexplicar os dilemas do transplante. Ela é a forma correta de amenizar as conseqüências emocionais do mau equilíbrio entre a Beneficência e a Não-Maleficência; no âmbito da relação médico-paciente, contribui para desestimular incursões do "consumidor ferido em seus direitos" em Tribunais de Ética ou de Justiça. A questão fica sendo: comunicação oral, escrita, ou ambas?

É pela palavra que o ser humano estabelece a compreensão mútua, e, em nossa cultura, a comunicação oral idealizada no diálogo útil supera a escrita na informação individualizada sobre a situação clínica e no esclarecimento das dúvidas; é ágil e eficiente; a escrita, por sua vez, tem a propriedade de evitar a dúvida da palavra contra palavra. Mas o peso jurídico desta pré-constituição de prova parece ser controverso.

A eficácia do diálogo, que a comunicação escrita não atesta, depende do equilíbrio entre falar e ouvir e a qualidade do ouvir-nos falar – tanto melhor quanto mais se dispensa falar sobre assuntos fora da pauta – e do ouvir-nos ouvir – tanto melhor quanto se evitam conclusões apressadas, pensamentos distantes do assunto ou ordenação de idéias para a resposta no meio da pergunta.

A equipe médica pode falar corretamente, concentrar-se no tema, prestar toda a atenção no que ouve do paciente; mas o quanto de eficácia resulta do diálogo com alguém nitidamente despreparado para o aprofundamento da comunicação, fragilizado pela doença e apreensivo pela perspectiva de ter – ele ou familiar – de se submeter a um transplante? Para muitos, pouco resta senão "tudo aceitar da opinião médica". Nesta fase pré-transplante, as angústias pela chegada da hora da doação salvadora abraça-se ao sofrimento pela doença, causando emoções que caleidoscopicamente se sucedem. O que menos se pensa neste momento é no médico como agente culposo ou danoso, o que menos parece contar é o que de mal o transplante poderá trazer, o que menos aflige é o que vai assinar, especialmente porque quem pede é quem lhe restituirá a graça da vida. Cabe perguntar: a situação de vida ou morte dá à assinatura a certeza de um ato fruto de cuidadosas reflexões críticas? Poderia não ser a melhor hora, mas também cabe pensar que antes é prematuro até pela incerteza da real indicação de transplante e depois pode ser julgada extemporânea, um reparo do passado.

Alcançada a benesse da manutenção da vida, o futuro mantido, aquele paciente grato ao progresso da Medicina, agradecido à equipe médica, persiste desejando a vida; ele livrou-se do seu coração doente, mas não de ser refém de certas características humanas: poderá preservar ou não postura amigável frente a agora realidades até então pragmaticamente desvalorizadas.

Nos momentos de turbulência pós-transplante não se pode pretender a certeza de racionalizações e conformismo com o *plus* de vida já conseguido – sempre será insuficiente – e de atitudes de tolerância para com as limitações da terapêutica ao se deparar com intercorrências que ameaçam trazer à nitidez, a relembrança do que de mais angustiante precisou esquecer para viver graças a um órgão alheio.

São novos momentos, em que outro sofrimento tenta frustar a concepção de "vida eterna" que lhe foi reforçada pela continuidade proporcionada pelo transplante, apesar da doença fatal; nada têm a ver com aquele da esperançosa assinatura pré-transplante em atmosfera de divinização do médico.

Até o presente, pelo exposto, o documento em questão não parece contribuir para a melhor comunicação médico-paciente e mantém apenas seu potencial de servir como prova – ainda que de duvidosa eficácia jurídica – de que o que aconteceu era de conhecimento.

Considerando que o transplante cardíaco implica um compromisso bilateral de assistência continuada a longo prazo – vale dizer, sintonia permanente de comunicação – cabe, portanto, a ambas as partes atuar com responsabilidade. No caso de transplante em criança, estes novos momentos significam reforço do diálogo sincero com os pais, objetivando a compreensão do evento presente e evitando-se a conotação de prévia aceitação. Ao comparecer espontaneamente trazendo o filho para ser submetido aos procedimentos, demonstra-se consentimento tácito, presumido, que nenhum documento pode inequivocamente superar. O que precisa haver é o esclarecimento pormenorizado do que será feito; o que precisa acontecer são atos corretamente planejados e executados em ausência de negligência, imperícia e imprudência.

Nesta óptica, cabe à equipe médica manter ao longo do atendimento multidisciplinar e multiforme que o transplante cardíaco requer, cumprir o rigor ético, tomar decisões com base nos conhecimentos científicos, respeitar os princípios da bioética e propiciar um canal aberto para a boa comunicação pelo diálogo franco. Nada de novo, a novidade é a preocupação com denúncias de erro médico e danos pessoais.

Sempre é bom ter em mente que maus resultados podem ser classificados em três categorias: evolução natural da doença apesar da boa aplicação dos recursos disponíveis; imprevisibilidades, incapazes de serem antecipadas por qualquer equipe médica; erro médico, advindo de atitudes de negligência, imperícia e imprudência.

O pós-transplante, à semelhança de qualquer pós-operatório em cirurgia cardíaca, divide-se em duas fases distintas do ponto de vista de eventos habituais, intercorrências não esperadas e posturas no âmbito da relação médico-paciente. A linha divisória delas é a alta hospitalar.

Na fase intra-hospitalar, observa-se comumente no paciente/responsável legal um misto de conformismo com o que seria de se esperar pelo potencial de risco de um ato operatório e de inconformismo com a realidade de certos eventos. É a boa comunicação esclarecedora e o testemunho das providências médicas adotadas para controle da situação clínica que contribuem mais expressivamente para ajustar o juízo do paciente/responsável legal às realidades dos atos médicos.

O Termo de Responsabilidade para atendimendo de criança e adolescente padronizado para o Hospital das Clínicas já contém vários artigos para normatizar as ações nesta fase; como discutido na elaboração deste documento pela Comissão de Bioética do HC, qualquer explicitação sobre maus resultados, transitórios ou não, nesta fase, não parece ser útil – recorde-se que necropsia, por exemplo, deve ser autorizada perante a situação real, não cabendo pré-autorização.

Um documento por escrito adicional não serviria de justificativa contra infrações éticas porventura causadoras de eventos, e entendê-lo como uma forma de provocar contenção de iniciativas de denúncias nesta fase do pós-operatório não parece justificar a sua aplicação. Acresce que consentimentos não necessariamente exigem informações as mais completas, bastaria uma explicação convincente – no caso de transplante, poderiam ser consideradas instruções bastantes, risco operatório, taxas de sucesso e estimativa de sobrevida.

Na fase pós-hospitalar, novos cenários, novos personagens, novos encontros e desencontros da relação médico-paciente e novas motivações podem estimular atitudes, pretendendo reparação de danos à saúde que se entenda ocorridos por causa do ato de transplante. Neste aspecto, tudo se passaria como havendo um novo "ponto zero" constituído após a eliminação do órgão doente; o Termo de Consentimento para registro de receptores para transplante cardíaco ortotópico em crianças funcionaria como anteparo contra entendimentos equivocados.

Um documento desta natureza não permite recuperar a qualidade com que foram dados os esclarecimentos não escritos que subsidiaram a convicção pró-consentimento; ele lista itens que teriam sido discutidos e tomados ciência, é uma exposição qualitativa; não obstante, a ausência de informações quantitativas o enfraquece como prova contra eventuais alegações envolvendo o grau de uma doença coronária ciclosporina-induzida, a intensidade da nefrotoxicidade a ponto de merecer diálise ou mesmo a gravidade de uma reação à transfusão de sangue. Como caracterizar, por exemplo, na frieza da redação o *risco maior de infecções* constante do item 4a, o entendimento para o leigo de doença potencialmente fatal?

Acresce que o Termo de Consentimento para registro de receptores para transplante cardíaco ortotópico em crianças dá margem a interpretações opostas ao que se pretende: *"eu aceito que se minha família mora mais de 30 a 40 minutos de distância do InCor, a mudança para uma localidade próxima se faz necessária"*. A redação dúbia dá margem a alguém entender que está consentindo numa providência a cargo do InCor e corre-se o risco de tais facilidades serem exigidas, inclusive no pós-transplante. Outro aspecto é o registro da possibilidade de exclusão da indicação para transplante, afirmação que fica de difícil compreensão sem mais explicações para quem não está afeito ao cotidiano das cardiopatias, após ser informado que a doença é "*terminal e irreversível*". Além disso, "*eu também entendo que meu consentimento para o transplante envolve a participação de estudos diagnósticos que se fazem necessários para melhorar a qualidade de vida dos pacientes transplantados*" sugere consentimento para ações no âmbito da Pesquisa, o que exige documento diferenciado e análise da Comissão de Ética em Pesquisa, específica para cada eventual procedimento.

Por transparecer uma postura defensiva contra acusações perante má-evoluções, o Termo de Consentimento para registro de receptores para transplante cardíaco ortotópico em crianças deve ser analisado à luz de um Hospital Universitário que serve de guia para tantos profissionais e de modelo para dezenas de instituições médicas e não médicas.

Documento deste teor pode herdar a credibilidade e a legitimidade da Instituição criadora e assim adquirir status de "jurisprudência", a ponto de sua inexistência alhures poder representar indícios de descuido para com os devidos esclarecimentos.

Considerando o compromisso pedagógico de um Hospital Universitário, como o nosso, e que a utilidade do documento deva soar como primordialmente esclarecedor e orientador, a Comissão de Bioética do HC propõe o seguinte.

Elaboração de um Manual de Orientação ao Receptor de Transplante Cardíaco contendo as informações que se queira fazer saber pelo paciente/responsável legal; seria um documento com conotação ao mesmo tempo pedagógica e ético-legal, a servir de roteiro para o diálogo inicial e tantos outros quanto necessários forem ao longo do atendimento ao paciente. O que foi falado poderá ser lido e relido sempre que necessário, a relembrar como fora explanado.

O *Consentimento Pós-informação* será o recebimento com protocolo escrito do Manual de Orientação ao Receptor de Transplante Cardíaco ao final da entrevista pré-transplante; deixar-se-ia para o paciente/responsável legal o ônus de o analisar sempre que julgue necessário e a qualquer momento solicitar o esclarecimento de dúvidas. Afinal, conforme o artigo 2° inciso VI da lei 10241/99 do estado de São Paulo, o paciente tem direito à informação e ele deve ser exercido ativamente, não se restringindo a iniciativas médicas.

A Comissão de Bioética do HC entende que esta proposta ética melhor contribui para conciliar os interesses de médicos e paciente/responsável legal no curto, médio e longo prazo, ao mesmo tempo em que faz a prevenção do documento burocrático esquecido no meio de tantos outros papéis no prontuário, a ser lembrado somente perante eventuais questionamentos ético-judiciais.

A sua utilidade pode e deve ser maximizada como um documento ativo, à mão, como que a lembrar que "aconteceu conforme foi informado", o que é mais forte do que "você consentiu que podia acontecer", implícito no TERMO DE CONSENTIMENTO PARA REGISTRO DE RECEPTORES PARA TRANSPLANTE CARDÍACO ORTOTÓPICO EM CRIANÇAS ora em consideração.

PROF. DR. MAX GRINBERG
Relator
Membro da CoBi

Parecer

Assunto: Remoção indevida de prontuários dos pacientes, e as implicações na assistência a pacientes do Serviço de Cirurgia Experimental

PREÂMBULO

Os aspectos jurídicos e administrativos foram sobejamente contemplados nos documentos que a Administração Superior do HCFMUSP levou adiante, tanto na parte do que se encaminhou ao Poder Judiciário quanto pelo desempenho da Comissão Sindicante, que cumpriram a contento seu precípuo papel. Caberá à CoBi esmiuçar os aspectos éticos das questões em pauta. Observa-se uma série de atitudes intempestivas, recuos e desafios, uma luta de egos e susceptibilidades feridas, uma tática de *terra arrasada,* talvez até compreensíveis no contexto de disputas acadêmicas acirradas que lembram os prélios medievais de vida e morte, porém nada justifica o uso dos pacientes ou sua documentação como munição ou moeda de barganha em uma disputa que não lhes diz, aos pacientes, o menor respeito. Os pacientes foram tratados como bens inanimados, que seriam propriedade de determinados professores ou parte de seu espólio, que, ao mudarem de endereço, levam consigo seus pertences. Os pacientes não são "propriedade" de ninguém, são, antes de mais nada, seres humanos, cidadãos livres, com direitos inalienáveis e como tal necessitam de ser respeitados. Não se pode deixar de lado que o objetivo da Medicina desde a época de Hipócrates, e por extensão, de qualquer profissão de saúde, é servir ao paciente da melhor forma possível, e não se servir dos pacientes para prestígio ou outros desígnios pessoais do profissional de saúde. Como bem disse uma vez nesta Comissão, não se admite mais a postura arrogante do profissional médico que se outorga olimpicamente a condição de Senhor Supremo da Vida e da Morte, e que considera o paciente um agente passivo de suas ações de saúde, sem possibilidade nenhuma de manifestar nada exceto submissão absoluta, sem direito a opinião sobre o tratamento.

As Falhas Éticas

Abordando a Bioética pelo prisma atual da Bioética principialista, abaixo descrita, percebe-se que todos os princípios foram violados:

a) *Autonomia do paciente*

Significa o respeito à decisão do paciente, que não é simplesmente o agente passivo das ações de saúde. Ele tem o direito à informação, em linguagem acessível e que possa ser por ele compreendida, de seu estado clínico, seu diagnóstico, prognóstico e possibilidades terapêuticas. E o ato médico seria executado tão somente após seu consentimento. Pressupõe estar o paciente em condições de exercer sua autodeterminação.

b) *Beneficência*

A beneficência diz respeito a agir no melhor interesse do paciente. Deve-se distinguir paternalismo de beneficência. O paternalismo não leva em consideração a autonomia do paciente, e a beneficência o faz, especialmente se houver limitação na capacidade de autodeterminação do paciente, situação em que este deve ser protegido. Por vezes, a beneficência, em prol de pacientes com limitação em sua autodeterminação, é chamada de *paternalismo fraco*. O paternalismo fraco é eticamente justificável e por vezes necessário. Já o paternalismo propriamente dito é a tomada de condutas sem sequer considerar a opinião do paciente plenamente capaz, ou quando a conduta médica se deixa levar por pressões familiares ou institucionais, e o que menos conta seria a opinião do paciente – tal situação é injustificável. No caso em pauta, os dois princípios bioéticos acima descritos foram francamente violados. Os prontuários foram removidos da Instituição a quem incumbia sua guarda, para imóvel particular dos impetrantes. Já é jurisprudência do CRM que o prontuário pertence ao paciente e que incumbe à Instituição sua guarda e proteção. Os impetrantes se consideram proprietários dos prontuários, e, ao mudarem de endereço, simplesmente os levaram consigo. Aqui houve completo desrespeito e desconsideração pela Autonomia do paciente, a mais importante dimensão da Bioética. O ato foi executado de forma atabalhoada e à revelia e sem o conhecimento dos pacientes. Foi um ato além do habitual puro e simples paternalismo, injustificável, ato que somente serviu aos desígnios particulares dos impetrantes. Não se pode nem dizer que se tolheu a autonomia do paciente. Ela sequer foi levada em consideração. Não é admissível em Bioética tais importantes diretrizes serem violadas.

c) *Não-Maleficência*

Este princípio está contemplado diversas vezes na Coleção Hipocrática; o tratado Epidemias, onde diz, textualmente, no parágrafo 11 do 1º livro:

"...pratique duas coisas ao lidar com a doença: ou ajude ou não prejudique o paciente".

Alguns autores consideram este princípio uma extensão do princípio da Beneficência.

Durante algum tempo os prontuários dos pacientes ficaram indisponíveis e alguns pacientes foram, neste mesmo período, atendidos sem que os profissionais tivessem acesso a informação importante. Felizmente não temos registro de nenhum prejuízo à saúde das pessoas, talvez pelo zelo e desvelo dos profissionais que atenderam os pacientes, porém não se pode descartar que os pacientes tiveram prejudicado seu atendimento e sua saúde poderia ter corrido risco por falta de dados laboratoriais, e pessoas poderiam ter sido de fato prejudicadas. Isto configura possível negligência médica decorrente do seqüestro dos prontuários dos pacientes. Este risco que os pacientes correram permite afirmar que o princípio ético da Não-Maleficência foi violado.

d) *Justiça*

Diz respeito à justa distribuição dos recursos de saúde aos cidadãos, ou seja a alocação de recursos, tarefa particularmente delicada quando o recurso é exíguo e os candidatos, vários. É um aspecto espinhoso, sujeito a controvérsias e que traz dilemas éticos de difícil solução. O montante de despesa que o HC teve de pagar pelas xerocópias, por força de ação judicial promovida pelos impetrantes, foi um desperdício de verbas públicas de saúde, uma violação no que diz respeito à justiça na alocação de recursos, um dos pilares fundamentais da bioética. Num país de escassos recursos, principalmente na área da saúde, tal conseqüência tem um peso ainda maior. Um último aspecto ético, derivado dos tratados hipocráticos, também foi violado. O texto hipocrático afirma "Qualquer coisa que eu veja ou escute durante o tratamento e que não seja tal de poder ser contada a estranhos, ou qualquer coisa que eu veja ou escute fora do âmbito específico do tratamento, isto é, nos fatos da vida, guardarei o segredo como coisa que não é lícito dizer." Este parágrafo é uma declaração de lealdade ao paciente que permite que o mesmo se abra com o profissional de saúde sem qualquer risco de ser traído, postura inédita do ponto de vista histórico e fundamental para a aliança terapêutica entre o médico e seu paciente. De tão importante foi incorporado ao código civil de vários países, incluindo o Brasil, na figura do sigilo profissional. No caso em pauta, além de configurar desrespeito à autonomia do paciente o seqüestro dos prontuários, foram feitas cópias dos mesmos em xerocadoras das imediações, submetendo à exposição pública os dados sigilosos de pacientes transplantados ou candidatos a transplante ao risco de divulgação indevida, com eventuais conseqüências desagradáveis. Está, portanto, configurada, clara quebra de sigilo, envolvendo centenas de pacientes. O preceito ético do sigilo foi colocado em risco de forma irresponsável.

CONSIDERAÇÕES FINAIS

Do ponto de vista da Bioética, diversos aspectos éticos foram desrespeitados, e tal fato merece nosso mais veemente repúdio. Os mais graves foram o atropelamento da Autonomia e da Beneficência, além do risco quando pacientes foram atendidos sem que os médicos de nossa Instituição tivessem acesso às informações de prontuário. A mentalidade de que se tem "posse" dos pacientes é tão arraigada em alguns profissionais de nossa Instituição que às vezes um pesquisador, ao procurar voluntários para seu estudo em outra clínica, dirige-se a esta outra clínica para falar não com o paciente e dele obter seu eventual consentimento; vai ao médico que assiste ao paciente nesta outra enfermaria para pedir a ele, e somente a ele, a "autorização" dizendo 'você pode me *emprestar* este e aquele paciente para minha pesquisa?' Como se fosse um pedido de empréstimo de um livro, ou do carro, em suma, objeto. Historicamente, os homens foram considerados como objetos, ou subumanos, na época da escravidão ou nos sombrios e mais recentes períodos da Grande Guerra em que seres humanos foram escravizados e sofreram atrocidades hediondas nos abomináveis campos nazistas. O primeiro que defendeu a concepção de que alguns seres humanos são objetos foi o filósofo grego Aristóteles, contemporâneo tardio do surgimento da Medicina, em trecho pouco inspirado de sua obra "Política", onde o escravo não é considerado humano, e sim um objeto, e que a escravidão além de justa é útil:

"Alguns pretendem que o poder do senhor é contra a natureza, que se um é escravo, e o outro é livre, é porque a lei o quer, que pela natureza não haveria nenhuma diferença entre eles e que a servidão é obra não da justiça, mas da violência.

Todavia, a sociedade para ser completa, deve compor-se de escravos e homens livres... não se pode conceber um lar sem determinadas ferramentas. Ora, entre as ferramentas, umas são inanimadas, outras vivas... O escravo é uma ferramenta viva,... é uma propriedade que vive, um instrumento que é homem. Há homens assim feitos por natureza? Existem homens inferiores, tanto quanto a alma é superior ao corpo.... são escravos por natureza.... Útil aos próprios escravos, a escravidão é justa".

Na mesma época um texto hipocrático se opõe a este posicionamento. Analisemos o seguinte trecho:

".... em qualquer casa que entre será para o bem do doente e manter-me-ei longe de qualquer ato voluntariamente danoso; também não me prevalecerei de minha posição para obter favores sexuais de quaisquer pessoas, sejam estas de condição livre ou escrava".

De início já se delineiam dois princípios que alicerçam a moderna Bioética, quais sejam o princípio da Beneficência e o da Não-Maleficência. E ao se manifestar de forma cristalina que o escravo é um ser humano e digno de respeito, o texto revela uma concepção que somente Kant expressaria séculos depois ao afirmar que todo e qualquer ser humano é um fim em si mesmo e não pode, portanto, ser usado como instrumento ou objeto em hipótese alguma. Considerando que o mundo antigo era uma sociedade escravagista, esta postura ética é ainda mais surpreendente.

Há muitos perigos se a concepção de negar a subjetividade das pessoas continuar a existir, como mostram os exemplos históricos. É nosso dever ético zelar para que desapareça em todas as instâncias qualquer concepção dos pacientes, ou de qualquer ser humano, como objeto.

DR. JOSÉ CARLOS RAMOS CASTILLO
Relator
CoBi

Parecer CoBi 012/2003

Assunto: Termo de consentimento livre e esclarecido para participação em prova prática em concurso
Interessado: Serviço de Cirurgia de Cabeça e Pescoço do HCFMUSP
Ementa: Concurso de Docência: provas práticas de aptidão cirúrgica. Participação de paciente mediante Termo de Consentimento, após ser informado das circunstâncias e do risco do procedimento, que deve ser entendido e assimilado. Termo específico para o caso, conforme cláusulas (seis) em anexo

A Comissão de Bioética do HCFMUSP aprovou, em sessão de 13 de setembro do ano de 2001, parecer favorável à manutenção de provas práticas de demonstração de aptidão cirúrgica para os concursos de Docência na Faculdade de Medicina da Universidade de São Paulo, com condição de a situação ser claramente apresentada ao doente, sendo vedada qualquer discriminação no caso de recusa de participar.

Neste aspecto, a apresentação de termo de consentimento informado condiz com o Código de Ética Médica (CEM), no Capítulo IV – Direitos Humanos – em que é vedado ao médico: "[Art. 46] Efetuar qualquer procedimento médico sem o esclarecimento e o consentimento prévios do paciente ou de seu responsável legal, salvo em iminente perigo de vida."

O consentimento informado (Resolução 196/96 CNS) prevê que o paciente deve ser informado, ouvido e, só então, prestar o seu consentimento. "O cientificismo não foge à responsabilidade civil, penal, nem ética" (1). Ainda, "*o consentimento esclarecido do paciente apresenta-se como a medida mais eficaz no que se refere ao gerenciamento de riscos de conduta. A prévia informação ao paciente sobre os riscos a que irá se submeter consiste não apenas em direito fundamental do mesmo como também em importante instrumento de prevenção de questionamentos judiciais*" (2). O uso do consentimento deve ser visto como aceitação da autonomia do paciente, entendida, por sua vez, como elegante expressão de respeito à pessoa e reconhecimento da necessidade de clareza de diálogo (3).

Imperativo lembrar que a relação médico-paciente é uma das mais complexas formas de relacionamento social, em virtude de assimetria de informação – o médico sabe mais do que o paciente quanto a terapêuticas, e este sabe mais do que aquele o que deseja para si. Médicos e pacientes falam de forma diferente sobre o corpo e seus problemas, o que pode acarretar a perda de informações importantes ou desvio de interpretações (4).

O papel social da medicina tem sido o de prevenir doenças, tratá-las e manter a saúde, além de investigar causas das moléstias e novas terapêuticas. Disto decorre a concepção de seu papel social e/ou responsabilidades de promover saúde, humanização e inovação da ciência. Não surpreende que o estudo de condições de vida, exercido pela medicina que investiga, possa revelar identidade com grupos sociais. O resultado pode ser a pretensão de figurar como interlocutor de demandas ou mesmo o tradutor político de grupamentos pouco organizados ou de pacientes considerados "sem voz".

Não será surpreendente, portanto, que a medicina tente definir necessidades de pacientes ou de grupamentos sociais. No entanto, pode-se supor que, quando médicos tentam definir necessidades sociais outras que não as suas próprias, não estarão comunicando reivindicações legítimas (5).

Ao apresentar o termo em que o paciente consente em participar de um procedimento observado, deve ser-lhe explicitado qual o **risco do procedimento, que deve ser entendido e assimilado.** Atentar para essa condição é de elevada relevância ética como medida para evitar criar expectativas no paciente. Expectativas irreais podem gerar decepções ou mesmo conflitos na relação com o paciente (3). Ainda, ao expor os riscos do procedimento, o profissional atende ao artigo do CEM que veda ao médico: "[Art. 47]: Discriminar o ser humano de qualquer forma ou sob qualquer pretexto."

A Comissão de Bioética prevê que, na explicação oferecida ao paciente deve-se empregar linguagem simples e clara notadamente no termo de consentimento em que a explicação de riscos do procedimento deve figurar com precisão. Também entende que esse termo seja distinto do apresentado para pesquisa, Termo de Consentimento Livre e Esclarecido, da Comissão de Ética em Pesquisa (CAPPesq). Os termos propostos devem incluir as identificações e endereços do paciente e do médico. Logo a seguir dessa identificação, propomos a redação como segue:

Título – Participação do paciente em procedimento [**descrição do procedimento**] como voluntário durante avaliação de perícia em concurso público de Livre-Docência da Faculdade de Medicina da Universidade de São Paulo.

1. A operação (exame) [**indicação do nome da mesma**] será feita no hospital, do mesmo modo que em outros pacientes, e o médico operador será assistido por professores de medicina. O médico operador faz essa operação (exame), mas, desta vez, por se tratar de prova prática, será assistido por outros profissionais que lhe atribuirão nota em concurso público, para a obtenção de título acadêmico concedido pela Faculdade de Medicina.
2. A operação (exame) é a mesma recomendada e empregada no tratamento de pacientes com doenças da [**descrição da mesma**] internados no Hospital das Clínicas. O propósito é tratar sua doença com uma cirurgia já anteriormente praticada pelo médico operador que tem experiência, mas que, desta vez, será assistido por professores de medicina. O médico não fará nenhuma pesquisa no(a) senhor(a).
3. A operação (exame) pode provocar dor que será tratada com medicamento para aliviá-la. Toda operação implica risco de sangramento ou machucadura de nervos, mas a equipe de médicos operadores e anestesistas está preparada para não deixar que aconteçam ou tratar se vierem a acontecer. Se o médico ficar ansioso por tratar-se de exame prático, terá apoio da equipe de operadores e anestesistas que está preparada para não deixar que tal evento prejudique a qualidade de sua operação.
4. Não são esperados outros resultados ou benefícios que não sejam a sua recuperação da operação (exame).
5. O(A) senhor(a) pode não participar desta operação, assistida por professores em concurso público, sem que isto signifique que não será mais operado neste hospital.

6. Participando ou não desta operação, que é uma prova prática de concurso, assistida por professores, não se prevê qualquer indenização.

Referências:

1. Baú MK. Capacidade jurídica e consentimento informado. Bioética 2000; 8(2): 285-296.
2. Ferraz OLM. Questionamentos Judiciais e a Proteção Contra o Paciente: um Sofisma a ser Corrigido pelo Gerenciamento de Riscos. Bioética 1997; 5(1): 7-12.
3. Monte FQ. A ética na prática médica. Bioética 2002; 10(2): 31-46.
4. Robertson I. Medicine. In: Robertson I. Sociology. 3rd edition. New York: Worth Publishers Inc., 1988.
5. Vieira JE. Definição de Necessidades Sociais para o Ensino Médico. Rev Bras Educ Med 2003; 27(2): 153-157.

DR. JOAQUIM EDSON VIEIRA
Membro da CoBi
SRA. ELIANA RODRIGUES CARLESSI
Membro da CoBi
DR. ITIRO SUZUKI
Membro da CoBi

Parecer

Assunto: Consentimento para cirurgia como prova de concurso para docência

Considerando que a admissão do candidato para prestar a prova está ligada a pré-requisitos:

1. A necessidade de que professores sejam aptos a realizar procedimentos, especialmente cirúrgicos, torna importante a realização de provas práticas;
2. A especialização, o reconhecimento profissional e o currículo devem ser compatíveis com a área pleiteada;
3. As cirurgias são realizadas em condições especialmente favoráveis com escolha de horário, escolha de equipe, contando com a supervisão de examinadores, que são também especialistas além de portadores de Título Universitário;
4. O nervosismo e a ansiedade, que podem eventualmente estar exacerbados pela situação da prova, fazem parte da atividade profissional do cirurgião, como ocorre diante de eventos inesperados.

Somos de parecer favorável à manutenção das provas práticas de demonstração de aptidão cirúrgica para os concursos de Docência nesta Faculdade, devendo a situação ser claramente apresentada ao doente, sendo vedada qualquer discriminação no caso de recusa em participar.

DR. MARCOS ROBERTO TAVARES
PROF. GABRIEL W. OSELKA
DR. JOSÉ CARLOS RAMOS CASTILLO
Membros da Comissão de Bioética

Parecer aprovado pela Cobi em sessão de 13.09.2001

Parecer CoBi 003/2004

Assunto: Orientação sobre fornecimento de medicamento de alto custo mediante imposição judicial
Solicitante: Diretoria Clínica
Ementa: O paciente portador de uma liminar judicial, cujo objeto é o fornecimento de um medicamento que faz parte do Guia Farmacoterapêutico do HCFMUSP (GF), deverá ser atendido. Quanto aos medicamentos de alto custo não constantes do GF, foi parecer da CoBi: (1) prescrever somente medicamentos experimentais aprovados na comissão de ética de pesquisa, observadas as normas institucionais e a legislação pertinente; (2) orientar os médicos quanto à importância de prescrever medicamentos padronizados; (3) promover simpósios para debate desta questão, com participação interinstitucional e convidados externos; (4) sugerir à Diretoria Clínica a promoção, junto aos professores titulares, da estrita aderência aos medicamentos constantes do GF; (5) sugerir à Diretoria Clínica uma consulta sobre o tema ao Conselho Regional de Medicina do Estado de São Paulo; e (5) tornar disponível o plantão de Bioética, para esclarecer e orientar os profissionais do HC sobre o tema

Os medicamentos de alto custo, assim definidos de forma geral, podem ser categorizados em três grandes grupos: (1) medicamentos excepcionais (Medex) listados pelo Ministério da Saúde, em número de 182 especialidades farmacêuticas, por exemplo, epoetina, imunoglobulinas, interferon alfa e beta, toxina botulínica; (2) medicamentos oncológicos (APAC Onco) incluídos nos procedimentos regulados por normas do financiamento do SUS; e (3) outros medicamentos de última geração, como antibióticos. A maioria desses medicamentos de alto custo faz parte do Guia Farmacoterapêutico (GF) do HCFMUSP, elaborado pela Subcomissão de Avaliação de Fármacos e Medicamentos – SAFAM, da Comissão de Avaliação Tecnológica em Saúde – CATS, da Diretoria Clínica, Divisão de Farmácia do Instituto Central e Departamento de Clínica Médica da FMUSP. No GF são apresentadas as competências e atribuições da SAFAM, além dos objetivos e normas da assistência farmacêutica institucional. A imposição judicial, citada na solicitação da Diretoria Clínica, não cabe discutir. Um paciente portador de uma liminar judicial, cujo objeto é o fornecimento de um medicamento que faz parte do GF, deverá ser atendido.

A questão formulada pela Diretoria Clínica parece a nós ser limitada aos medicamentos de alto custo não constantes do GF, por qualquer razão, mas que ainda assim são prescritos por médicos da instituição.

Mais ainda, médicos que prescrevem tais medicamentos, às vezes solicitando diretamente a intervenção do Ministério Público ou Judicial. Com esta finalidade, as solicitações são manuscritas em impresso oficial do HCFMUSP.

1. Questões levantadas
   - Relacionamento médico/servidor e instituição: autonomia profissional do médico e autonomia institucional. Qual o limite entre a atuação profissional e a aderência dos recursos disponíveis e normatizados pelo HCFMUSP? Qual o encaminhamento da situação descrita como exemplo, que de fato ocorreu, na qual o médico utiliza impressos institucionais para solicitar diretamente a intervenção judicial?
   - Guia Farmacoterapêutico do HCFMUSP: do ponto de vista bioético, existe necessidade/interesse em ampliar o espaço da Comissão de Bioética no trabalho desenvolvido pela Comissão de Farmacologia? Qual a orientação da Comissão de Bioética – CoBi em relação às especialidades farmacêuticas que não fazem parte do GF?
   - O HCFMUSP gasta mensalmente uma expressiva soma com o item "medicamentos". Prescrições de medicamentos fora do GF estão, conseqüentemente, fora do orçamento. Qual a orientação da CoBi nestes casos?
   - Um dos principais objetivos desta discussão é promover a aderência às decisões institucionais e minimizar o número de casos de imposição judicial. Quais ações podem ser recomendadas pela CoBi para alcançar esse objetivo?

   Discutidas essas questões, chegamos às seguintes recomendações:
2. Recomendações
   - Usar somente medicamentos experimentais aprovados na Comissão de Ética para Análise de Projeto de Pesquisa – CAPPesp, observadas as normas institucionais e a legislação pertinente. As exceções devem ser bem documentadas.
   - Orientar os médicos quanto à importância de prescrever medicamentos padronizados, usando para isto os meios existentes, além de campanhas especiais de esclarecimento.
   - Promover simpósios para debates das questões levantadas, com participação interinstitucional, convidados membros do Poder Judiciário, da Academia e profissionais da casa.
   - Sugerir à Diretoria Clínica a promoção, junto aos professores titulares, de um pacto de estrita aderência aos medicamentos constantes do GF, como forma de minimizar o problema na sua origem.
   - Sugerir à Diretoria Clínica uma consulta sobre o tema ao Conselho Regional de Medicina do Estado de São Paulo.
   - Permanecer disponível, através do Plantão de Bioética, para esclarecer e orientar os profissionais do HCFMUSP sobre o tema.

DR. CARLOS ROBERTO DEL NERO
Membro da CoBi
PROFA. DRA. MARIA GARCIA
Membro da CoBi
PROF. DR. MAX GRINBERG
Membro da CoBi
PROFA. DRA. RACHEL SZTAJN
Membro da CoBi

Parecer aprovado pela CoBi em sessão de 11/03/2004

Parecer CoBi 004/2004

Assunto: Parecer sobre demanda crescente do atendimento no Pronto-Socorro e ambulatório frente à assistência adequada
Solicitante: Diretoria Clínica
Ementa: O Pronto-Socorro e os ambulatórios do Serviço de Emergências do Hospital das Clínicas da FMUSP recebem um número de pacientes acima de sua capacidade de prestar um bom atendimento. Entre os pacientes que procuram os serviços do Hospital, uma grande parte não apresenta patologias de alta complexidade ou de caráter emergencial, podendo ser perfeitamente atendidos em outros serviços médico-hospitalares de atenção primária ou secundária. Essa grande procura gera a necessidade de dividir a atenção dos profissionais e de recursos (medicação, equipamento e leito disponível) entre os que necessitam dos serviços do Hospital e os que poderiam ser atendidos em serviços de cuidados primários e secundários de saúde, com detrimento de qualidade de atendimento para aqueles. Sendo a missão do Hospital das Clínicas zelar pela saúde de seus usuários, ao lado de proporcionar um ensino de qualidade para seus alunos e estagiários, além de desempenhar um papel de destaque em pesquisa científica, há a necessidade de solucionar esta situação problemática com o direcionamento de recursos finitos, para atender os pacientes portadores de patologia de alta complexidade e/ou de caráter emergencial nos seus serviços de emergência. Desta forma, a limitação do atendimento de seus serviços de emergência a determinados pacientes é eticamente justificável

O Pronto-Socorro do Hospital das Clínicas da FMUSP tornou-se um dos maiores serviços de emergência do Brasil em volume de atendimentos, o que tem acarretado um transtorno crônico para a uma prestação de serviço adequada e própria de um serviço de emergência. Para ilustrar este aspecto, consideremos o número de atendimentos realizados no PS do ICHC de 2000 a 2002: 557.965 atendimentos, com uma média anual de 185.988 atendimentos, uma média mensal de 5.166 atendimentos e média diária de cerca de 172 atendimentos. São números expressivos se considerarmos que o espaço físico e as equipes de plantão são as mesmas há mais de 2 décadas.

Quando comparada à população residente no Estado de São Paulo, de cerca de 37.032.403 de habitantes, temos que, em apenas 3 anos, o Pronto-Socorro do ICHC-FMUSP atendeu o equivalente a 1,5% da população residente no Estado.

Se considerarmos apenas a população residente no Município de São Paulo (10.434.252 de habitantes), os dados são mais impressionantes ainda: em 3 anos, o mesmo serviço de emergência atendeu o equivalente a 5% da população residente no Município de São Paulo. Se somarmos os atendimentos das outras unidades de Pronto-Socorro do complexo HC-FMUSP, estas proporções chegam a X e Y%, respectivamente.

Esses dados apenas nos introduzem a um contexto com problemas importantes, uma vez que para que o atendimento seja adequado, é necessário que haja a concorrência de diversos fatores: equipe multiprofissional qualificada, recursos suficientes tanto em equipamento quanto em medicação, e uma demanda pelo serviço não superior à sua capacidade de atendimento a cada plantão. Com uma demanda crescente, que tem excedido a capacidade de atendimento dos PS e dos ambulatórios do HC-FMUSP, a instituição se vê diante de uma questão ética objetiva: continuar atendendo esta demanda que se apresenta espontaneamente, em detrimento da qualidade da prestação deste serviço especializado, ou limitar a demanda dentro de suas capacidades operacionais? Para responder a esta questão devemos fazer algumas considerações.

O atendimento a que se destinam os serviços do Hospital das Clínicas, devido à sua complexa especialização, os recursos materiais existentes e a sua natureza de servir como Hospital Escola, não é o tipo de atendimento que se destina a todos os casos, de todos os pacientes, de forma indistinta. Originalmente, o atendimento médico do Hospital das Clínicas destina-se aos casos de alta complexidade, casos estes que não teriam condições de serem bem atendidos em rede de atenção primária de saúde. Os seguidos anos com as crises econômicas, somados aos descuidos de autoridades, resultaram na falência paulatina e progressiva da rede de atenção primária à saúde.

Esta situação, somada ao hábito cultural e já arraigado em nossa população de se procurar serviços de pronto-socorro para se resolver quase todos os problemas de saúde, sendo urgentes, emergentes ou não, levaram ao esgotamento da capacidade de atendimento do Hospital das Clínicas, notadamente o setor de emergências e ambulatório.

Apesar de ter-se tentado reestruturar os serviços de ambulatório e de emergência, contando com a direção do Hospital e apoio da atual Secretaria de Saúde, as tentativas de reestruturação não foram bem-sucedidas, uma vez que, contando com recursos humanos e materiais finitos, frente a uma demanda desmensuradamente maior e crescente, a simples reorganização interna não é suficiente para adequar os serviços oferecidos para tamanha demanda.

Recentemente, por causa do esgotamento da capacidade de atendimento dos serviços de emergência, têm havido casos em que pacientes que não necessitam de atendimento, tanto do ponto de vista emergencial ou de pouca complexidade de sua doença, disputam espaço e recursos humanos com pacientes cuja doença e evolução desfavorável demandam atenção imediata, resultando em desfavorecimento destes, em favor daqueles. Essa situação é crítica e, até certa forma, desumana para com aqueles que têm necessidades emergenciais ou situação de urgência clínica ou doenças de alta complexidade.

O Código de Ética Médica recomenda ao médico, no seu artigo 2º:

– "O alvo de toda a atenção do médico é a saúde do ser humano, em benefício da qual deverá agir com o máximo de zelo e o melhor de sua capacidade profissional."

Dessa forma, os profissionais médicos que trabalham no setor de emergência e ambulatórios precisam atender a todos os pacientes, independente da gravidade de sua doença, com o máximo de sua capacidade, o que, desafortunadamente, obriga aos médicos a se desdobrarem em dividir a atenção entre os pacientes que necessitam e os pacientes que não necessitam de atendimento de emergência.

Essa situação é conflitante e tem gerado desconforto aos que trabalham principalmente em emergência. No entanto, o Código de Ética Médica também recomenda nos seus artigos 3º e 14 que:

"art. 3º – A fim de que possa exercer a Medicina com honra e dignidade, o médico deve ter boas condições de trabalho e ser remunerado de forma justa."

"art. 14 – O médico deve empenhar-se para melhorar as condições de saúde e os padrões dos serviços médicos e assumir sua parcela de responsabilidade em relação à saúde pública, à educação sanitária e à legislação referente à saúde."

Podemos levar a efeito a proposição desses artigos do Código de Ética se entendermos que há uma terceira parte, que é a instituição que administra o serviço, escapando deste aparente dilema. Urge que algumas medidas mais enérgicas sejam tomadas para que a demanda crescente aos serviços do Hospital das Clínicas não sejam superiores à sua capacidade de prestar um atendimento adequado e zelar pela saúde dos seus usuários. Em outras palavras, é necessária a racionalização dos recursos finitos destinados a pacientes cujas alterações patológicas se enquadrem no perfil de complexidade atendido no Hospital das Clínicas, conseqüentemente encaminhando os pacientes cujas necessidades médicas não demandem atendimento necessariamente no Hospital das Clínicas para outros recursos da rede de saúde Municipais e Estaduais.

A efetivação dessas medidas não pode ser operada através de resoluções internas do Hospital das Clínicas sem prévio aviso aos usuários. O Hospital das Clínicas não pode, arbitrariamente, parar de oferecer serviços aos pacientes com doenças que não se enquadram no perfil de atendimento do mesmo. Necessita de ampla discussão com os órgãos oficiais, tais como a Secretaria de Saúde. A racionalização do atendimento aos pacientes precisa resultar em uma melhora na qualidade de assistência, na melhora das condições de trabalho dos servidores da área de saúde e na melhoria de ensino e de treinamento aos alunos e residentes da Faculdade de Medicina da Universidade de São Paulo.

Baseada nas considerações anteriores, a Comissão de Bioética reconhece a necessidade de intervenção administrativa na limitação da demanda de atendimento dos pronto-socorros do complexo HC-FMUSP, sendo que esta ação é eticamente justificável, sugerindo-se que seja realizada uma ampla campanha de esclarecimento, visando atingir a população usuária, orientando-a a procurar primeiro os serviços de atenção primária à saúde, antes de procurar o Hospital das Clínicas.

PROF. DR. CHIN AN LIN
Relator
PROF. DR. RAYMUNDO SOARES DE AZEVEDO NETO
Revisor

Parecer aprovado pela CoBi em sessão de 11.04.2004

Parecer CoBi 006/2004

Assunto: Parecer sobre Normas Técnicas e Condutas a respeito do Serviço do Hospital-Dia
Solicitante: Serviço do Hospital-Dia
Ementa: O presente parecer tem como objetivo principal responder aos questionamentos levantados por hospitais e/ou instituições de saúde que contam com leitos de hospital-dia. Depois de analisar as normas do Ministério da Saúde, e consultar o Conselho Regional e Federal de Medicina, os pareceristas chegaram à conclusão de que, na permanência do paciente no hospital por período máximo de 24 horas, não havendo negligência ou imprudência do médico em relação ao atendimento ao paciente, não haverá responsabilidade ética e pessoal do profissional

As normas do Ministério da Saúde para a emissão da AIH especial para internação em regime de Hospital-Dia recomendam que o prontuário seja aberto na primeira admissão e concluído a cada 30 dias. Neste período o paciente deverá vir ao Hospital-Dia quantas vezes for necessário para realizar o procedimento previsto, retornando, posteriormente para seu domicilio. Isto quer dizer que o paciente permanece internado no Hospital-Dia pelo período máximo de 30 dias, podendo ser renovado, mas efetivamente sob os nossos cuidados em um período muito menor que este. No intervalo entre os períodos em que está no Hospital-Dia, o paciente, embora fora da instituição, continua com o prontuário aberto, sem alta hospitalar. Diante disso o solicitante pergunta:

Quais são os limites das responsabilidades éticas, profissionais, pessoais e institucionais, nestas condições de atendimento?

O Hospital-Dia é definido como prestador de assistência intermediária entre a internação hospitalar e o atendimento ambulatorial. Nele são realizados procedimentos clínicos, cirúrgicos, diagnósticos e terapêuticos que requeiram a permanência do paciente na unidade por um período máximo de 12 horas.

A observação hospitalar é para pacientes que permanecerem no hospital sob supervisão médica e/ou de enfermagem, para fins diagnósticos ou terapêuticos, por período inferior 24 horas. O limite de 24 horas é o limite máximo para a observação hospitalar. Idealmente um paciente deve permanecer em observação apenas pelo tempo necessário, por exemplo, para que seja observado o efeito de um tratamento, ou seja, tomada uma decisão sob a internação ou não do mesmo.

Os leitos de observação em geral oferecem menos condições de conforto e privacidade para os pacientes, e, por razões humanitárias, deve-se manter o período de observação restrito ao necessário para a segurança do paciente e para a tomada da decisão clínica. Neste sentido, o leito é destinado a paciente sob supervisão médica e/ou de enfermagem, para fins diagnósticos ou terapêuticos, por período inferior a 24 horas. Os leitos de hospital-dia são leitos hospitalares de observação.

A Autorização de Internação Hospitalar (AIH) é um documento de cunho administrativo, utilizado para efeito de cobrança junto ao Sistema Único de Saúde (SUS). Segundo portaria nº 44 de 10 janeiro de 2001 do Ministério da Saúde, a Autorização de Internação Hospitalar, para pacientes submetidos a procedimentos especiais, internados em Hospital-Dia, torna-se necessária a cada 30 dias.

Ao ser admitido o paciente no Hospital-Dia, uma AIH é aberta com validade de 30 dias, devendo ser lançado na primeira linha do campo de serviços profissionais o número de áreas utilizadas. Caso seja necessária a continuidade do tratamento, mediante a autorização do gestor, nova AIH-1 poderá ser emitida.

Para o procedimento terapêutico que requeira período de observação de até 12 horas, obrigatoriamente será aberto um prontuário constando de identificação completa, anamnese, exame físico, ficha de descrição do ato médico, cirúrgico ou anestésico, folha de prescrição médica e relatórios de enfermagem durante todo o período em que ele estiver "internado".

Para a alta hospitalar, é necessário estabelecer os seguintes critérios:

- Lúcido, orientado no tempo e no espaço, sem grandes queixas de dor;
- Sinais vitais estáveis há pelo menos 60 minutos antes da alta;
- Ausência de náuseas e vômitos;
- Capacidade de ingerir líquido;
- Ausência de sangramentos;
- Micção espontânea;
- Acompanhamento de adulto responsável, devidamente identificado, quando se tratar de criança ou impossibilitado de deambular em virtude do procedimento realizado;
- Orientação verbal e por escrito ao paciente e/ou familiares dos cuidados pós-procedimento, bem como medidas a serem tomadas em caso de eventuais ocorrências.

Considerados os registros em prontuário, a adoção dos critérios de alta e a portaria nº 44 do Ministério da Saúde que prevê a permanência do paciente no hospital por período máximo de 12 horas durante os 30 dias que dá direito cada AIH especial, e não havendo negligência ou imprudência do médico em qualquer das considerações acima, não haverá responsabilidade ética e pessoal do profissional.

Cabe ao hospital prover leito para internação, caso o paciente apresente intercorrências relacionadas ao procedimento realizado no Hospital-Dia. Situações de emergências ou ocorrências não relacionadas deverão ser atendidas em instituições médico-hospitalares de livre escolha do paciente e/ou familiares.

PE. ANÍSIO BALDESSIN
Relator
SRA. ELIANA RODRIGUES CARLESSI
Revisor

Parecer aprovado pela CoBi em sessão de 13.05.2004

Parecer CoBi 008/2004

Assunto: Autonomia de prescrição do médico quando funcionário do HCFMUSP
Solicitante: Diretoria Clínica
Ementa: Direitos e deveres do médico integrante do Corpo Clínico. Prescrição de medicamentos com responsabilidade dentro das normas institucionais. Utilidade do Manual de recomendações de protocolo para utilização dos medicamentos padronizados

O Código de Ética Médica contém normas que devem ser seguidas pelos médicos e pelas organizações que prestam serviços médicos. Nele encontramos, no artigo 16, em seus PRINCÍPIOS FUNDAMENTAIS, que "Nenhuma disposição estatutária ou regimental de hospital ou instituição pública ou privada poderá limitar a escolha por parte do médico dos meios a serem postos em prática para o estabelecimento do diagnóstico e para a execução do tratamento, salvo quando em benefício do paciente". Um outro artigo, de número 21, que se refere ao DIREITO DO MÉDICO, diz "É direito do médico indicar o procedimento adequado ao paciente, observadas as práticas reconhecidamente aceitas e respeitando as normas legais vigentes no País".

Temos, portanto, dois artigos no Código de Ética Médica que asseguram ao médico sua autonomia profissional, técnica e científica. Às Comissões de Ética, entre outras instituições médicas, cabe fiscalizar o cumprimento das normas estabelecidas neste Código. Os infratores sujeitar-se-ão às penas disciplinares previstas em lei.

Entretanto, no mesmo Código de Ética Médica, no seu artigo 14, diz "O médico deve empenhar-se para melhorar as condições de saúde e os padrões dos serviços médicos e assumir sua parcela de responsabilidade em relação à saúde pública, à educação sanitária e à legislação referente à saúde".

Desta forma, já prevê o Código que o médico, principalmente enquanto funcionário de Instituições Públicas, antes de dar vazão plena a sua autonomia profissional, precisa lembrar de seu papel importante de gerenciador de recursos públicos, zelar para que o recurso finito atenda de forma democrática e sem preconceitos as demandas infinitas da população em geral, e não casos específicos e individuais, gerando situações aberrantes de faltar medicações padronizadas, pois os recursos foram desviados para a aquisição de medicações experimentais em fase de teste ou sem comprovação de evidência médico-científica.

Portanto, a autonomia profissional necessariamente esbarra na limitação de recursos financeiros de instituições públicas para que haja um atendimento que beneficie a maior parte possível da população. Dessa forma, as aparentes contradições do Código de Ética Médica na verdade se complementam, uma vez que deixam implícita a idéia de a autonomia profissional encontrar um limite no bem maior da saúde pública.

Além disso, a Resolução 1481/97 do Conselho Federal de Medicina, que trata do REGIMENTO INTERNO DO CORPO CLÍNICO, define, entre outros, DIREITOS e DEVERES ao conjunto de médicos de uma instituição, onde destacamos:

- autonomia profissional
- cooperação com a administração da instituição visando à melhoria da assistência prestada
- cumprimento das normas técnicas e administrativas da instituição
- colaboração com as comissões específicas da instituição

Salientamos que a presente resolução do CFM define que os DEVERES dos integrantes do Corpo Clínico deverão ser CLARAMENTE EXPRESSOS, prevendo-se, inclusive, a possibilidade de punição no âmbito da instituição, por fatos de natureza administrativa, através de sindicância, garantindo-se ampla defesa aos acusados. Caberá aos médicos que se julgarem prejudicados por decisões de qualquer natureza recurso ao Conselho Regional de Medicina da jurisdição em que se encontra registrada a instituição.

Lembramos que os profissionais médicos contratados pelo Hospital das Clínicas estão subordinados ao contrato de trabalho assinado com a Instituição, portanto estão sujeitos ao Regulamento Interno da Instituição, e devem, por isso, procurar não prescrever medicações que não constam no Guia Farmacoterapêutico.

Os profissionais que insistem em perpetuar tal procedimento acabam, por força do contrato, sujeitos às medidas corretivas e educativas do Regulamento. Da mesma forma, os médicos residentes e colaboradores, ainda que não façam parte do corpo estável do Hospital das Clínicas, mas por atuarem dentro do âmbito hospitalar, sob supervisão de profissionais do corpo permanente, estão sujeitos às mesmas normas do Regulamento Interno do Hospital das Clínicas.

A Diretoria Clínica do HCFMUSP, em seu Mem. DC 045/54 de 7.1.04, manifestou-se que existe desrespeito, por parte do Corpo Clínico, das normas institucionais para a prescrição de medicamentos. É verificado que são prescritos medicamentos que não constam do Guia Farmacoterapêutico do HC, acarretando mandados de seguranças contra o Hospital e Secretaria de Estado de Saúde para que sejam dispensadas estas medicações. Medicações estas muitas vezes sem efeito terapêutico comprovado ou de eficácia duvidosa, concorrendo para escassear os recursos que poderiam adquirir e repor o estoque das medicações constantes no Guia Farmacoterapêutico, com prejuízo de toda a população atendida no Hospital das Clínicas, em favor de uma pequena parcela de pacientes.

A Diretoria Clínica tem se envolvido em racionalizar e normatizar a prescrição e dispensação de medicamentos ambulatoriais, atualizando o Guia Farmacoterapêutico através da Câmara de Fármacos e Medicamentos. Além disso, outras ações nesse sentido são previstas pela Diretoria:

- revisão, por parte das clínicas, do arsenal medicamentoso especializado segundo critérios de inclusão/exclusão e manutenção dos medicamentos;
- definição de protocolos terapêuticos para as várias especialidades, de acordo com critérios nacionais e internacionais;
- orientação das equipes médicas de cada serviço no sentido da prescrição de medicamento com responsabilidade, dentro das normas institucionais (prescrição de medicamentos padronizados no Guia Farmacoterapêutico).

Concluindo, entende-se que a adoção de medidas administrativas é cabível ao profissional que não observar as normas existentes para a prescrição de medicamentos no Hospital das Clínicas.

Recomendamos à Instituição se empenhar na divulgação do Manual de Recomendações de Protocolo para Utilização dos Medicamentos Padronizados.

Finalmente, ressalta-se que existe por parte da Instituição um canal permanentemente aberto, realizado pela Subcomissão de Avaliação de Fármacos e Medicamentos do HCFMUSP – SAFAM, para o Corpo Clínico em geral dirigir-se.

DR. RENATO DEL SANT
Relator - CoBi
DR. CHIN AN LIN
Revisor - CoBi

Parecer aprovado pela CoBi em sessão de 26.08.2004

Parecer CoBi 010/2004

Assunto: Termo de Responsabilidade – Internação Involuntária
Solicitante: Subcomissão de Análise de Informações sobre Paciente – SAIP – IPq
Ementa: Internação Involuntária em Psiquiatria. Envio de informações sobre o paciente ao Ministério Público e suas implicações em relação ao sigilo profissional

TERMO DE RESPONSABILIDADE – COMUNICAÇÃO DE INTERNAÇÃO INVOLUNTÁRIA:

A Resolução CFM nº 1.598/00 que normatiza o atendimento médico a pacientes portadores de transtorno mental em seu artigo 6º refere:

"Nenhum tratamento deve ser administrado a paciente psiquiátrico sem o seu consentimento esclarecido, salvo quando as condições clínicas não permitirem a obtenção desse consentimento, e em situações de emergência, caracterizadas e justificadas em prontuário, para evitar danos imediatos ou iminentes ao paciente ou a outras pessoas. Parágrafo único – Na impossibilidade de obter-se o consentimento esclarecido do paciente, e ressalvadas as condições previstas no 'caput' deste artigo, deve-se buscar o consentimento de um responsável legal."

Nesta mesma Resolução, em seu artigo 15:

"A internação de um paciente em um estabelecimento de assistência psiquiátrica pode ser de quatro modalidades: voluntária, involuntária, compulsória por motivo clínico e por ordem judicial, após processo regular.

§ 1º – A internação voluntária é feita de acordo com a vontade expressa do paciente em consentimento esclarecido firmado pelo mesmo.

§ 2º – A internação involuntária é realizada à margem da vontade do paciente, quando este não tem condições de consentir, mas não se opõe ao procedimento.

§ 3º – A internação compulsória por motivo clínico ocorre contrariando a vontade expressa do paciente, que recusa a medida terapêutica por qualquer razão.

§ 4º – A internação compulsória por decisão judicial resulta da decisão de um magistrado.

§ 5º – No curso da internação, o paciente pode ter alteração na modalidade pela qual foi admitido originariamente."

Prosseguindo, temos outros artigos concernentes a este tema.

Artigo 16:

"Nas internações involuntárias, o médico que realiza o procedimento faz constar do prontuário as razões da internação, bem como os motivos da ausência de consentimento do paciente; neste caso, deve buscar o consentimento de um responsável legal."

Artigo 17:

" Nas internações compulsórias por motivo clínico, o médico que realiza o procedimento admissório deve fazer constar do prontuário médico uma justificativa detalhada para o procedimento, e comunicar o fato ao diretor clínico, que submeterá o caso à Comissão de Revisão de Internações Compulsórias."

Artigo 18:

"Um estabelecimento médico só pode realizar internações psiquiátricas compulsórias se contar com uma Comissão de Revisão de Internações Compulsórias.

§ 1º – A Comissão de Revisão de Internações Compulsórias constitui-se pelo diretor clínico ou técnico, como coordenador, e mais dois médicos pertencentes ou não ao corpo clínico, regularmente inscritos no CRM.

§ 2º – Compete à Comissão de Revisão de Internações Compulsórias avaliar todos os casos de internação compulsória e decidir sobre a pertinência do procedimento em parecer, que deve constar do prontuário médico do paciente.

§ 3º – O membro da Comissão de Revisão de Internações Compulsórias não poderá participar da avaliação quando ele for responsável pela internação ou pela assistência do paciente internado compulsoriamente.

§ 4º – Se a decisão for contrária à do médico que indicou a internação, este pode recorrer à Comissão de Ética do estabelecimento, que dará a decisão final e se responsabilizará pela mesma.

§ 5º – Todo este processo deverá durar, no máximo, sete dias úteis."

A Lei 10.216, de 06/4/2001, também conhecida como Lei Paulo Delgado, a qual dispõe sobre portadores de transtornos mentais – direitos, proteção e atendimento de qualquer natureza, sancionada pelo Presidente da República, trata também sobre a internação psiquiátrica em três de seus artigos, a seguir:

Artigo 6º:

"A internação psiquiátrica somente será realizada mediante laudo médico circunstanciado que caracterize os seus motivos.

§ Parágrafo único. São considerados os seguintes tipos de internação psiquiátrica:

I – internação voluntária: aquela que se dá com o consentimento do usuário;

II – internação involuntária: aquela que se dá sem o consentimento do usuário e a pedido de terceiro; e

III – internação compulsória: aquela determinada pela Justiça.

Artigo 7º:

"A pessoa que solicita voluntariamente sua internação, ou que a consente, deve assinar, no momento da admissão, uma declaração de que optou por esse regime de tratamento.

Parágrafo único. O término da internação voluntária dar-se-á por solicitação escrita do paciente ou por determinação do médico assistente.

Artigo 8º:

"A internação voluntária ou involuntária somente será autorizada por médico devidamente registrado no CRM do Estado onde se localize o estabelecimento.

§ 1º – A internação psiquiátrica involuntária deverá, no prazo de 72 horas, ser comunicada ao Ministério Público Estadual pelo responsável técnico do estabelecimento no qual tenha ocorrido, devendo esse mesmo procedimento ser adotado quando da respectiva alta.

§ 2º – O término da internação involuntária dar-se-á por solicitação escrita do familiar, ou responsável legal, ou quando estabelecido pelo especialista responsável pelo tratamento."

Temos também a Portaria do Ministério da Saúde, 2.391, de 26/12/2002, que regulamenta o controle das internações psiquiátricas involuntárias e voluntárias de acordo com o disposto na Lei 10.216, parcialmente citada acima, e os procedimentos de notificação da Comunicação das Internações Psiquiátricas Involuntárias e Voluntárias ao Ministério Público pelos estabelecimentos de saúde, integrantes ou não do SUS. Alguns de seus artigos merecem ser considerados.

Artigo 1º:

"Determinar que os estabelecimentos de saúde, integrantes ou não do SUS, observem o disposto nesta Portaria para efetuarem internações psiquiátricas voluntárias e involuntárias, conforme o disposto na Lei 10.216, de 6/4/2001."

Artigo 3º:

"Estabelecer que ficam caracterizadas quatro modalidades de internação:

- Internação Psiquiátrica Involuntária;
- Internação Psiquiátrica Voluntária;
- Internação Psiquiátrica Voluntária que se torna Involuntária;
- Internação Psiquiátrica Compulsória.

§ 2º – IPI é aquela realizada sem o consentimento expresso do paciente.

§ 3º – IPV poderá tornar-se involuntária quando o paciente internado exprimir sua discordância com a manutenção da internação.

§ 4º – IPC é aquela determinada por medida judicial e não será objeto da presente regulamentação."

Artigo 4º:

"Estabelecer que as internações involuntárias deverão ser objeto de notificação às seguintes instâncias:

I – ao Ministério Público Estadual ou do Distrito Federal e Territórios onde o evento ocorrer;

II – à Comissão referida no artigo 10º.

Artigo 5º:

"Estabelecer que a Comunicação de Internação Psiquiátrica Involuntária deverá ser feita, no prazo de 72 horas, às instâncias referidas no artigo anterior, observado o sigilo das informações, em formulário próprio (Termo de Comunicação de Internação Psiquiátrica Involuntária, modelo constante do Anexo desta Portaria), que deverá conter laudo de médico especialista pertencente ao quadro de funcionários do estabelecimento de saúde responsável pela internação.

Parágrafo único. O laudo médico é parte integrante da Comunicação de Internação Psiquiátrica Involuntária, a qual deverá conter obrigatoriamente as seguintes informações:

- identificação do estabelecimento de saúde;
- identificação do médico que autorizou a internação;
- identificação do usuário e do seu responsável e contatos da família;
- caracterização da internação como voluntária ou involuntária;
- motivo e justificativa da internação;
- descrição dos motivos de discordância do usuário sobre sua internação;
- CID;
- Informações ou dados do usuário, pertinentes à Previdência Social (INSS);
- Capacidade jurídica do usuário, esclarecendo se é interditado ou não;
- Informações sobre o contexto familiar do usuário;
- Previsão estimada do tempo de internação.

Artigo 6º:

"Estabelecer que ao Ministério Público caberá o registro da notificação das IPI, bem como das voluntárias que se tornam involuntárias, para controle e acompanhamento destas até a alta do paciente.

Artigo 7º:

"Determinar que, se no decurso de uma IPV o paciente exprimir discordância quanto à sua internação, após sucessivas tentativas de persuasão pela equipe terapêutica, passando a caracterizar-se uma IPI, o estabelecimento de saúde envie ao Ministério Público o Termo de Comunicação de IPI, até 72 horas após aquela manifestação, devidamente assinado pelo paciente.

Artigo 10º:

"Estabelecer que o gestor estadual do SUS constituirá uma Comissão Revisora das Internações Psiquiátricas Involuntárias, com a participação integrante designado pelo Ministério Público Estadual, que fará o acompanhamento dessas internações, no prazo de 72 horas após o recebimento da comunicação pertinente.

§ 1º – A Comissão deverá ser multiprofissional, sendo integrantes dela, no mínimo, um psiquiatra ou clínico geral com habilitação em Psiquiatria, e um profissional de nível superior da área de saúde mental, não pertencentes ao corpo clínico do estabelecimento onde ocorrer a internação, além de representante do Ministério Público Estadual. É relevante e desejável que dela também façam parte representantes de associações de direitos humanos ou usuários de serviços de saúde mental e familiares.

Artigo 11:

"Definir que o Ministério Público poderá solicitar informações complementares ao autor do laudo e à direção do estabelecimento, bem como realizar entrevistas com o internado, seus familiares ou quem mais julgar conveniente, podendo autorizar outros especialistas a examinar o internado, com vistas a oferecerem parecer escrito.

Artigo 13:

"Estabelecer que o Diretor do estabelecimento enviará mensalmente ao gestor estadual do SUS, listagem contendo o nome do paciente internado e o número da notificação da IPI e IPVI, ressalvados os cuidados de sigilo."

Comentários:

Depois do exposto da Resolução CFM 1598/00, Lei 10216 de 6/4/02 e Portaria do Ministério da Saúde 2391/02, entendem alguns que a remessa ao Ministério Público de informações confidenciais sobre o paciente não se coaduna com o Código de Ética Médica, em seu artigo 102, onde:

"É vedado ao médico revelar fato de que tenha conhecimento em virtude do exercício de sua profissão, salvo justa causa, dever legal ou autorização expressa do paciente."

O Código Penal também estipula na violação do segredo profissional que:

Art. 154 – "Revelar a alguém, sem justa causa, segredo, de que tem ciência em razão de função, ministério, ofício ou profissão, e cuja revelação possa produzir dano a outrem: Pena – detenção, de 3 meses a 1 ano, ou multa.

O Conselho Federal de Medicina, no seu parecer-consulta nº 1.973/2000, exarou a seguinte ementa:

"É dever ético e legal do médico manter sigilo quanto ao prontuário do paciente, só o podendo revelar com autorização expressa deste ou seu representante legal..."

Assinalamos também que existe divergência entre o artigo 18 da Resolução do CFM nº 1.598/00, que prevê a composição da comissão de revisão de internação involuntária composta exclusivamente por médicos sob a liderança do diretor da instituição, e a Portaria nº 2.391 do Ministério de Saúde, que no seu artigo 10º cria uma comissão de natureza mista (médicos e não médicos) e transinstitucional (não exclusiva do corpo clínico da instituição).

A comissão mista criada pelo Ministério tem o poder de suspender a internação hospitalar, divergindo com o artigo 5º da Resolução CFM nº 1.598/00, que estabelece a exclusividade dos médicos a realização do diagnóstico, conduta terapêutica, admissão e alta dos pacientes sob sua responsabilidade.

Considerações finais:

1ª. As resoluções do CFM e do Ministério Público são feitas para todos os hospitais psiquiátricos do País e visam à proteção dos pacientes e à humanização hospitalar. Os serviços com nossas características (hospital universitário de ensino), já exercem um autocontrole, decorrente da rechecagem dos dados no processo de ensino. Já em outros serviços sem a tradição de ensino, os mecanismos de controle propostos são imprescindíveis.

2ª. Lembramos que o sigilo no exercício profissional não é exclusivo da profissão médica, mas cada uma das categorias dos profissionais da saúde, e mesmo outras profissões implicam na manutenção do sigilo profissional.

3ª. A informação do Ministério Público é decorrente da lei, e não há como desrespeitar.

Assim sendo, não vemos impedimento à aplicação do mesmo nesta instituição.

DR. RENATO DEL SANT
Membro da CoBi
DR. MAURICIO SECKLER
Membro da CoBi

Parecer aprovado pela CoBi em sessão de, 28.10.2004

Parecer CoBi 004/2005

Assunto: Conduta do usuário no Instituto Central do Hospital das Clínicas - ICHC
Solicitante: Diretoria Executiva do ICHC
Ementa: Usuário que, por comportamento ilegal dentro da Instituição, encontra-se respondendo a processo criminal. Consulta sobre se deverá receber "alta administrativa". Resposta negativa, uma vez que continua necessitando dos cuidados médicos

Em resposta à solicitação de análise da Diretoria Administrativa, datada de 10 de novembro de 2004, consideramos que a alta administrativa não pode ser utilizada como instrumento de punição, mas aplica-se nas condições discriminadas a seguir:

No Instituto de Psiquiatria são internados pacientes com adição a drogas, e é parte integrante do "contrato" firmado entre o médico (e por extensão a instituição) e o paciente a abstinência do uso da substância, e se e quando isto ocorre, o paciente recebe alta administrativa, sendo o seu uso terapêutico, e não punitivo.

Também os pacientes que comparecem apenas nas consultas iniciais de seguimento no ambulatório, e ausentam-se por um período de 2 anos, são considerados pacientes inativos, e para retornar para novas avaliações e seguimento no HCFMUSP terão a mesma tramitação de um paciente novo no Complexo.

Aqueles doentes que foram submetidos a cirurgia e que não comparecem nos retornos marcados por mais de 5 anos, também se tornam inativos.

Os médicos também poderão retornar os pacientes para seguimento nos serviços de média e baixa complexidade quando não necessitam mais dos recursos apenas disponíveis neste Complexo.

No caso que suscitou a dúvida encaminhada, se houver punição, esta será designada pela Justiça Penal, já acionada pelo Hospital, e se julgar procedente ressarcimento, a Administração procurará o auxílio da Justiça Civil.

DR. MAURÍCIO SECKLER
Relator
Membro da CoBi

Parecer aprovado pela CoBi em sessão de 12.05.2005

Parecer CoBi 011/2005

Assunto: Análise sobre receituário médico diferenciado, no âmbito do HCFMUSP, para pacientes SUS, conveniados e particulares
Solicitante: Diretoria Clínica

O receituário médico diferenciado (RMD) no âmbito do HC – FMUSP significa a identificação do usuário como não-SUS.

Entendemos que o RMD constitui instrumento que contribui para o objetivo de privilegiar a assistência integral à saúde no Complexo do HC.

Dentro desta óptica, o benefício maior do RMD é identificar que o seu portador, ou por força de contrato com as empresas de Seguro Saúde ou pela condição de cliente particular, não se inclui na condição de elegível para a dispensação gratuita de medicamentos pela Divisão de Farmácia do Complexo HC.

Em conclusão, a Comissão de Bioética do HCFMUSP opina favoravelmente à adoção do RMD.

PROF. DR. MAX GRINBERG
Relator
DR. RENATO DEL SANT
Revisor

Parecer aprovado pela CoBi em sessão de 09.03.2006

Parecer CoBi 004/2006

Assunto: Divergência de Conduta
Solicitante: Diretoria Clínica
Ementa: Parecer solicitado pela Diretoria Clínica referente ao questionamento da Dra..........: em "divergência de conduta, obedecer ao superior hierárquico, mesmo em determinados casos que o paciente necessita de urgência"

O Sistema Único de Saúde é adotado como o sistema padrão de saúde pública, envolve uma série de hierarquizações não somente em termos de distribuição de verbas, mas também estabelece um sistema de fluxo de pacientes baseado em referência e contra-referência que visa à melhor adequação de atendimento de acordo com a complexidade de doenças apresentadas pelos pacientes. No sistema SUS, o Hospital das Clínicas, por se tratar de um hospital quaternário, atende pacientes referenciados de unidades básicas de saúde. Entretanto, pela posição de destaque que ostenta no cenário nacional, muitos pacientes, mesmo sem referência da rede básica, procuram espontaneamente o Hospital das Clínicas, onde buscam atendimento. Esses pacientes, ao menos parte deles, acabam por ser atendidos pelos ambulatórios breves existentes no Hospital, e depois, os pacientes são referenciados de volta à rede básica de saúde. O fato é que o Hospital das Clínicas tem mecanismos que acolhem os pacientes que apresentam doenças de menor complexidade e que não foram referenciados pela rede básica de saúde, como os ambulatórios breves, e a possibilidade de se abrirem consultas extras por médicos assistentes que julgarem necessário conceder consultas a pacientes não referenciados, com base na sua avaliação profissional. Essas consultas extras, no entanto, devem constituir casos de exceção e não uma rotina, como define o seu nome. Cabe aqui um reparo para uma explicação adequada aos questionamentos da consultante. O termo "sem registro" usado com uma certa freqüência pela consultante, em verdade, refere-se a pacientes não referenciados pela rede básica de saúde. Todos os pacientes atendidos no Hospital das Clínicas recebem imediatamente um registro, ainda que temporário. Portanto, o termo "sem registro" não se enquadra no caso da paciente em questão.

O caso descrito pela consultante confirma a tese acima: uma paciente sem referência foi atendida através de consulta extra, pois a consultante, baseada na sua observação do quadro clínico, julgou necessário abrir uma consulta extra. Ressaltamos que a Instituição Hospital das Clínicas não proíbe o profissional de saúde de atender, medicar, examinar paciente sem referência no Hospital, tampouco coage o profissional que mantém contrato de vínculo empregatício com o Hospital das Clínicas de praticar negligência com os pacientes, conforme os questionamentos.

Os passos relatados a seguir mostram os trâmites do que ocorreria com o caso, onde não temos nenhum reparo a colocar. A referida paciente realizou exames dentro do complexo do Hospital das Clínicas, exames esses que somente um paciente com registro poderia realizar; além de uma consulta de avaliação pré-operatória.

Feito o diagnóstico presuntivo de mioma, a paciente foi encaminhada para internação, através da passagem do caso para uma residente. Neste momento não houve questionamento do diagnóstico, feito através de ultra-sonografia, na qual foi diagnosticado mioma, e não houve consenso de que teria sido um caso de emergência. A partir deste diagnóstico, foi tomada uma conduta que consistia em encaminhar para internação, sem caráter de urgência, onde a paciente aguardaria um telefonema para ser internada.

O que ocorreu a seguir, com a perda da ficha da paciente, e a conseqüente não-convocação da mesma para a internação e o não-agendamento da paciente para um acompanhamento ambulatorial, pode ter resultado na evolução desfavorável da paciente.

Não é o foco deste parecer discutir se houve culpa ou dolo na perda da ficha da paciente e o fato de não ter anotação no prontuário da paciente. Há instâncias apropriadas onde os desdobramentos são tratados de forma competente. Mas constitui um fato lamentável a perda da ficha e a conseqüente não-convocação da paciente.

A perda da ficha da paciente só ocorreu porque não há, dentro do complexo H.C., uma rotina organizada com agendamento de cirurgia baseada na disponibilidade de vagas em leitos de internação de enfermaria, com controle eletrônico nos sistemas de agendamento. A fila para cirurgia é atualmente organizada por cada clínica, obedecendo a uma rotina peculiar, em que o caso a ser internado é anotado em uma agenda escrita a mão a cargo de residente de cada grupo. Dessa forma, quando algum profissional esquece de anotar na lista o nome de algum paciente, o paciente não é convocado, como ocorreu neste caso. A fim de que este tipo de ocorrência não volte a acontecer, é necessário haver uma organização de cada clínica, com um controle central das vagas disponíveis, salas do Centro Cirúrgico disponíveis, equipes responsáveis pela cirurgia, bem como integração com o serviço de avaliação pré-operatória, atualmente a cargo dos Serviços de Anestesia e Clínica Geral.

Insistimos que a ocorrência deste caso não invalida o sistema de referência e contrareferência em que o Hospital das Clínicas está inserido. O Hospital das Clínicas desempenha o papel primário de atender pacientes com doenças de alta complexidade e não pacientes cujas doenças poderiam ser acompanhadas em unidades básicas de saúde. A ocorrência deste caso só confirma que, apesar de atender casos referenciados, o Hospital das Clínicas mantém mecanismos que permitem atendimento de casos sem serem referenciados pela rede básica de saúde, exemplificado no caso em questão.

Sobre o questionamento em relação à divergência de conduta, os princípios da bioética devem ser sempre observados: beneficência, não-maleficência, autonomia e justiça. Estes princípios devem nortear a conduta do profissional de saúde. Desta forma, o profissional médico deve sempre proceder oferecendo os melhores recursos disponíveis, tanto de sua capacidade técnica como dos recursos materiais de que se dispõe para a assistência do paciente. Fica entendido que todo o atendimento de qualquer paciente deve ser registrado e deve conter uma história clínica, exame físico, hipóteses diagnósticas e condutas a serem adotadas; opiniões de outros profissionais que participaram do atendimento ao paciente também deveriam constar do prontuário. O histórico do atendimento não só tem o valor documentário, mas é importante para auxílio da condução do caso, satisfazendo os princípios da bioética.

No caso de discordância de conduta, a divergência deve resultar na diversidade de opções terapêuticas, levando ao benefício do paciente e não baseado em vaidade individual, simplesmente discordar por discordar. Acima de tudo, deve se evitar a maleficência a todo custo. Não existe nenhuma disposição legal que obrigue o profissional em posição hierárquica inferior a concordar sempre com a conduta de seu chefe imediato, o que reforça o princípio de autonomia. A discordância, voltamos a ressaltar, deve sempre estar baseada em beneficência (com base nas melhores evidências médicas em termos de conduta) e em não-maleficência.

Não cabe a esta comissão julgar se houve não-observância dos princípios da Bioética; a nosso ver, isso é uma tarefa para a Comissão de Ética do Hospital.

Destacamos, no entanto, a importância de diálogo dentro da relação de trabalho em equipe como peça fundamental para o aprimoramento de relações entre os profissionais, aspecto importante dentro da Ética Médica. Ademais, o diálogo entre os profissionais aumenta as opções terapêuticas para a condução de casos, o que resultaria na beneficência para os pacientes. Possivelmente, muitos dos percalços deste caso poderiam ter sido evitados, se tivesse tido uma comunicação melhor nas equipes do mesmo Departamento que conduziram o caso.

Revisor: Entendo que este fato ilustra que mecanismos de sistematização das informações para a programação cirúrgica devem ser estabelecidos no Sistema de Agendamento, para não incorrerem no risco de serem perdidas/extraviadas quando da troca de pessoal. Além disso, a sua inexistência dificulta o acompanhamento do controle das filas de espera, bem como o de estimar as demandas de forma real.

DR. CHIN AN LIN
Relator
DRA. EDNA RODRIGUES
Revisora
Membros da Comissão de Bioética

Parecer aprovado pela CoBi em sessão de 10.08.2006

Parecer

Assunto: Proposta para implantação de Termos de Consentimento de cirurgias realizadas na Divisão de Clínica Otorrinolaringológica

A Divisão de Clínica Otorrinolaringológica solicitou avaliação pela Comissão de Bioética do HCFMUSP dos documentos denominados TERMOS DE CONSENTIMENTO PARA CIRURGIAS REALIZADAS NA DIVISÃO DE CLÍNICA OTORRINOLARINGOLÓGICA. A intenção de uso está dentro da linha de pensamento que entende que atos assistenciais necessitam ser legitimados por CONSENTIMENTO PÓS-INFORMAÇÃO por escrito, à semelhança da exigência perante procedimentos de pesquisa em seres humanos.

O CONSENTIMENTO PÓS-INFORMAÇÃO, oral ou escrito, é instrumento da relação médico-paciente na medida em que tem como objetivos: permitir ao paciente compartilhar decisões com base no exercício da autonomia; ponderar livremente antes da realização de procedimentos médicos; firmar convicção, uma vez tecnicamente informado sobre métodos a serem empregados, benefícios, riscos e outras eventuais opções diagnósticas ou terapêuticas; solicitar esclarecimentos adicionais a qualquer momento; revogar a palavra, por estrita vontade de interromper o curso das condutas, após melhor juízo.

Esta prática com implicações éticas tem como origem o conceito, próximo de completar um século, que "todo ser humano em idade adulta e com capacidade mental normal tem o direito de determinar o que será feito no seu próprio corpo". Ele está inserido no preceito de valor universal "seja uma pessoa e respeite os demais como pessoa".

O CONSENTIMENTO PÓS-INFORMAÇÃO pressupõe mais do que um dever legal que defenderia a equipe médica perante questionamentos de ordem ética e jurídica. O que ocorre é que a presunção de erro médico e as conseqüentes – e crescentes – representações a Tribunais de Ética ou de Justiça determinaram variações do estilo e do conteúdo baseados numa visão defensiva contra insatisfações devidas ou indevidas; o CONSENTIMENTO PÓS-INFORMAÇÃO sofreu desta maneira distorções da sua natural característica de instrumento essencialmente benéfico para a boa relação médico-paciente. Neste aspecto, admite-se que tão mais legalista seja o caráter desta comunicação, tanto menos ética ela tende a se tornar e corre o risco de resultar uma prática tão somente de "cumprimento da lei". Em contrapartida, não há uma normatização legal para balizar "ao gosto das leis" o desenvolvimento do processo de informação pré-consentimento.

A utilidade do CONSENTIMENTO PÓS-INFORMAÇÃO por escrito parece variar na dependência da estimativa – contém assim grau apreciável de subjetividade – do binômio risco-benefício. Em situações de Pesquisa Clínica, a obrigatoriedade de ser por escrito justifica-se pela ausência de benefício pessoal imediato para o voluntário, portanto qualquer mínimo risco clínico torna-se eticamente alto; utiliza-se o título CONSENTIMENTO PÓS-INFORMAÇÃO, pois há que ter certeza que a aprovação para ser submetido a uma pesquisa médica foi dada após reflexões, e não tão somente por delegada confiança ao saber médico.

Na assistência, a utilidade do CONSENTIMENTO PÓS-INFORMAÇÃO por escrito está intimamente ligada à concretização das expectativas pessoais. A base comum à Assistência e à Pesquisa é a humanização da prática profissional na área da Saúde através de princípios da Bioética aplicados à relação médico-paciente. E em função desta, o CONSENTIMENTO PÓS-INFORMAÇÃO por escrito não deve visar ser a comunicação bastante ao longo do atendimento, na verdade é um protocolo de intenções. Até porque há a impossibilidade da existência de um consentimento totalmente esclarecido.

Perante alterações significantes no panorama inicial do estado de saúde inicial, o CONSENTIMENTO PÓS-INFORMAÇÃO deverá ser renovado, pois interagem novos conhecimentos e nova visão dos fatos. E também por necessitar ser a abordagem informativa apropriada a cada situação, adaptada aos aspectos sociais e psicológicos individuais, não caberia um documento padronizado. Fica assim prejudicada a comunicação exclusivamente ou prioritariamente por escrito, que, "ao encerrar o assunto", soa mais como o cumprimento de ritual legal.

Por outro lado, ocorrem circunstâncias em que o paciente/familiar demonstra desinteresse pelas informações – até pela grande confiança na equipe médica – ou incapacidade de as compreender; há, então, a recusa à informação, e, conseqüentemente, fica prejudicado o CONSENTIMENTO PÓS-INFORMAÇÃO. Pode-se admitir que os princípios da Autonomia e da Não-Maleficência dêem resguardo a esta atitude, mas deve ficar claro para o paciente que é dever do médico fornecer informações quando vier a desejá-las, ou até que ele pode transferir este direito para pessoa de sua confiança.

Só se nasce uma vez, e nesta única vida convive-se com estados de saúde e de doença. O ato do transplante representa a saúde de um órgão que se pretende preservar *post-mortem*, beneficiando outrem desenganado pela doença. É uma situação de excepcionalidade, na qual se consente a única esperança de sobrevida diante da certeza de morte, num cenário de angústias e informações – desestimuladoras em outras circunstâncias – sobre riscos imediatos e mediatos para o receptor, incluindo previsão de tempo de sobrevida e perda do objetivo, ou seja, da saúde do órgão que foi doado.

Aos previsíveis conflitos de ordem imunitária entre a aceitação e a rejeição do transplante por própria competência imunitária, poderiam ganhar convívio outros embates de natureza ético-jurídica. Pelo menos é o que demonstram pensar aqueles que trazem à apreciação da Bioética um documento tencionado ao resguardo da responsabilidade profissional frente a eventuais questionamentos por maus resultados.

Perante a cardiopatia fatal, o ato do transplante significa esperança de reconquistar qualidade de vida e ganhar sobrevida – utopicamente mentalizada *ad eternum*; é a opção terapêutica para a fase avançada da doença cardíaca de mau prognóstico, pois ineficazes são os esquemas farmacológicos ou as intervenções convencionais.

Conjugando dignidade e cidadania e tendo como catalizador a relação médico-paciente, da interação dos efeitos terapêuticos obtidos quanto à condição de vida e adiamento da morte, resultam distintos graus de satisfação e tolerância; satisfação pelo que de bom se obteve, tolerância ao que restou contra si ou que há de vir.

Comissão de Bioética

TERMO DE RESPONSABILIDADE PARA PACIENTES MAIORES E CAPAZES

I – DADOS DE IDENTIFICAÇÃO DO PACIENTE

NOME: ....

REGISTRO:...

II – DAS DISPOSIÇÕES GERAIS

Artigo 1º – O presente Termo de Responsabilidade dispõe sobre direitos e deveres do paciente, do profissional da saúde e do Hospital das Clínicas da Faculdade de Medicina da Universidade de São Paulo – HCFMUSP

§ 1º – O Hospital das Clínicas é uma autarquia estadual destinada a ensino, pesquisa e assistência.

§ 2º – O Corpo Clínico responsável pela assistência integral ao paciente é composto por Professores da Faculdade de Medicina, Médicos, Médicos-Residentes, todos Profissionais da Saúde e Aprimorandos, integrantes de Equipe Multiprofissional.

III – DO RECONHECIMENTO E SALVAGUARDA DOS DIREITOS E DEVERES

Artigo 2º – O **paciente** será tratado por meios adequados e disponíveis, devendo a relação mútua **entre profissionais da saúde e paciente** ser baseada na dignidade e no respeito.

Artigo 3º – **O profissional da saúde** tem garantida a sua autonomia ao indicar o procedimento adequado ao **paciente**, observadas as práticas reconhecidamente aceitas.

Artigo 4º – O **médico** informará ao **paciente**, de forma clara e em linguagem acessível, sobre o seu estado de saúde, diagnóstico, tratamento e evolução provável da sua doença.

Artigo 5º – Os procedimentos diagnósticos e terapêuticos serão executados com a prévia concordância do **paciente**, após ter sido esclarecido quanto aos seus riscos e benefícios.

§ 1º – Quando ocorrer discordância quanto à aplicação dos procedimentos diagnósticos e terapêuticos, esta deverá ser registrada no prontuário do paciente.

§ 2º – O **paciente** tem direito de revogar o seu consentimento a qualquer tempo, por decisão livre, consciente e esclarecida, sem que lhe sejam imputadas sanções morais ou legais.

§ 3º – No caso de revogação do consentimento, o **paciente** se manifestará por escrito, devendo este documento ser arquivado no respectivo prontuário.

§ 4º – Quando o **paciente** se recusar a aceitar os métodos diagnósticos e terapêuticos propostos e deixar o Hospital, cessará a responsabilidade do médico quanto às conseqüências decorrentes desta recusa.

Artigo 6º – No caso de se tornar incapaz de tomar decisões sobre sua saúde, o **paciente** apresenta como seu REPRESENTANTE INDICADO:

Nome: ....

Endereço: ....

Telefone: ....

§ 1º – O **REPRESENTANTE INDICADO** será a pessoa a quem o **paciente** confiará a tomada de decisões, podendo ser parente ou não.

§ 2º – Cabe ao paciente a incumbência de notificar o seu **Representante Indicado.**

Artigo 7º – Em caso de iminente risco de vida ou iminente risco de perda de qualidade de vida, encontrando-se o **paciente** incapacitado de tomar decisões, o **médico** estará autorizado a adotar condutas, até que o **Representante Indicado** possa se manifestar.

Artigo 8º – O prontuário do paciente será elaborado de forma legível, completa e atualizada.

Artigo 9º – O **paciente** tem direito de obter relatório contendo as informações registradas no seu prontuário, mediante solicitação junto ao Arquivo Médico.

Artigo 10 – O **paciente** tem garantida e respeitada a confidencialidade sobre seus dados pessoais e clínicos, podendo ser revelados apenas com sua autorização, salvo em casos de imposição legal.

Artigo 11 – Após a alta médica, o **paciente** deverá deixar as dependências do HCFMUSP, no prazo de até 24 (vinte e quatro) horas, após as quais serão adotadas as medidas legais cabíveis.

Artigo 12 – O **paciente** e os **profissionais da saúde** do HCFMUSP poderão recorrer à Comissão de Ética Médica e à Comissão de Bioética, para esclarecer questões surgidas em decorrência da prestação das ações e dos serviços de atenção à saúde.

Observações: ....

O presente termo foi lido e achado conforme.

São Paulo, .../...../....

____

Paciente

Aprovado pela Comissão de Bioética em 1997

TERMO DE RESPONSABILIDADE PARA ATENDIMENTO À CRIANÇA E AO ADOLESCENTE

I – DADOS DE IDENTIFICAÇÃO

DO PACIENTE:

Nome: ....

Registro: ....

DO RESPONSÁVEL LEGAL SUBSCRITOR DO TERMO:

Nome: ....

Documento: ....

Vínculo: Pai ( ) Mãe ( ) Tutor ( ) Guardião ( )

Endereço: ....

Tel.: .... Cidade: .... Estado: ....

II – DAS DISPOSIÇÕES GERAIS

Artigo 1º – O presente Termo de Responsabilidade dispõe sobre direitos e deveres do **paciente criança e adolescente**, de seu responsável legal, do **profissional da saúde** e **do Hospital das Clínicas da Faculdade de Medicina da Universidade de São Paulo** – HCFMUSP.

§ 1º – O Hospital das Clínicas é uma autarquia estadual destinada a ensino, pesquisa e assistência.

§ 2º – O Corpo Clínico responsável pela assistência integral ao **paciente** é composto por **Professores da Faculdade de Medicina, Médicos, Médicos-Residentes, todos Profissionais da Saúde e Aprimorandos**, integrantes de Equipe Multiprofissional.

III – DO RECONHECIMENTO E SALVAGUARDA DOS DIREITOS E DEVERES

Artigo 2º – O **paciente** será tratado por meios adequados e disponíveis, devendo a relação mútua **entre profissionais da saúde**, paciente e responsável ser baseada na dignidade e no respeito.

Artigo 3º – **O profissional da saúde** tem garantida a sua autonomia ao indicar o procedimento adequado ao **paciente**, observadas as práticas reconhecidamente aceitas.

Artigo 4º – O **médico** informará ao **responsável legal**, de forma clara e em linguagem acessível, sobre o estado de saúde, diagnóstico, tratamento e evolução provável da doença do paciente.

§ 1º – Ao **paciente** serão fornecidas informações pertinentes, compatíveis com o seu grau de desenvolvimento e compreensão.

§ 2º – O **responsável** que receber as informações se responsabilizará pela sua comunicação ao outro **responsável legal**.

Artigo 5º – Os procedimentos diagnósticos e terapêuticos serão executados com a prévia autorização do **responsável legal**, após ter sido informado quanto aos seus riscos e benefícios para o **paciente**.

§ 1º – **O responsável legal** tem direito de revogar o seu consentimento a qualquer tempo, por decisão livre, consciente e esclarecida, sem que lhe sejam aplicadas sanções.

§ 2º – Quando houver discordância quanto à aplicação dos procedimentos diagnósticos e terapêuticos entre a família e a equipe de saúde:

a) em situação de iminente risco de vida, a equipe tomará a conduta que considerar a mais adequada e comunicará o fato à Vara da Infância e Juventude de competência;

b) em situação em que a não intervenção médica possa causar sofrimento ou comprometer a qualidade de vida futura da criança/adolescente, deve-se recorrer, de imediato, à autoridade judicial para decisão.

Artigo 6º – Quando houver solicitação de alta a pedido por parte do responsável legal, este deverá se manifestar por escrito.

Parágrafo Único – Na situação em que a alta implicar risco de vida, sofrimento ou comprometimento da qualidade de vida futura da criança/adolescente, deve-se recorrer à autoridade judicial, para decisão.

Artigo 7º – O prontuário do paciente deve ser elaborado de forma legível, completa e atualizada.

Artigo 8º – O **paciente** ou seu **responsável legal** terá direito de obter as informações registradas no seu prontuário, mediante solicitação junto ao Arquivo Médico.

Artigo 9º – O **paciente** tem o direito ao sigilo profissional quanto ao diagnóstico, métodos terapêuticos, dados clínicos e pessoais, os quais só poderão ser revelados ou divulgados mediante sua autorização expressa ou de **responsável legal**, exceto quando houver dever legal.

Artigo 10 – Após a alta médica, o **paciente** deverá deixar as dependências do HCFMUSP no prazo de 48 (quarenta e oito) horas, após as quais serão adotadas as medidas legais cabíveis.

Parágrafo Único – A retirada da **criança/adolescente** da Instituição só poderá ser efetuada por **responsável legal**.

Artigo 11 – O **paciente**, a **família** e os **profissionais de saúde do HCFMUSP** poderão recorrer às Comissões de Ética e à Comissão de Bioética do Hospital, para esclarecer questões surgidas em decorrência das ações e dos serviços de atenção à saúde.

Observações: ....

São Paulo, .../...../....

____

Responsável legal

Obs: Quando a pessoa que efetuar a internação não for o responsável legal, preencher este campo:

Nome: ....

Vínculo: ....

Endereço: ....

Tel.: .... **Estado:** ....

Nota: O Termo de Responsabilidade será preenchido em duas vias, sendo a 1ª via parte integrante do prontuário médico e a 2ª via entregue ao responsável.

Aprovado pela Comissão de Bioética em 1998

TERMO DE ALTA A PEDIDO DO PACIENTE

I. DISPOSIÇÕES GERAIS:

Artigo 1º – A alta a pedido do paciente representa o seu direito de recusar o atendimento ou procedimentos propostos e de deixar as dependências do hospital, após amplo esclarecimento das possíveis conseqüências e riscos de tal atitude.

Parágrafo Primeiro – A **alta a pedido** não constitui ato que tenha sido indicado ou praticado pela equipe médica, mas sim um ato livre e soberano da autonomia do paciente, atendido o disposto no Termo de Responsabilidade.

Parágrafo Segundo – O exercício, por parte do paciente, deste seu direito, a partir do momento em que deixar o hospital, <u>isenta</u> o **médico** e a **Instituição** da responsabilidade por quaisquer conseqüências adversas à saúde diretamente relacionadas a esta alta.

Artigo 2º – Cabe ao **médico**, com o apoio da equipe multiprofissional, explicar em linguagem acessível ao **doente**, o diagnóstico, suas condições clínicas, possibilidades terapêuticas e as conseqüências da interrupção da assistência médica, especificando possíveis riscos e danos.

Artigo 3º – Alta a pedido não se constitui em impeditivo para o paciente voltar a recorrer à Instituição.

II. REGISTRO DO MÉDICO ASSISTENTE.

Esclarecimentos prestados ao paciente pelo médico: ....

....

III. DECLARAÇÃO DO PACIENTE:

Declaro que fui devidamente informado e esclarecido quanto à situação de minha saúde, conforme acima registrado, e decido deixar de ser assistido neste hospital, em razão de:

....

São Paulo, .../...../....

____

Paciente

Aprovado pela Comissão de Bioética em 1998

NORMA PARA PARTICIPAÇÃO NA COMISSÃO DE BIOÉTICA DA HCFMUSP E FMUSP.

Aprovado: sessão de 27 de novembro de 2003

A Comissão de Bioética do HCFMUSP, tendo em vista a repercussão dos seus trabalhos na Comunidade, vem recebendo pedidos de profissionais que se mostram interessados em participar das reuniões. Entretanto, há de se distinguir diferentes categorias:

Membros – Indicados conforme Regimento Interno, tendo assento permanente e com direito a voto.

Convidados especiais – Aqueles que pela sua atuação profissional e especialização tragam contribuição nas discussões das questões bioéticas. Podem pertencer ao Corpo Funcional do Hospital da Clínica da Faculdade de Medicina da Universidade de São Paulo – HCFMUSP, da Faculdade de Medicina da Universidade de São Paulo – FMUSP ou de órgãos externos. Após análise de currículo e das pretensões, mediante autorização da Diretoria Clínica por proposta do Presidente da CoBi, poderão participar de todas as reuniões e colaborar nos pareceres.

Convidados em caráter excepcional – Dependendo da questão a ser tratada, a critério da CoBi, profissionais especializados poderão participar de determinadas reuniões, dependendo de convocação.

Visitantes – Após análise do currículo, da intenção e com autorização da CoBi, poderão participar de reuniões específicas, mediante convite.

Nota *– Em todas as categorias deve-se primar pela salvaguarda do sigilo, da confidencialidade e da imagem da Instituição e das pessoas envolvidas nas questões bioéticas sob discussão na CoBi.*

TERMO DE CONFIDENCIALIDADE

Declaro para os devidos fins que manterei confidenciais, respondendo na forma da lei por qualquer forma de divulgação, ou comentário, que possa levar à identificação de pessoas, serviços e opiniões, os fatos submetidos aos Membros da Comissão de Bioética do HCFMUSP e FMUSP e suas manifestações ou comentários.

São Paulo, 09 de junho de 2005

Nome: ....

CPF: ....

Fone: ....

E-mail: ....

Assinatura: ....

2

Clínica Cirúrgica

A relação médico-paciente é uma das mais complexas formas de relacionamento social – médicos e pacientes falam diferentemente sobre o corpo e seus problemas. Notadamente, a cirurgia, que necessariamente "invade" o corpo, pode ocasionar condições de conflito, que podem ser ainda mais destacadas pelas situações emergenciais.

Neste campo, a Comissão de Bioética do HCFMUSP recebeu questionamentos relacionados mais intensamente à informação, seja entre o médico e seu paciente – ambos com convicções, seja entre a medicina e a sociedade – ambas com expectativas. O respeito ao diálogo e à clareza prevaleceram nos pareceres disponíveis neste capítulo.

Alguns temas, no entanto, não permitiriam uma única e final conclusão e permanecem sendo continuamente escritos. Destacam-se pelo menos dois:

1. A informação deve ser entendida por critérios de confidencialidade – que quando preservada aumenta as chances de procura e aderência ao tratamento proposto, mesmo em situações de conflito interpessoal;
2. As expectativas de cura promovidas, direta ou indiretamente, pela tecnologia dos transplantes intensificam debates sobre terminalidade da vida, doação de órgãos viáveis, custos e prioridades.

Importante notar a fundamentação da informação pela clareza e adequação social, incluindo a eventual imprevisibilidade cirúrgica. Assim, mesmo novas e complexas questões encontram meios de entendimento e resolução para a boa prática desta especialidade. Por sua vez, esta boa prática valoriza o corpo humano como a mais complexa e flexível das interfaces com o mundo vivido e onde o trabalho médico encontra não a exclusividade, mas o resultado físico de todos os sentimentos.

JOAQUIM EDSON VIEIRA

Parecer CoBi 26.11.1998

Assunto: Transexualismo/Cirurgia
Interessado: Disciplina de Endocrinologia

1. A Comissão de Bioética do Hospital das Clínicas da Faculdade de Medicina da Universidade de São Paulo recebeu pedido, do Diretor Clínico da Instituição, originado da Unidade de Endocrinologia do Desenvolvimento, da Disciplina de Endocrinologia, para emitir parecer quanto à Resolução 1.482, de 10 de Setembro de 1997, do Conselho Federal de Medicina, e à realização dos procedimentos ali previstos no complexo do Hospital das Clínicas da FMUSP.
2. A Resolução acima referida autoriza, a título experimental, cirurgias plásticas de transgenitalização do tipo neocolpovulvoplastia, neofaloplastia e/ou procedimentos complementares sobre gônadas e caracteres sexuais secundários como tratamento de casos de transexualismo.
3. Conquanto a cirurgia para o caso específico estivesse marcada para o dia 04 de setembro pp., dadas as implicações penais que tal procedimento pode gerar, entenderam os membros da Comissão de Bioética ser conveniente propor linhas mestras informadoras da conduta dos profissionais da saúde do Hospital das Clínicas.
4. Já se tem discutido o descompasso que há entre bioética e direito. As duas áreas de conhecimento não apresentam trajetórias harmônicas, e, no caso presente, o descompasso entre elas gera problemas de monta.
5. A sociedade, em geral, ainda se funda no mito do sexo único para cada indivíduo, de sorte que, segundo os critérios tradicionais, cada sexo se ajusta ao outro, até porque o transexualismo é marginal. Ademais, até recentemente, o transexualismo não era considerado síndrome, moléstia, que deve ser tratada.
6. Vista como disforia, mais um estado que moléstia, a divergência entre sexo psicológico e gênero (*gender identity*) tem superado os critérios médicos anteriores, passando-se à discussão sobre ser a moléstia inata ou adquirida.
7. No plano do direito, essa questão deveria responder às seguintes dúvidas: o reconhecimento judicial do transexualismo é retroativo, e portanto declarativo, ou constitutivo, criando nova situação jurídica? Aí se põe a licitude, ou não, das cirurgias acima referidas.
8. Se as cirurgias forem lícitas deve-se, ou não, legislar a respeito, e quais serão as bases para o reconhecimento da transexualidade? O direito à vida privada e identidade sexual são sinônimo de liberdade do indivíduo?
9. A noção de transexualismo implica a renúncia ao conceito de sexo único e aceita a desarmonia entre sexo genético, hormonal, anatômico e psicossocial. A identificação

do transexual não passa mais pela moléstia mental, mas sim pela ausência de identidade sexual. A cirurgia plástica pode ser o instrumento que garanta essa identificação.

10. Com isso espera-se que a pessoa transexual retome seu lugar na sociedade agindo como integrante do sexo psicológico, agora também anatômico, nos termos da grande solução que a doutrina alemã propõe.

11. Partindo dos princípios informadores da bioética, é patente que a autonomia das pessoas, pacientes e profissionais de saúde deve ser observada desde que atendidos os requisitos mínimos de capacidade para as manifestações volitivas.

12. A insegurança que se nota nessa área, nada obstante os avanços já consagrados, fica patente quando se discutem questões como direito ao aborto, à eutanásia e/ou ortotanásia, e à mudança de sexo. Justificar racionalmente princípios de moralidade social é tarefa árdua em que o estudioso se move em terreno pouco firme.

13. Ressalta, nesse campo, a necessidade de harmonizar, equilibrar o discurso com a moral social, com os valores particulares e princípios normativos gerais. Satisfazer as exigências de casos específicos em face dos valores morais da sociedade é a meta. A questão é procurar definir como se permite que alguém tenha conduta anódina quando pode haver fortes razões de interesse público para impedi-la, razões essas que, não necessariamente, se traduzem em impedir dano a terceiros.

14. A posição conservadora, por sua vez, como responder à questão, considerando que a pauta moral pode levar a soluções aberrantes, implica que o direito deva desconhecê-las. Há quem entenda que, se discute ato proibido por moral, crítica ou ideal aceito, há razão para que o direito interfira no ato.

15. Subjacente a essa discussão das duas posições está o saber em que medida o direito pode ou deve interferir em relações que a moral considera válidas, já que cabe ao Estado fazer cumprir a moral social intersubjetiva ou pública. Onde fica a igualdade entre os homens se a pauta valorativa permite tratá-los, numa mesma situação, de forma distinta por trabalhar com a idéia de pauta auto-referente?

16. Se a conduta não prejudica terceiros, como se dá com o princípio da autonomia das pessoas capazes, por que não admiti-la em casos individuais? Há quem diga que sistemas morais baseados no valor da autonomia não podem ter como elementos primitivos direitos individuais, pois autonomia exige que haja bens coletivos que não são o conteúdo de direitos individuais, pois são objeto de deveres por parte de terceiros.

17. Afirma-se, ainda, que é impossível ser neutro quanto a ideais do bom e concluir que o Estado deva ter preferência por certos planos de vida sobre outros; que essa preferência inclui algum tipo de intervenção, de interferência na escolha dos planos de vida, do que resulta que a preferência por alguns dos planos reduz o âmbito da concepção de autonomia, ou seu exercício, como intrinsecamente valiosa.

18. Aliás, segundo Rawls, filósofo do direito norte-americano, a idéia de vida autônoma é parte essencial do bem-estar humano e tipo de perfeccionismo, que não se compadece com a realidade. Nem por outra razão a ordem jurídica fixa limites para o exercício da autonomia, exigindo capacidade do agente. Daí que autonomia há de ser entendida como forma de escolha entre diferentes opções de conduta, nos limites admitidos pelo Estado como guardião dos valores sociais.

19. Aqui também é preciso lembrar que tais valores são definidos pela regra da maioria, pois o bem-estar há de ser compatibilizado com a concepção objetiva do bem-estar e do bom, baseados em certos valores que são padrões sociais.

20. Porém, a avaliação dos bens e interesses decorrentes dos valores pessoais faz-se por parâmetros como a freqüência com que o bem aparece nos planos de vida das pessoas em sociedade, pois que o Estado se baseia em generalizações empíricas para chegar à norma legal e, de outro lado, o grau de necessidade com que um bem é exigido por certos planos de vida, implica a comparação sobre a importância do interesse perseguido. Necessidades fisiológicas comuns às pessoas podem ser o ponto de referência para esse segundo parâmetro, como medida do interesse geral.

21. O bem mais amplo previsto no conceito de autonomia é o da liberdade para adotar ou seguir qualquer conduta que não prejudique terceiros, tal como consagrado na Declaração Universal dos Direitos do Homem e do Cidadão. Logo, a pergunta quanto aos limites da autonomia pode, enfim, ser formulada da seguinte forma: O princípio da autonomia requer a maximização da satisfação dos planos de vida ou preferências desenvolvidas pelas pessoas ou exige apenas a maximização da capacidade de escolha entre planos de vida ou formação de preferências?

22. Parece que sem poder concretizar a escolha não há real exercício da autonomia. O que se discute, na verdade, é o grau de autonomia, que deve ser conferido às pessoas. Esse grau de autonomia varia conforme a capacidade de cada pessoa, tanto para optar por planos ou preferências quanto por satisfazer as preferências adotadas. Mas sem dúvida, uma das regras que ninguém contesta é que a autonomia, no que concerne à vida consciente, está ligada à integridade corporal e psíquica.

23. Não padecer de dores e depressões ou perturbações psíquicas, ter os órgãos funcionando normalmente, não ser desfigurado, são condições básicas para haver capacidade de escolha.

24. Claro que quanto maior o respeito à autonomia das pessoas maior será o grau de liberdade da sociedade, mesmo quando para manter essa liberdade seja imperioso restringir a autonomia, ou o grau de autonomia de algumas pessoas, o que leva à existência de regras de comportamento que limitam a autonomia e até as que a determinem de forma coercitiva.

25. Ao lado do princípio da autonomia e, agregado a ele, está o princípio da inviolabilidade da pessoa. Segundo critério individualista, os titulares e únicos titulares de interesses cuja satisfação possa constituir justificativa para uma ação ou medida e cuja frustração constitua uma desqualificação para a ação, são os seres humanos. Mas diz-se, porém, que os interesses devem ser moralmente relevantes, o que nos faz retomar a questão dos valores morais da sociedade.

26. Os transexuais apresentam uma disfunção clara, a falta de identidade entre o anatômico, o corpo, e os hormônios e a psique, logo poder-se-ia inferir faltar-lhes parte da capacidade para escolher os fins, isto é, para alterar o sexo anatômico. De outro lado, ajustando-se o físico e o psíquico, pode-se dar-lhes o bem-estar que buscam, o que, do ponto de vista do reconhecimento da autonomia, justificaria as cirurgias corretivas do sexo físico para retomar a identidade psicológica e corpórea da pessoa.

27. A pergunta que se põe é saber se a indisponibilidade do estado sexual é absoluta ou relativa? Há bem tutelado pela ordem pública, moral e bons costumes que impe-

çam as cirurgias transformadoras do sexo anatômico? A moral tradicional diz que sim, que o estado civil do sexo, identificado no nascimento, não é disponível. Em geral os Tribunais são contrários à retificação dos "atos de nascimento", e se entende que cirurgias cosméticas e criadoras não podem ser equiparadas à "vontade do Criador".

28. Porém, o progresso da ciência permite separar o transexual do travesti, e do homossexual, portanto o avanço estará em reconhecer que o transexualismo independe da vontade do indivíduo e que o sexo anatômico dá lugar ao sexo psicossocial; que a aparência se substitui à verdade biológica e que a ordem pública, a moral e os bons costumes podem ser mais prejudicados com a insistência na dicotomia do que com a realização de cirurgias retificadoras do estado transexual.

29. Nesse sentido, enfatiza-se decisão da Corte Européia de Direitos Humanos que se manifestou, em 1992, condenando a França ao afirmar que o princípio da *indisponibilité ne fait pas obstacle à une celle modification en cas de transsexualisme véritable.* Entendeu que o sexo social é o que realmente importa, e, portanto, reconhece que, do ponto de vista ético, a sociedade pode se beneficiar das cirurgias realizadas em transexuais.

30. Na Europa está aceito o fato de que a ordem pública e a moral ficarão mais comprometidas com a manutenção da falta de identidade corpórea e psíquica dos transexuais, pela discrepância entre o sexo do estado civil e o sexo aparente, do que com a realização das cirurgias que buscam a identidade. E a discussão passa para o campo da saúde, cabendo a esses profissionais definir o real, verdadeiro transexualismo de outros desvios comportamentais.

31. Acompanhando essa linha de raciocínio, o Conselho Federal de Medicina em Resolução de 10/09/1997, que recebeu o número 1.482, entende que a cirurgia em questão não constitui crime de mutilação por ter fim terapêutico, autoriza, em caráter experimental, sua realização, em casos de tratamento de transexualismo. Impõe que sejam realizadas, após manifestação da pessoa interessada, reconhecido o desconforto com o sexo anatômico natural, à permanência do distúrbio de forma consistente e continuada, por no mínimo dois anos, e ausência de outros transtornos mentais. Pacientes deverão ser avaliados por equipe multidisciplinar, constituída nos termos da Resolução, devem ter mais de 21 anos, e serem as cirurgias praticadas em hospitais universitários.

32. Reconhece, portanto, no plano ético, que o bem-estar biopsicossocial é valor inalienável e que o consentimento informado será respeitado, sendo o grau de autonomia relativo (maioridade, ausência de outros distúrbios psíquicos e avaliação profissional).

33. Passando para a análise da ordem jurídica, a indagação que surge é quanto à disposição do corpo humano pela pessoa enquanto houver vida. Há poder de disposição e em que medida? Lembra-se que não se autorizam remoções de órgãos, partes ou peças que possam causar incapacitação de qualquer tipo, por constituírem ofensa à integridade corporal ou à saúde de outrem, o que configura o delito previsto no Código Penal Brasileiro, como já se adiantou.

    Diz o texto legal: **Lesão corporal**: art. 129 – Ofender a integridade ou a saúde de outrem: Pena – Detenção de 3 meses a 1 ano.

Lesão corporal de natureza grave:
- # 1º Se resulta:
I – incapacidade para as ocupações habituais, por mais de 30 dias;
II – perigo de vida;
III – debilidade permanente de membro, sentido ou função;
IV – aceleração de parto;
Pena: reclusão de 1 a 5 anos.
- # 2º Se resulta:
I – incapacidade permanente para o trabalho;
II – enfermidade incurável;
III – perda ou inutilização de membro, sentido ou função;
IV – deformidade permanente;
V – Aborto.
Pena: reclusão de 4 a 12 anos.

34. É crime que não prevê forma de execução e que ocorre com a ofensa à integridade corporal da vítima. O núcleo do tipo é *ofender*, isto é, lesar, ferir, e pode ser praticado por qualquer meio. Entende-se por dano à integridade corporal alteração anatômica ou funcional, interna ou externa, que lese o corpo. Ora, é claro que as cirurgias de que aqui se trata lesam o corpo funcionalmente, interna e externamente. Funcionalmente, pois, no caso, atinge a atividade do órgão reprodutor, que fica inepto para exercer sua função, o que enquadra o delito no tipo do inciso III do parágrafo 2º ao art. 129 do CP – perda ou inutilização de função, o que implica ser lesão corporal gravíssima, cujas penas podem variar entre 4 e 12 anos de reclusão.

35. Segundo Celso Delmanto, no Código Penal Comentado (3ª edição atualizada e ampliada por Roberto Delmanto – 1991 Editora Renovar), o objeto jurídico previsto é a integridade física ou fisiopsíquica da pessoa. A doutrina explica que sujeito ativo do crime pode ser qualquer pessoa, portanto inclui os profissionais de saúde, e que a conduta típica consiste em atingir a integridade corporal ou a saúde física ou mental de outrem. Considera-se lesão corporal a modificação do organismo humano por intermédio de ferimentos, mutilações, equimoses, etc., o que compreende os casos de cirurgia de transexualismo naquele limite.

36. Poder-se-á argumentar com o art. 8º da Convenção Européia dos Direitos do Homem, quando prevê que toda pessoa tem direito ao respeito a sua vida privada e familiar e que, no inciso 2º, completa esse direito com a interdição de ingerência da autoridade pública no exercício de tal direito que poderia constituir fonte subsidiária do direito brasileiro se o Código Penal, como aliás toda a legislação penal, não fosse o núcleo básico e mínimo de defesa da vida e da ordem social.

37. Conveniente, pois, enfatizar que o aspecto ético da cirurgia fica embaçado pela norma positiva, daí lembrar-se, ainda, que o Código Civil Brasileiro não contempla hipóteses de mudança de sexo, anatômica e civil durante a vida da pessoa humana.

38. Alegar que, ao impedir as cirurgias, o Estado se recusa a reconhecer um direito de personalidade, a identidade sexual da pessoa, como resulta da morfologia modificada e da psique do indivíduo, é importante, embora possa ser inócuo, pois o sistema de direito brasileiro é codificado, legislado e, portanto, dotado de rigidez que não existe nos sistemas de *common law*.

39. O descompasso entre as duas ciências, medicina e direito, leva a impasses como este, em que se tem de decidir qual prejuízo é menor, o da sociedade que fixa as regras de conduta social aceitas pelo direito ou o reconhecimento da autonomia das pessoas, como prega a bioética, que permitiria confrontar, com segurança, a moral social.

40. A Resolução nº 1.482/97 do Conselho Federal de Medicina avança no sentido de reconhecer a autonomia das pessoas para decidir sobre a harmonização entre o sexo anatômico e sua psique.
Porém, como medida para salvaguarda de seus direitos e interesses, parece-me conveniente alertar os profissionais da saúde para o eventual risco de instauração de procedimento penal.

41. Igualmente, porque a mudança de sexo deveria produzir efeitos do estado civil das pessoas, o que implicaria autorização judicial para mudança de nome e de sexo, seria importante que o tema fosse debatido e que novas regras fossem editadas.

42. Há dois modelos legislativos já testados, o alemão, que faculta aos transexuais a escolha, mudança de prenome ou reconhecimento jurídico. O sueco requer nacionalidade sueca, maioridade, período de experimentação no outro estado, celibato e não ter filhos.

43. Há quem proponha a combinação dos dois sistemas para a aceitação legislativa das mudanças de sexo e de estado civil.

44. No plano da aceitação da decisão autônoma de mudança de sexo por transexuais, após ouvidos profissionais de saúde, tem suporte ético, e pode ser defendida, especialmente quando se tem em mente que uma Corte de Direitos Humanos já se manifestou desfavoravelmente à intromissão do Estado em matéria que interessa singularmente às pessoas. Mais, esse tipo de cirurgia tem sido praticado em muitos países europeus sem que se constate haver desequilíbrios sociais adversos. É preciso, porém, lembrar que os riscos na área penal são concretos até que se possa afastar da incidência da norma a noção de perda de função.

PROFESSORA RACHEL SZTAJN
Membro
Comissão de Bioética

Parecer aprovado pela CoBi em sessão de 10.12.1998

Parecer CoBi

Assunto: Termo de Consentimento Informado de algumas cirurgias realizadas na Divisão de Clínica Otorrinolaringológica

Questões:

1. necessidade de o paciente ser informado de todo procedimento de assistência ao qual está sendo submetido na Instituição;
2. dos riscos e benefícios se a ciência do paciente é somente anotada pelo médico em ficha de evolução ou se há necessidade de documentar a concordância do paciente.

Quanto à questão 1, **há necessidade de o paciente ser informado de todo procedimento de assistência ao qual será submetido na instituição.** Os arts. 5° e 7° do Termo de Responsabilidade para Pacientes Maiores e Capazes, adotado pelo HCFMUSP, e arts. 8° e 11 da Cartilha Direitos do Paciente, referendam esta afirmação.

Termo de Responsabilidade para Pacientes Maiores e Capazes:

Artigo 5° – Os procedimentos diagnósticos e terapêuticos serão executados com a prévia concordância do paciente, após ter sido esclarecido quanto aos seus riscos e benefícios.

Artigo 7° – Em caso de iminente risco de vida ou iminente risco de perda de qualidade de vida, encontrando-se o paciente incapacitado de tomar decisões, o médico estará autorizado a adotar condutas, até que o Representante Indicado possa se manifestar.

Cartilha Direitos do Paciente:

Artigo 8° – O paciente tem direito a Informações claras, simples e compreensivas, adaptadas à sua condição cultural sobre as ações diagnósticas e terapêuticas, o que pode decorrer delas, a duração do tratamento, a localização de sua patologia, se existe necessidade de anestesia, qual o instrumental a ser utilizado e quais regiões do corpo serão afetadas pelos procedimentos.

Artigo 11 – O paciente tem direito a consentir ou recusar procedimentos diagnósticos ou terapêuticos a serem nele realizados. Deve consentir de forma livre, voluntária, esclarecida com adequada informação. Quando ocorrerem alterações significantes no estado de saúde inicial ou da causa pela qual o consentimento foi dado, este deverá ser renovado. Na prática assistencial, o princípio de autonomia é a base para a aliança terapêutica entre o profissional de saúde e o seu paciente. Este princípio orienta o profissional de saúde a dar ao paciente informações completas para que ele tenha uma compreensão adequada do problema e possa, assim, tomar uma decisão. Segundo Clotet[1], "o consentimento informado é uma decisão voluntária, verbal ou escrita, protagonizada por uma pessoa autônoma e capaz, tomada após um processo informativo, para a aceitação de um tratamento específico ou experimentação, com consciência dos riscos, benefícios e possíveis conseqüências. Não deve ser entendido, portanto, como um documento firmado por ambas as partes - o qual contempla muito mais o aspecto legalista do problema -, mas sim como um processo de relacionamento onde o papel do profissional de saúde é o de indicar as opções, seus benefícios, seus riscos e custos, discuti-los com o paciente e ajudá-lo a escolher aquela que lhe for mais benéfica". A pessoa deve ser esclarecida em tudo aquilo que possa fundamentar suas decisões. A informação a ser fornecida deve conter os riscos normalmente previsíveis em função da experiência habitual e dos dados estatísticos, não sendo preciso que seja informada de riscos excepcionais ou raros. O consentimento deve ser livre, esclarecido, renovável e revogável. No caso de iminente perigo, em que não há possibilidade de se obter o consentimento do paciente ou de seus responsáveis/representantes, o profissional de saúde, em sua premência de ação para salvar a vida, deve tomar a conduta que considerar a mais adequada. Quanto à questão 2, segundo Munõz e Fortes[2], "os documentos padronizados são importantes para a disseminação de conhecimentos sobre os eventos de saúde, mas não são suficientes para garantir a adequada informação, que deve ser personalizada para garantir a compreensão. Muitas vezes, informações por escrito consistem em mero rito legal e administrativo, por isso não devem ser fontes exclusivas de esclarecimento da pessoa assistida. (...) Cabe também fazer-se distinção entre o consentimento esclarecido, que consiste em um processo para contribuir na tomada de decisão, pelo paciente, e o termo de consentimento, que é um documento legal, assinado pelo paciente ou por seus responsáveis com o intuito de respaldar juridicamente a ação dos profissionais e dos estabelecimentos hospitalares". A partir destas considerações, evidencia-se a **possibilidade de a autorização para realização de procedimentos fornecida pelo paciente ser verbal, anotada em prontuário, não sendo necessária, do ponto de vista ético, a assinatura do paciente ou de seus responsáveis/representantes.** Baú, em seu artigo Capacidade jurídica e consentimento informado[3], refere que o consentimento pode se constituir como prova da declaração de vontade do emitente, em eventual demanda judicial, mas sua real importância está no cumprimento da lei, no sentido de fazer respeitar os direitos fundamentais da pessoa e trazer à responsabilidade ou chamar a atenção do profissional da área médica aos seus deveres. Quanto aos termos específicos propostos pela Divisão de Clínica Otorrinolaringológica, considerando-se parecer anterior emitido pela CoBi em sessão de 13/09/01, reforçamos a importância de serem elaborados como **informativos**, com vistas a facilitar a comunicação entre o profissional de saúde e o paciente, nunca para substituir a relação estabelecida entre ambos. Os princípios bioéticos defendem o consentimento informado pessoal, que permita a decisão consciente e voluntária de cada indivíduo. Assim, a citação em prontuário de que houve a concordância por parte do paciente para a realização do procedimento seria suficiente, não havendo necessidade da assinatura de termo específico.

Referências Bibliográficas:

1. CLOTET, Joaquim. O Consentimento Informado: uma questão do interesse de todos. Jornal do Conselho Federal de Medicina. nº 122/123. Brasília: CFM. 2000.
2. MUNÕZ, Daniel Romero e FORTES, Paulo Antonio de Carvalho. O princípio da autonomia e o consentimento informado. In: Iniciação à Bioética.
3. BAÚ, Marilise Kostelnaki. Capacidade Jurídica e consentimento informado. Revista de Bioética e Ética Médica, CFM – vol 8 nº 2 – 200.

MARIA JOSÉ PARO FORTE
Membro
Comissão de Bioética

Parecer CoBi 001/2004

Assunto: Orientação para transplante isolado de pâncreas
Solicitante: Serviço de Endocrinologia e Metabolismo do HCFMUSP
Ementa: Transplante isolado de pâncreas. Paciente com diabetes tipo 1 desde os 7 anos de idade, com insulina HPH. Entre outros sintomas: intercalação hipoglicemia/hiperglicemia e admissão em serviços de emergência, semanalmente. Esclarecimentos sobre os aspectos científicos da intervenção e ocorrência de consentimento informado. Possibilidade: nenhuma infração ao Código de Ética, nem aos princípios da Bioética

A paciente está em seguimento no Serviço de Endocrinologia desde 2001. Tem diabetes do tipo 1 desde os 7 anos de idade, com insulina HPH. Apresenta episódios repetidos de hipoglicemia que se manifestam como crises convulsivas tônico-crônicas, várias vezes por semana. Foi internada 6 (seis) vezes no Serviço de Endocrinologia. Está recebendo, 4 (quatro) vezes ao dia, insulina, além da insulina de ação ultra-rápida (insulina lispro). A paciente intercala hipoglicemia e hiperglicemia, às vezes com cetose, sendo necessária a admissão em serviços de emergência pelo menos uma vez por semana. A paciente está incapacitada para o trabalho, não é mesmo capaz de ficar sozinha em sua residência por causa do risco de hipoglicemia. Foi feita uma entrevista com a médica assistente da Unidade de Diabetes do Serviço de Endocrinologia e Metabologia, e foram deixados dois documentos mostrando os aspectos científicos sobre o transplante isolado de pâncreas, bem como o consentimento informado. Não há indícios de infringir o Código de Ética Médica nem os princípios de Bioética de Beauchamp e Childress (autonomia, beneficência, não-maleficência e alocação de recursos ou justiça distributiva). Nosso parecer é que não há infração ao Código de Ética nem aos princípios de Bioética para impedir a realização do transplante isolado de pâncreas.

ELIANA RODRIGUES CARLESSI
PROF. GABRIEL OSELKA
DR. EDUARDO JUAN TROSTER
Membros da Comissão de Bioética

Parecer aprovado pela CoBi em sessão de 11.02.2004

Parecer CoBi 002/2006

Assunto: Realização de transplante de pâncreas em pacientes diabéticos com retinopatia
Solicitante: Disciplina de Endocrinologia
Ementa: Trata-se da realização de transplante de pâncreas isolados em paciente portador de *diabetes mellitus* de difícil controle em outra Instituição, que passou a ser acompanhado no Serviço de Endocrinologia HCFMUSP

O questionamento foi encaminhado para a Comissão de Bioética por tratar-se de transplante isolado de pâncreas (J.A.M.A 2003, 290:2861-2863).

O transplante isolado de pâncreas foi indicado pela singularidade do caso. Cremos que a dúvida decorre das evidências de que o TX isolado de pâncreas não aumenta a sobrevida do paciente, mas sim melhora sua qualidade de vida quando comparado com os cuidados ordinários do diabete.

Os princípios de beneficência e não-maleficência estão contemplados, pois as circunstâncias únicas deste paciente específico implicam altíssimo risco de novas seqüelas graves, decorrentes de complicações do diabete, ou mesmo de morte.

Estas são advindas de impossibilidade de lograr controle mínimo do diabete, a respeito das várias modificações de seu regime de tratamento farmacológico.

A autonomia do paciente também está sendo respeitada, pois este solicitou a realização do transplante. A equipe multiprofissional que cuida do doente inclui psiquiatras que o avaliaram e o seguem regularmente.

O paciente foi esclarecido de modo exaustivo e está cônscio das verdadeiras possibilidades de um TX isolado de pâncreas. A equipe é de reconhecida competência e concorda com a realização do procedimento.

A justiça atenta igualmente os diferentes, e as circunstâncias inerentes a este indivíduo explicam que atue com controle de seu diabete. Sua evolução esperada é piora progressiva e inexorável com múltiplas complicações de descontrole de doença. A única circunstância que pode minimizar as chances desta ocorrência será o transplante. Frente ao exposto, e em deliberação na reunião, a CoBi é favorável à realização do mesmo.

DR. MAURÍCIO SECKLER
Relator
PROF. RAYMUNDO SOARES DE AZEVEDO
Revisor
Membros da CoBi

Parecer aprovado pela CoBi em sessão de 25.05.2006

3

Clínica Médica

A aplicação dos princípios da Bioética é um grande desafio diário em todas as áreas de atuação das especialidades médicas, envolvendo todas as equipes multiprofissionais dedicadas ao cuidado dos pacientes. Em Clínica Médica, este desafio requer um enorme esforço e renova-se a cada nova descoberta de terapêuticas (como e quando prescrever, e quais os efeitos colaterais?), a cada crise de piora das doenças crônicas, a cada recusa do paciente em seguir as orientações, a cada conversa com os familiares a respeito do prognóstico (falar ou não falar do real prognóstico ao paciente?) e a cada segunda opinião técnica (existe o respeito pela autonomia dos profissionais e dos pacientes?); enfim, são situações quotidianas em que muitas vezes aplicamos, ou não, os princípios da Bioética sem ao menos perceber.

Além das situações citadas anteriormente, a alocação de recursos é um tema recorrente e que assume uma extrema importância em nosso caso, por se tratar de uma instituição pública de reconhecido mérito e renome. A demanda pelo Hospital das Clínicas, sempre acima de sua capacidade de atender, gera discussões de muito interesse a respeito. Dessa forma, assuntos como complexidade das doenças que devem ser encaminhadas ao Hospital das Clínicas, medicações distribuídas aos pacientes sob a responsabilidade do Hospital das Clínicas, internações em enfermarias destinadas a pacientes particulares e de convênio (a chamada dupla porta), e outros, geram sempre opiniões conflitantes, mas sempre ricas, e contribuem para a melhora da adequação de recursos finitos para o melhor atendimento possível da demanda infinita.

Questões como a terminalidade da vida e os cuidados envolvidos no final da vida, bem como eutanásia, ortotanásia e distanásia, são assuntos que foram debatidos exaustivamente e geraram pareceres os quais impulsionaram a melhora no entendimento desses temas e a discussão de âmbito ultra-institucional que resultou na resolução do Conselho Federal de Medicina, autorizando a prática de ortotanásia.

Na área de relacionamento entre o paciente e os profissionais de saúde e entre os próprios profissionais de saúde, embora fosse mais de interesse ético, foram produzidos pareceres interessantes que vem a enriquecer a nossa experiência.

A área de Clínica Médica é profícua nas questões de Bioética, e é no seu dia-a-dia, no ensino, no atendimento e na pesquisa que se percebe a importância da Clínica Médica na prática e no ensino dos princípios da Bioética.

CHIN AN LIN

Parecer

Assunto: Fornecimento de oxigenoterapia domiciliar para fumantes

À solicitação de um parecer da Comissão de Bioética sobre a questão de que, apesar das normas da Secretaria da Saúde de São Paulo (junho de 1992) e da Instituição Interna de Serviço do HC (agosto de 1998), **a oxigenoterapia domiciliar não deva ser aprovada para pacientes que continuem fumando**, os coordenadores do Núcleo de Assistência Domiciliar Interdisciplinar (NADI), responsáveis pelo Programa de Oxigenoterapia Domiciliar do HC, **apesar de respeitarem interinamente esta recomendação**, sentem-se com dificuldade para decidir qual a melhor orientação para os casos que **já recebem oxigênio em domicílio e continuam fumando**.

Após algumas discussões sobre a questão, levando-se em conta que a suspensão do fornecimento de oxigênio resultaria em grave prejuízo para o cliente, recomendamos que:

- seja determinada a **real prevalência do problema**, para tal utilizando medidas objetivas de nicotina em todos os pacientes.
- sejam oferecidas aos fumantes ativos **todas as técnicas disponíveis para abandonar o tabagismo** (orientação, suporte psicológico, antidepressivos, gomas ou adesivos de nicotina, etc.).
- seja obrigatório que **todo usuário do oxigênio domiciliar, e/ou seu responsável,** assine um Termo de Responsabilidade onde suspensão do tabagismo seja explicitamente recomendada, bem como sejam enfatizados os riscos do uso de oxigênio próximo a uma fonte de calor (cigarros, cachimbo, charuto, chama de vela, fogão, etc.). Este documento tem por objetivo evitar que sejam atribuídas aos profissionais e instituições as possíveis conseqüências desta transgressão.
- aos candidatos ao fornecimento de oxigenoterapia domiciliar que continuem fumando sejam oferecidas todas as possibilidades de suspensão do tabagismo, e a inclusão no programa dependa do êxito destas medidas. Mesmo assim recomenda-se a aplicação do referido Termo de Responsabilidade.

Pede-se que o Termo de Responsabilidade seja apresentado à CoBi antes da sua implantação.

WILSON JACOB FILHO
Membro da Comissão de Bioética

Parecer aprovado pela CoBi em sessão de 27.05.1999

Parecer CoBi 24/5/01

Assunto: Ministração de Talidomida

Trata-se de solicitação da Divisão de Saúde da Clínica Dermatológica do Hospital das Clínicas da FMUSP, à Comissão de Bioética, visando à ministração de TALIDOMIDA a pacientes do sexo feminino, em idade fértil, acometidas de hanseníase. Recorde-se que, quanto à droga em questão, desenvolvida há muitos anos para evitar enjôos em mulheres grávidas, verificou-se que provoca danos aos fetos, razão pela qual suspendeu-se a produção e comercialização do produto. Mais recentemente, porém, testes demonstraram a eficácia da Talidomida no tratamento de moléstias como a hanseníase, o que levou as autoridades responsáveis pela Vigilância Sanitária no país a autorizar sua prescrição a pacientes, desde que se tomem cuidados especiais. (Portaria nº 344/1998 da Secretaria de Vigilância Sanitária do Ministério da Saúde). Entretanto, a exigência de cuidados especiais na prescrição/ministração do medicamento se acentua quando se trata de mulheres em idade fértil. Dessa forma, é conveniente complementar o termo de responsabilidade padrão utilizado no Complexo HC com o termo de consentimento específico, para que se reduzam, na impossibilidade de eliminá-los, riscos de os profissionais incorrerem, ao optarem por recomendar a Talidomida a suas pacientes, em ilícitos éticos e legais. Sendo o consentimento informado princípio fundante da bioética, ao qual se soma o respeito à autonomia de pacientes competentes, a regra é que o profissional explique, com clareza e em linguagem acessível ao paciente, alternativas de terapêuticas recomendadas/sugeridas, enfatizando os riscos de cada uma delas, bem assim aqueles decorrentes da recusa em submeter-se a quaisquer tratamentos. Como se trata de medicação que melhora a qualidade de vida da paciente, mas pode pôr em risco a boa formação de eventual produto de concepção, há que se terem presentes dois elementos: a paciente e sua eventual gravidez. Assim, não só prescrição de anticoncepcionais é de regra, como, em especial, é fundamental insistir em que a paciente pode gerar crianças com malformações. Portanto, no termo de consentimento pós-informação, há de constar esclarecimentos como declaração de ter a paciente sido informada, por escrito e oralmente, dos riscos tanto de engravidar quanto dos de facilitar a outras pessoas acesso à medicação que lhe é entregue. Sugere-se, portanto, que o termo contenha o seguinte: 1 – Entendo que receberei o medicamento TALIDOMIDA para tratar hanseníase. Concordo em me submeter a essa medicação pelo que me comprometo a usar anticoncepcional durante o período em que estiver submetida aos cuidados do Dr. ..... CRM ...... 2 – As explicações que me foram prestadas esclarecem que a droga é contra-indicada a mulheres grávidas ou que possam engravidar, pois crianças geradas no período em que a droga for por mim consumida poderão nascer com sérias deformidades. Entendi que mesmo após a suspensão da ingestão da droga, por quatro semanas, no mínimo, seus efeitos perduram no meu organismo, por isso manterei o uso de anticoncepcional, evitando a gravidez. 3 – Entendo, ainda, que a amamentação de crianças durante o período em que consumir o medicamento também é proibida estendendo-se este período por no mínimo 30 dias após cessar o uso da medicação. 4 – Dado o perigo para crianças que sejam geradas por mulheres que tenham consumido Talidomida, qualquer que seja a quantidade, comprometo-me a não permitir que o medicamento seja utilizado por mulheres em idade fértil, pelo que não darei nem por qualquer forma permitirei que a medicação seja utilizada por terceiros. 5 – Comprometo-me a manter o médico informado sobre quaisquer reações desagradáveis que possa sentir ou notar durante o período em que usar a Talidomida. Foi-me explicado que a Talidomida pode provocar sonolência, neuropatia periférica e pseudo-abdome agudo. 6 – Comprometo-me a retornar à Clínica Dermatológica a cada três (3) meses a fim de tomar anticoncepcional intramuscular. Estou ciente de que somente perceberei a Talidomida se comprovar ter recebido a aplicação do anticoncepcional intramuscular. 7 – Entendi que se permitir ou facilitar o uso da Talidomida por outra mulher em idade fértil serei responsabilizada pelo nascimento de crianças defeituosas. Quanto ao termo de responsabilidade a ser assinado pelo médico, talvez se lhe possa dar a seguinte redação: ....., CRM ....., declara ter indicado a ....., para tratamento de ....., Talidomida na dosagem de ....., por período ....., após ter-lhe explicado os riscos que tal medicamento pode causar a crianças que sejam geradas durante o período e ..... semanas após a interrupção do uso. Dessa forma assumo responsabilidades pelo tratamento enquanto a paciente cumprir (ou seguir) as recomendações que lhe foram feitas. Declaro ter conhecimento dos termos da Portaria nº 354, de 15/08/1997 que proíbe o uso de Talidomida por mulheres em idade fértil, dados seus efeitos teratogênicos.

PROFA. RACHEL SZTAJN
MARIA JOSÉ PARO FORTE
Membros da Comissão de Bioética

Parecer aprovado pela Comissão de Bioética em sessão de 24.05.01

Parecer Of. 21.09.2001

Assunto: Queratinócitos autólogos
Solicitante: Divisão de Cirurgia Plástica e Queimaduras

Ilmo. Sr.
PROF. DR. MARCO SEGRE
D.D. PRESIDENTE
Comissão de Bioética

São Paulo, 21 de setembro de 2001

Prezado Doutor,

Vimos por meio desta solicitar a aprovação desta Comissão quanto à possibilidade do uso clínico de enxertos de queratinócitos **AUTÓLOGOS** cultivados *in vitro*, no tratamento de lesões cutâneas, principalmente queimaduras.

Como pode ser observado através de alguns artigos da literatura em anexo, o cultivo de queratinócitos *in vitro* conformando epitélios transplantáveis e a utilização no tratamento de lesões e perdas cutâneas já é reconhecido como alternativa terapêutica tanto internacionalmente como, mais recentemente, em nosso meio.

Desde 1991, vem sendo desenvolvido no Laboratório de Microcirurgia Experimental e Cirurgia Plástica (LIM-04) da Faculdade de Medicina da Universidade de São Paulo, através de fomento do CNPQ e FAPESP (cultivo de queratinócitos), trabalho no sentido de estabelecer método de cultivado de queratinócitos. Esta proposta foi devidamente atingida em finais de 1999 (Tese de Doutorado – Estudo da Composição *In Vitro* de Substituto Cutâneo Dermo-Epidérmico Constituído por Epitélio de Queratinócitos Cultivados Sobre Base Dérmica Alógena), incluindo estudos comprovando a normalidade celular dos epitélios obtidos. Durante o ano de 2000, o método sofreu adaptações necessárias para assegurar a qualidade clínica de enxertos de epitélios cultivados para seu possível uso em transplantes autólogos ou mesmo alógenos. Considerando, portanto, este o momento oportuno para introduzir esta modalidade de tratamento em nossa Instituição.

Esperamos contar com sua consideração a este pedido, colocando-nos a sua disposição para esclarecimentos que se façam necessários.

Respeitosamente,
Divisão de Cirurgia Plástica e Queimaduras

Ilmo. Sr.
Prof. Dr.
Divisão de Cirurgia Plástica e Queimaduras

Solicito, preliminarmente, informar se houve análise e aprovação pela Comissão de Ética para Análise de Projetos de Pesquisa – CAPPesq; do Projeto de Doutorado "Estudo da Composição *In Vitro* de Substituto Cutâneo Dermo-Epidérmico constituído por Epitélio de Queratinócitos cultivados sobre Base Dérmica Alógena", em caso positivo, juntar cópia da aprovação.

DC, 4 de outubro de 2002
Diretoria Clínica do HCFMUSP

Comissão de Ética para Análise de Projetos de Pesquisa

A Comissão de Ética para Análise de Projetos de Pesquisa – CAPPesq, da Diretoria Clínica do Hospital das Clínicas e da Faculdade de Medicina da Universidade de São Paulo, em sessão de 25.06.98, **ANALISOU E APROVOU** o Protocolo de Pesquisa nº 057/98, intitulado: "*Estudo da composição "in vitro" de substituto cutâneo Derma-Epidérmico constituído por epitélio de queratinócitos cultivados sobre base dérmica homóloga*", apresentado pelo(a) pesquisador(a) *Dra. Marisa Roma Herson*, da Disciplina de Cirurgia Plástica do Departamento de Cirurgia, bem como o Termo de Consentimento Pós-Informação.

CAPPesq, 25 de junho de 1998

PROF. EDUARDO MASSAD
Presidente da Comissão de Ética para Análise de Projetos de Pesquisa

OBSERVAÇÃO: *Cabe ao pesquisador elaborar e apresentar à CAPPesq os relatórios parciais e final sobre a pesquisa (Resolução do Conselho Nacional de Saúde nº 196, de 10.10.1996, inciso IX. 2, letra "c").*

À

Diretoria Clínica

A Comissão de Bioética, em sessão de 22.11.01, analisou o expediente da Divisão de Cirurgia Plástica e Queimaduras e está de acordo com a introdução dessa modalidade na Instituição, tendo em conta que se trata de projeto de pesquisa aprovado pela Comissão de Ética para Análise de Projetos de Pesquisa.

CoBi, 28 de novembro de 2001

PROFESSOR MARCO SEGRE
Presidente
Comissão de Bioética

Parecer CoBi 2001

Assunto: Atendimento a pacientes menores de idade com doenças sexualmente transmissíveis
Solicitante: Clínica de Moléstias Infecciosas e Parasitárias do HCFMUSP

Considerações:

- O Art. 2º do Estatuto da Criança e do Adolescente – ECA – considera criança a pessoa até doze anos de idade incompletos, e adolescente aquela entre doze e dezoito anos de idade.

  PARÁGRAFO ÚNICO: Nos casos previstos em lei, aplica-se excepcionalmente este Estatuto às pessoas entre dezoito e vinte e um anos de idade.

  O Art. 142 do ECA refere: Os menores de dezesseis anos serão representados e os maiores de dezesseis e menores de vinte e um anos assistidos por seus pais, tutores ou curadores, na forma da legislação civil ou processual.
- O Código de Ética Médica destaca a importância de respeito ao paciente no que toca, principalmente, à sua dignidade. Nos casos de pacientes infectados pelo HIV, o médico deve procurar agir de forma a atenuar seu sofrimento, visando restaurar no paciente, na medida do possível, o respeito próprio, e proporcionar-lhe condições dignas de existência (CEM, 1º, 2º e 6º), resguardando sempre seu pudor (CEM, 63).
- O Parecer do CREMESP "AIDS E ÉTICA MÉDICA", aprovado em 03/05/88, no tocante ao sigilo profissional, refere: "O sigilo tutelado pela norma é aquele que pertence ao paciente. Base da confiança que deve reger a relação profissional, é fundado nele que o paciente revela ao médico aspectos de sua privacidade essenciais ao perfeito equacionamento do problema. Além daqueles que o próprio paciente expõe, através de sua ação, o médico toma conhecimento de outros pormenores que pertençam exclusivamente ao âmbito do recato pessoal. (...) Todavia, não tem o médico o direito de revelar a outrem aquilo que sabe a respeito de seu paciente, sob pena de comprometer irremediavelmente a qualidade da relação profissional. Aquilo que pertence à esfera da intimidade de cada um de nós assim deve permanecer, a não ser que seu titular não o deseje. O segredo médico, portanto, é a proteção de que dispõe o paciente para que nada que seja estritamente pessoal chegue ao conhecimento de terceiros sem sua anuência (CEM, 102). O indivíduo infectado pelo HIV não está excluído dessa proteção. (...) Pode o paciente desejar que sua condição não seja revelada sequer a familiares (...)".
- O Hospital das Clínicas destaca-se pelo pioneirismo na atenção especializada a adolescentes, atenção esta que tem como princípios norteadores das ações a confidencialidade, o sigilo, o respeito à autonomia, maturidade e capacidade de julgamento do cliente adolescente.

- Que a participação responsável do adolescente é primordial em seu atendimento.
- Confidencialidade é definida como um acordo entre o profissional de saúde e o cliente, no qual as informações discutidas durante e depois da consulta ou entrevista não podem ser passadas a seus pais ou responsáveis sem a permissão explícita do adolescente. Em situações de risco, em que há necessidade da quebra de sigilo, o cliente deve ser informado com antecedência da necessidade desta quebra.
- A proposta de confidencialidade deve ser flexível, envolvendo níveis de maturidade, autonomia e risco, o que será discutido com o cliente adolescente.
- A avaliação da capacidade do adolescente e do risco é de responsabilidade médica.

Assim:

- Adolescentes poderão realizar consultas, receber orientações e prescrições médicas devendo ter autonomia para executá-las, mesmo sem autorização dos pais ou responsáveis, se considerados capazes.
- Os adolescentes deverão ser informados que não existe risco zero para qualquer procedimento, o que não invalida poderem ponderar sobre a sua realização, mesmo sem a presença dos pais.
- Não é permitida a execução de procedimentos de maior complexidade (biópsias, intervenções cirúrgicas, etc.) na ausência dos pais ou responsáveis.

Conclui-se:

- Pela não obrigatoriedade de autorização dos pais ou responsáveis legais para a realização do exame anti-HIV quando o adolescente for considerado capaz, devendo esta avaliação ser efetuada pelo médico responsável pelo caso.
- Pela não obrigatoriedade de comunicação aos pais ou responsáveis legais sobre resultados de exames quando o adolescente for considerado capaz e quando não houver riscos, devendo esta avaliação ser efetuada pelo médico responsável pelo caso.
- Pela não obrigatoriedade de comunicação aos pais ou responsáveis legais sobre condutas referidas pelo adolescente, quando for considerado capaz, devendo esta avaliação ser efetuada pelo médico responsável pelo caso.
- Pela obrigatoriedade de autorização dos pais ou responsáveis para procedimentos de maior complexidade.

MARIA JOSÉ PARO FORTE
Membro
Comissão de Bioética

Parecer CoBi

Assunto: Consulta de paciente portador de HIV sobre procedimento cirúrgico indicado por segunda opinião médica. Autonomia médica/paciente

O paciente, como usuário dos serviços médicos do Ambulatório de Particulares e Convênios, questionou a não-realização da correção de ginecomastia pela equipe de cirurgia plástica, invocando a prontidão de outro médico, cirurgião vascular, em realizar a correção de varizes. Indaga a respeito da cobertura do Convênio....... na realização de cirurgia corretiva de ginecomastia. O requerente questiona se houve algum tipo de preconceito contra ele, por ser portador do vírus HIV, pelo fato de a cirurgia requerida ou pretendida não haver sido indicada. Por outro lado, o médico da equipe de Cirurgia Plástica, envolvido no questionamento feito pelo paciente, também requereu o parecer da Comissão de Bioética do Hospital das Clínicas quanto à obrigatoriedade de se realizar um procedimento cirúrgico com fim estético no âmbito do Hospital das Clínicas, questionando quanto ao seu caráter experimental, com resultados evolutivos a longo prazo imprevisíveis, e, por fim, indagou por que o procedimento não foi realizado pela equipe que indicou o mesmo.

ESTA COMISSÃO entende que as cirurgias para correção de varizes e de ginecomastia são dois tipos de procedimentos cirúrgicos diferentes, cujas realizações dependem exclusivamente de indicação de médicos especialistas habilitados em suas respectivas áreas. Em se tratando de dois tipos de procedimentos distintos, a comparação entre os dois é um exercício sem efeito prático. O procedimento cirúrgico deve ser realizado pelo profissional médico que o indica.

ESTA COMISSÃO não tem competência para entrar no mérito da cobertura feita por planos de saúde. Entende a Comissão que se trata de uma questão contratual entre o contratado (seguradora) e o convenente (Hospital das Clínicas), envolvendo o contratante (paciente). A Coordenação do Ambulatório de Particulares e Convênios poderia responder melhor a este questionamento.

Quanto à questão da existência de preconceito no atendimento dispensado ao usuário, esta Comissão entende que a decisão sobre a cirurgia em questão e a sua realização partiu do médico assistente que atendeu ao paciente, respaldada pela chefia da Divisão de Cirurgia Plástica, na ocasião da Reunião do Departamento. Desde o início, o médico deixou claro que a decisão de operar partiria de instâncias superiores e que se basearia em critérios acadêmicos, e não puramente em critérios estéticos. Baseada em literatura disponível (1, 2 e 3), esta Comissão entende que não existe um consenso na opinião especializada mundial quanto à etiologia que provoca a lipodistrofia relacionada ao HIV, tampouco sobre a melhor conduta a ser tomada, quanto ao seu tratamento. Entre as opções de tratamento, na literatura pesquisada por esta Comissão, a remoção do acúmulo de tecido adiposo cirurgicamente não figura entre as principais. Desta forma o critério para a indicação deste procedimento se torna estético. Esta Comissão não pretende questionar se o critério estético é ou não suficiente para se indicar um procedimento cirúrgico no caso, tampouco gostaria de entrar em polêmica para questionar que claramente a estética e a satisfação do paciente pelo corpo contribuem de forma importante para o bem-estar psicológico e mental, satisfazendo a definição da Organização Mundial de Saúde sobre a "Saúde". Os membros da Comissão de Bioética gostariam de lembrar apenas que os profissionais de saúde têm a autonomia de tomar a decisão terapêutica que julguem melhores para a evolução do quadro clínico, sempre baseada em melhores evidências médicas disponíveis em literatura médica internacional, concordando o paciente com esta decisão ou não. Faz parte da autonomia do paciente contestar a decisão tomada e procurar a segunda opinião médica, como aconteceu neste caso.

Com relação aos questionamentos feitos pelo médico consulente entendemos que o caráter do procedimento, seja curativo, corretivo, paliativo, experimental ou estético, depende do julgamento do próprio médico assistente. Não existe obrigatoriedade em realizar determinadas cirurgias, pois são indicadas baseadas no julgamento profissional do médico que assiste o paciente. O paciente tem a autonomia de discordar da conduta tomada e procurar uma segunda opinião, mas a autonomia do médico de indicar a cirurgia de acordo com o seu julgamento não pode ser contestada.

A cirurgia deve ser realizada pelo médico ou equipe médica que a indicar. A Comissão entende que, uma vez que a decisão de não operar partiu da Reunião da Clínica de Cirurgia Plástica, essa decisão deve ser respeitada por quem solicitou o parecer, no caso o médico, que prontamente transmitiu a decisão ao conhecimento do interessado, o paciente em questão. Exercendo plenamente a sua autonomia, este paciente agiu corretamente ao consultar uma segunda opinião médica, no caso o Dr. ...... De acordo com os relatos do paciente, foi indicada a cirurgia por profissionais médicos, contrariando a primeira opinião (consulente). Neste caso, quem a indicou deveria realizar a cirurgia. A autonomia do médico quanto à sua decisão terapêutica deve ser respeitada.

A Comissão entende que há outro fator envolvido no meio, que é a recusa do Convênio Sul América em cobrir a cirurgia, mas este fator não deve ser discutido no âmbito deste parecer, cujo escopo se focaliza em questões de bioética.

DR. MARCOS ROBERTO TAVARES
DR. CHIN AN LIN
Membros da Comissão de Bioética

Referências Bibliográficas

1. Shevitz A, Wanke CA, Falutz J, Kotler DP. Clinical perspectives on HIV-associated lipodystrophy syndrome: an update [Editorial Review]. From the Tufts University School of Medicine, Boston, Massachusetts, USA. 2001 October 19;15(15):1917-1930.
2. Lichtenstein KA, Ward DJ, Moorman AC, Delaney KM, Young B, Palella FJJ, Rhodes PH, Wood KC, Holmberg SD. and the HIV Outpatient Study Investigators. Clinical assessment of HIV-associated lipodystrophy in an ambulatory population [Clinical

Science]. From Rose Medical Center, University of Colorado Health Sciences Center, Denver, Colorado, a) Dupont Circle Physicians Group, Washington DC, b) Division of HIV/AIDS Prevention-Surveillance & Epidemiology, Centers for Disease Control, Atlanta, Georgia, c) Northwestern University Medical School, Chicago, Illinois, and d) APACHE Medical Systems, Inc., McLean, Virginia, USA. 2001 July 27; 15(11): 1389-1398.

3. Moreno S, Martínez E. Lipodystrophy and transcriptase inhibitors long-term therapy with nucleoside reverse [Correspondence]. Servicio de Enfermedades Infecciosas, Hospital Ramón y Cajal. Madrid. Spain; and b) Servicio de Enfermedades Infecciosas, Hospital Clinic y Provincial, Barcelona, Spain. 2000 May 5; 14(7):905.

Parecer CoBi 2002

Assunto: Consulta sobre paciente em tratamento no setor de Mastologia, apresentando psicose crônica
Solicitante: Divisão de Ginecologia de 03.06.2002

Inicialmente gostaríamos de lamentar que houve certa demora até que a Cobi tivesse acesso ao prontuário da referida paciente, o que nos impediu de agir com a diligência que gostaríamos e que o caso suscita.

Pelo que pudemos apurar do prontuário e em contato pessoal com o médico do Ipq que examinou a paciente, temos as seguintes informações:

1. em 25/07/2001 a mamografia mostrou achado mamográfico altamente sugestivo de malignidade, recomendando ultra-som complementar e estudo citoanatomopatológico. Em 17/10/2001 constata-se carcinoma ductal invasivo grau 2 nuclear e grau 1 histológico, e em 12/11/2001 orientou-se quimioterapia neoadjuvante.
2. Em 07/01/2002 a Clínica Oncológica manifesta que a paciente apresenta "déficit mental importante" e "a paciente não compreende a gravidade da doença nem os efeitos colaterais de um tratamento quimioterápico. Não tem um adulto para acompanhar a paciente durante o dia. Optamos por realização de procedimento cirúrgico de imediato."
3. Foi solicitada, pela Clínica Ginecológica, parecer da Clínica de Psiquiatria, mencionando que a paciente apresentava câncer avançado da mama esquerda e transtorno psiquiátrico e "..... foi indicada quimioterapia, porém, devido à não-compreensão do tratamento, não foi realizada. Passou ontem em reunião clínica na Mastologia, onde foi decidido realizar a cirurgia para retirada da mama.... Porém ela recusa. O marido concorda em que seja realizada cirurgia. Solicito laudo psiquiátrico avaliando a capacidade de juízo da paciente e o diagnóstico psiquiátrico, para então entrarmos com pedido junto à Comissão de Ética Médica para averiguar a possibilidade de realizar a cirurgia somente com o aval do marido".
4. A Clínica Psiquiátrica manifestou ser a paciente portadora de psicose crônica, F.29, há 27 anos, sem tratamento há cerca de dois anos e com a capacidade de juízo totalmente comprometida no momento; iniciou-se tratamento antipsicótico, e ela foi matriculada para acompanhamento na Interconsulta psiquiátrica.
5. Existe uma última apreciação do psiquiatra, em 05/07/2002, dizendo "a paciente encontra-se equilibrada psiquiatricamente, apesar do resíduo inerente ao quadro clínico. **Caso haja qualquer dúvida quanto à viabilidade de procedimentos cirúrgicos, quimioterápicos ou radioterápicos,** favor entrar em contato."
6. Entrando em contato pessoal com o psiquiatra que a atendeu, o mesmo confirma que a capacidade de discernimento da paciente, apesar da resposta à terapêutica instituí-

da, continua extremamente comprometida, com um discurso desagregado e desconexo, porém recusando qualquer abordagem que se lhe é proposta, sem conseguir entender do que se trata.

Comentários

- Esta paciente foi diagnosticada com patologia oncológica grave desde 25/07 do ano passado.
- Em 07/01 deste ano, a Clínica Oncológica optou por não realizar quimioterapia neoadjuvante, que se depreende ser o tratamento inicial indicado, pelo fato de a paciente aparentar quadro psiquiátrico e não compreender a gravidade da doença nem os efeitos colaterais de um tratamento quimioterápico, e, por conseguinte, indicaram tratamento cirúrgico de imediato.
- Talvez tivesse sido adequado nesta ocasião que a Clínica Oncológica tivesse consultado a Psiquiatria para obter maiores subsídios sobre se de fato o grau de incompreensão da paciente seria de fato impeditivo absoluto para a realização da quimioterapia neoadjuvante. Afinal de contas, procedimentos quimioterápicos são instituídos em crianças pequenas, por exemplo uma criança de três anos com leucemia, que não possui capacidade de avaliar a gravidade da neoplasia ou os efeitos colaterais de uma quimioterapia e nem por isso se deixa de realizar quimioterapia.
- Apesar de toda a equipe de saúde ter percebido desde 07/01/2001 que a paciente tinha problemas psiquiátricos evidentes, não foi solicitada avaliação da Psiquiatria; somente quando o interesse foi um laudo é que se fez a consulta à Psiquiatria.
- No momento da primeira avaliação psiquiátrica, já ficou patente que, pela extrema gravidade de sua condição psíquica, a paciente se encontrava incapacitada mentalmente para tomar decisões sobre sua saúde. E ademais, sendo portadora de quadro psicótico crônico há 27 anos e ***sem se tratar há dois anos,*** já estava incapaz ao iniciar seu acompanhamento na ginecologia.
- Assim sendo, fica sem efeito sua eventual assinatura no termo de responsabilidade ou sua indicação do representante indicado.
- Outro detalhe é que a condição de incapacidade desta paciente não é necessariamente permanente, e há casos de pacientes com psicose crônica que, ao serem adequadamente tratados, recuperam muito de sua capacidade de ajuizar, e, eventualmente, se tal se der com esta paciente, ela poderia eventualmente questionar o ato cirúrgico nela executado.

Conclusão

A paciente fora inicialmente encaminhada, pela Ginecologia, à Oncologia para quimioterapia neoadjuvante. O procedimento ideal seria a realização prévia da quimioterapia neoadjuvante antecedendo a abordagem cirúrgica. E os argumentos que a Clínica Oncológica levantou para contra-indicar o tratamento quimioterápico neoadjuvante foram "a paciente não compreende a gravidade da doença, nem os efeitos colaterais de um tratamento quimioterápico. Não tem adulto para acompanhar a paciente durante o dia". Ora, uma criança leucêmica de dois anos também não compreende a gravidade nem os efeitos colaterais e nem por isso se deixa de realizar a quimioterapia.

Quanto a não ter adulto, pelo que o prontuário da ginecologia registra, o marido teria concordado com o procedimento cirúrgico, o que supõe que minimamente ele esteve presente. Será que houve empenho em motivar a família no caso do tratamento quimioterápico? Será que esta opção chegou a ser discutida com os familiares? Conclui-se que a postura da Oncologia em não realizar quimioterapia nesta paciente, conforme consta do prontuário da paciente, com base no quadro psiquiátrico da paciente, é questionável do ponto vista ético, pois não se justifica excluir esta opção terapêutica simplesmente porque a paciente é portadora de transtorno mental.

Se porventura ainda for viável a opção da quimioterápica neoadjuvante prévia à cirurgia, esta deve ser instituída de imediato.

No que tange à questão se é possível tão somente o aval do marido para execução de procedimento cirúrgico mutilante na esposa incapaz de decidir sobre sua saúde, ponto de vista bioético e legal, tendo em vista que a paciente está sem condições de exercer sua autonomia, entendemos que os familiares próximos (ascendentes ou descendentes) podem decidir por ela nas atuais circunstâncias.

DR. JOSÉ CARLOS RAMOS CASTILLO
Membro da CoBi

Parecer CoBi 002/2003

Assunto: Reprodução assistida, gestão nônupla

Conforme acordado em sessão da Comissão de Bioética do HCFMUSP e FMUSP de 22 de maio p.p., estou enviando parecer sobre a proposta de conduta para o caso da paciente. O parecer é favorável ao procedimento de redução embrionária, em vista do altíssimo risco de perda total da gestação ou de prematuridade extrema, além do risco materno elevado nesta situação. Pelo exposto, voto pela redução embrionária, levando em conta os riscos que a mesma comporta. **Ressalto ainda que todo e qualquer procedimento deve ser autorizado pelo paciente.**

PROFA. ÂNGELA MAGGIO DA FONSECA
Membro da Comissão de Bioética

Parecer CoBi 005/2003

Assunto: Procedimento com materiais radioativos em gestantes
Interessado: Serviço de Medicina Nuclear do Instituto de Radiologia

Acreditamos que o ideal é a paciente seguir a orientação do Serviço de Obstetrícia do HCFMUSP para acompanhamento de viabilidade e desenvolvimento do feto, onde receberá a conduta terapêutica no período gestacional.

Quanto às recomendações para situações futuras, achamos oportuno que cada mulher que for submetida a qualquer intervenção dessa natureza faça exame ginecológico, dosagens de gonadotrofinas coriônicas no sangue (subunidade beta) e ultra-sonografia ginecológica (transvaginal), pois estes três métodos propedêuticos fornecerão subsídios para afastar gestação que tenha passado desapercebida pela paciente. É importante também salientar que a paciente deva ser informada para obter o consentimento dos procedimentos **e ser instruída para adesão de métodos anticonceptivos ao tratamento.**

São Paulo, 09 de setembro de 2003

PE. ANÍSIO BALDESSIN
PROFA. ÂNGELA MAGGIO DA FONSECA
PROFA. RACHEL SZTAJN
Membros da Comissão de Bioética

Parecer CoBi 006/2003

Assunto: Responsabilidade da orientação sobre procedimento dialítico
Interessado: Divisão de Enfermagem do ICHC

Em resposta aos questionamentos enviados a esta Comissão de Bioética referentes à responsabilidade sobre a execução dos procedimentos de DIÁLISE PERITONIAL AMBULATORIAL CONTÍNUA (CAPD) e DIÁLISE PERITONIAL AUTOMATIZADA (DPA) no ambiente hospitalar, temos a informar que:

- *nas unidades de internação*, a responsabilidade técnica pelo paciente e pelos procedimentos dialíticos é da Instituição, cabendo ao enfermeiro responsável pela Coordenação da Assistência de Enfermagem da Unidade uma avaliação prévia e detalhada das condições clínicas do paciente, supervisão e orientação das tarefas do cuidador ou do próprio paciente, durante o procedimento dialítico.
- *no caso de piora do quadro clínico*, deverá ser feita uma avaliação pela equipe de saúde quanto à manutenção de procedimento dialítico pelo paciente ou cuidador.

PE. ANÍSIO BALDESSIN
LIRIS THEREZINHA CARACCIOLO
Membros da Comissão de Bioética

Parecer CoBi 007/2003

Assunto: Utilização de materiais biológicos para realizações de exames
Solicitante: Coordenadoria da Comissão de Ética da Divisão de Laboratório Central do Instituto Central

Trata-se de consulta formulada pela Coordenadora da Comissão de Ética da Divisão de Laboratório Central do Instituto Central do Hospital das Clínicas da Faculdade de Medicina da Universidade de São Paulo – HCFMUSP, sobre a viabilidade de utilização em pesquisa, de materiais biológicos, que deram entrada naquela Divisão para realização de exames.

Pretende-se a avaliação de reagentes novos e/ou comparação de métodos.

A consulente destaca que "em nenhum momento aparecerá o nome e/ou registro do paciente".

I – HISTÓRICO

1. Conforme diretriz do Conselho Federal de Medicina *(Parecer aprovado na 2.474ª Reunião Plenária, realizada em 28.7.00, Homologado na 2.477ª Reunião Plenária, realizada em 01.8.00).*

   "..., o material depositado e armazenado no Serviço de Patologia, em arquivo próprio, poderá ser usado em pesquisa, desde que seja respeitado o princípio de não identificação do material com o paciente que forneceu o material."

2. Também, no "Manual Operacional Para Comitês de Ética em Pesquisa" da Comissão Nacional de Ética em Pesquisa – CONEP, p. 32, nos casos em exame, prima-se pelo respeito à privacidade.

   A Comissão de Ética Para Análise de Projetos de Pesquisa – CAPPESQ, em 14 de junho de 2000, emitiu parecer sobre a questão, concluindo:

   "... a questão ética fundamental a ser garantida quando se considera a utilização de material estocado, uma vez estabelecida a adequada fundamentação científica e metodológica do projeto de pesquisa proposto, deveria ser a da preservação rigorosa do anonimato dos indivíduos originariamente envolvidos..."

3. Por seu turno, o novo Presidente da CAPPESQ, em manifestação de 15 de agosto de 2003, destacou que:

   "... o anonimato é condição necessária, mas não suficiente. Isto é, no que tange a novas pesquisas, essas deverão ser analisadas caso a caso."

II – NO MÉRITO

1. As diretrizes e normas regulamentadoras de pesquisas envolvendo seres humanos estão contidas na Resolução do Conselho Nacional de Saúde – CNS nº 196/96.

2. Está plenamente consolidada a noção de que o Termo de Consentimento Livre e Esclarecido – TCLE objetiva proteger primordialmente o sujeito da pesquisa.

   Deverá ser obtido após o sujeito da pesquisa e/ou seu responsável legal estar suficientemente esclarecido de todos os possíveis benefícios, riscos e procedimentos que serão realizados e fornecidas todas as informações pertinentes à pesquisa.

3. Entretanto, ocorrem situações especiais (Resolução CNS nº 196/96 – IV.3.c) em que o Termo de Consentimento Livre e Esclarecido pode ser dispensado, devendo ser substituído por uma justificativa com as causas da impossibilidade de obtê-lo. Essa justificativa deve ser apresentada em documentos anexos, assim como é o TCLE, e a CAPPESQ julgará sua pertinência.

4. No caso de a pesquisa prever a utilização de material biológico estocado, oriundo de outras pesquisas ou obtido por procedimento de rotina na prática dos serviços, deve-se obter, na medida do possível, TCLE para cada nova finalidade de estudo. Na impossibilidade, o responsável pela guarda do material deve consentir ou não que o material seja utilizado, salvaguardando os interesses dos doadores do material, sua imagem e sua privacidade, entre outros. A aprovação do projeto deve ser da CAPPESQ. Todo novo uso em pesquisa deve ser formalizado num projeto e submetido a essa Comissão.

III – CONCLUSÃO

1. A utilização de material biológico estocado para fins de pesquisa configura situação especial que permite a dispensa do TCLE, desde que observadas as seguintes condições:
   - aprovação do projeto de pesquisa pela CAPPESQ;
   - autorização do responsável pela guarda do material;
   - salvaguarda da identidade do doador, preservando-se a sua imagem e privacidade.

2. Há que se considerar a situação provavelmente infreqüente de se alcançar descoberta relevante a partir de material armazenado, cujo conhecimento poderá beneficiar o próprio sujeito – nessas condições far-se-á necessário que ele seja informado e orientado sobre matéria que, em última análise, diz respeito à sua saúde.

3. Finalmente, pesquisas que envolvam a futura formação de bancos de materiais biológicos podem ser autorizadas, desde que cada sujeito da pesquisa concorde com o armazenamento, para a utilização desse material em futuras pesquisas previamente autorizados pela CAPPESQ, com a garantia da preservação do anonimato.

4. Sugere-se o reconhecimento de soroteca institucional e da elaboração de normas disciplinando o seu funcionamento no Complexo HCFMUSP.

CoBi, 17 de novembro de 2003

DRA. MARIA MATHILDE MARCHI
PROF. MARCO SEGRE
PROF. GABRIEL WOLF OSELKA
Membros da Comissão de Bioética

Parecer CoBi 010/2003

Assunto: Diretrizes sobre Psicocirurgia
Interessado: Diretoria Clínica
Ementa: Psicocirurgia – Diretrizes adequadas sob o prisma ético. Proposta do GT aprovada

Em reunião realizada no dia 13/11/2003, a Comissão de Bioética apresentou as diretrizes propostas pelo Grupo de Trabalho de Psicocirurgia pela diretoria Clínica do HCFMUSP.

Considerámos que as diretrizes são adequadas sob o prisma ético, porque apresenta critérios de indicação claros e objetivos, respeitam a autonomia dos pacientes e incluem uma avaliação adicional dos pacientes, independentes dos médicos que indicam a cirurgia.

PROF. GABRIEL WOLF OSELKA
Membro da CoBi

Parecer aprovado pela CoBi em sessão de 27.11.2003

PROPOSTA PARA REALIZAÇÃO DE PROCEDIMENTOS NEUROCIRÚRGICOS NOS TRANSTORNOS PSIQUIÁTRICOS GRAVES NO HOSPITAL DAS CLÍNICAS DA FACULDADE DE MEDICINA DA USP

Antonio Carlos Lopes[1]
Eda Zanetti Guertzenstein[2]
Euripedes Constantino Miguel Filho[3]
Maria Elvira Borges Calazans[4]
Manoel Jacobsen Teixeira[5]

INTRODUÇÃO

Procedimentos neurocirúrgicos funcionais são empregados para o tratamento de certas doenças neurológicas (p. ex., tremor essencial), transtornos neuropsiquiátricos (p. ex., doença de Parkinson, dor crônica, epilepsia) e transtornos psiquiátricos graves (p. ex., transtorno obsessivo-compulsivo, transtorno depressivo maior, transtornos ansiosos). Tradicionalmente, quando os objetivos são a redução dos sintomas psicopatológicos, recebem o nome de "psicocirurgia". Em decorrência da imagem negativa associada ao termo "psicocirurgia", remanescente de um passado onde houve em uso inadequado e abusivo da lobotomia e da leucotomia pré-frontal, ao lado de preocupações quanto ao também uso social inapropriado (controle de comportamentos agressivos em prisioneiros), utilizar-se-á ao longo deste texto, o termo "neurocirurgia para tratamento de transtornos psiquiátricos graves", de acordo com a tendência na literatura atual (Greenberg e cols., 2003). Sendo a etiopatogenia dos transtornos psiquiátricos ainda desconhecida, é importante ressaltar que os procedimentos de neurocirurgia funcional não promovem a cura, mas sim alívio sintomático.

DA LOBOTOMIA ÀS TÉCNICAS ATUAIS

A utilização dos procedimentos de neurocirurgia funcional para tratar transtornos psiquiátricos não é recente, data de 1935, quando Egas Moniz (Moniz, 1936) e seus colaboradores idealizaram e realizaram a lobotomia frontal em doentes psiquiátricos. Em decorrência da então falta de outras opções de tratamentos psiquiátricos, a neurocirurgia funcional para tratar transtornos psiquiátricos graves rapidamente transformou-se em uma das modalidades terapêuticas mais difundidas nas décadas de 1940 e 1950, tanto nos Estados Unidos da América quanto na Europa. Nesta época, utilizou-se a leucotomia pré-frontal como principal técnica nos vários centros de neurocirurgia no mundo.

Este procedimento era associado a um amplo perfil de eventos adversos e complicações, especialmente de sintomas de disfunção de lobo frontal e de alterações de personalidade. Após o advento de terapias medicamentosas efetivas, e em decorrência de pressões da opinião pública quanto aos possíveis efeitos negativos (proposta de uso social) da neurocirurgia funcional no tratamento de transtornos psiquiátricos graves, este método passou gradativamente a ser abandonado, principalmente a partir da década de 1970 (Fins, 2003).

Após o advento das primeiras neurocirurgias estereotáxicas, por Spiegel & Wycis, em 1947, reduziram-se muitos eventos adversos e complicações pós-operatórias. A partir de então, vários centros neurocirúrgicos passaram a empregar técnicas estereotáxicas, como a cingulotomia anterior, especialmente nos Estados Unidos da América (Ballantine e cols., 1967), a capsulotomia anterior, na Suécia (Mindus e cols., 1994), a tratotomia subcaudada, na Grã-Bretanha (Knight, 1964) e a leucotomia límbica (Kelly e cols., 1966) na Grã-Bretanha e Austrália. Ulteriormente, Leksell (Leksell, 1983) simulou lesões de capsulotomia focalizando feixes de raios gama emitidos pelo Cobalto-60 na cápsula na interna, procedimento denominado radiocirurgia, e, mais recentemente, foi desenvolvida a técnica de estimulação encefálica profunda, técnica que consiste na implantação de eletródios nesta estrutura para modulação neuronal; esta última tem a vantagem de ser reversível (Greenberg e cols., 2003; Nuttin e cols., 2003) e é também utilizada para tratar transtornos neurológicos, como doença de Parkinson (Kleiner-Fisman e cols., 2003; Mazzone, 2003).

O avanço de inúmeros métodos aplicados no conhecimento dos transtornos psiquiátricos, como, por exemplo, os de neuroimagem, possibilitaram o conhecimento de circuitos encefálicos disfuncionais em vários transtornos psiquiátricos, tais como transtorno obsessivo-compulsivo (TOC) e transtorno depressivo. Estas aquisições constituíram guia para o desenvolvimento de novos alvos para procedimentos neurocirúrgicos funcionais. Reciprocamente, tratamentos neurocirúrgicos fornecem *feedback* para modelos atuais sobre a neurocircuitaria envolvida no tratamento de transtornos psiquiátricos (Greenberg e cols., 2003). Com avanço das neurociências e sua aplicação no desenvolvimento da fisiopatologia dos transtornos psiquiátricos, é provável que se identifiquem alvos cada vez mais apropriados para procedimentos neurocirúrgicos por radiofreqüência, radiocirurgia ou neuroestimulação com menor freqüência de efeitos adversos e com indicações mais acuradas (Rauch, 2003).

INDICAÇÕES E CONTRA-INDICAÇÕES

Nos Estados Unidos da América e na Europa, as neurocirurgias mais utilizadas para transtornos psiquiátricos envolvem o TOC e o transtorno depressivo maior refratários aos tratamentos convencionais. Outras indicações menos comuns incluem transtornos ansiosos graves (transtornos fóbico-ansiosos, transtorno de ansiedade generalizada), transtorno afetivo bipolar e transtornos psiquiátricos envolvendo comportamentos suicidas persistentes e de auto-agressão e heteroagressão (Brigdes, 1992). Nenhum destes procedimentos deve ser indicado para uso social ou controle do comportamento fora do contexto médico. Para exemplificar, descrevem-se o avanço e a sistematização dos procedimentos neurocirúrgicos funcionais destinados ao tratamento destes transtornos no Apêndice 1, onde uma revisão detalhada sobre o TOC bem como critérios atuais para a sua indicação são apresentados.

Em geral, um doente com transtorno psiquiátrico pode ser definido como absolutamente refratário a tratamento quando, apesar de ter sido corretamente diagnosticado segundo critério diagnóstico operacional internacionalmente reconhecido, configurado segundo entrevistas semi-estruturadas, e efetivamente tratado durante no mínimo cinco anos, e ser aderente aos tratamentos prescritos, mostrar, pelo menos, uma das seguintes respostas e resultados de tratamentos, avaliados por instrumentos padronizados e reconhecidos:

- não apresenta grau significativo de remissão da sintomatologia;
- apresenta resposta positiva inicial aos tratamentos, seguida de recorrência dos sintomas precedentes sem que tenha ocorrido redução da dose da medicação, ou quando, apesar do aumento da mesma, as recaídas tornam-se freqüentes e há prejuízo psicossocial;
- após apresenta remissão sintomatológica, durante período não superior a três meses, mesmo quando mantido sob o mesmo regime de tratamento; os sintomas recorrem e apresentam-se como previamente ao início do tratamento, ou há recorrência freqüente com prejuízo psicossocial;
- apresenta remissão parcial dos sintomas, ou seja, ocorre redução da intensidade e/ou do número de sintomas, porém nunca o doente retorna à condição prévia ao início do transtorno e há prejuízo da função psicossocial e substancial sofrimento, após ter sido submetido a tratamentos fundamentados em trabalhos científicos publicados;
- o prognóstico sem tratamento neurocirúrgico funcional é desfavorável.

As contra-indicações dos procedimentos incluem:

- pacientes que não queiram submeter-se a tratamento cirúrgico;
- pacientes com transtorno psiquiátrico com duração inferior a cinco anos, mesmo que efetivamente tratados, que preencham o critério de refratariedade absoluta aos tratamentos, não sejam responsivos ou o sejam parcialmente, que apresentem recorrência dos sintomas durante período inferior a três meses ou recidiva da sintomatologia com prejuízo psicossocial;
- pacientes com menos de 18 anos de idade, com exceções individuais de alto risco que recomendem a cirurgia.

TERMO DE CONSENTIMENTO

Sendo um ato jurídico que tem por finalidade imediata resguardar direitos, o termo de consentimento requer, para ser válido, além da capacidade do agente e objeto lícito,

Que a declaração de vontade, elemento essencial ao ato, tenha sido emitida sem qualquer defeito, ou seja, que não tenham ocorrido os chamados vícios sociais, ou seja, simulação e fraude. Para que não ocorram quaisquer destes vícios, só deve ser manifesta após o fornecimento de todas as informações necessárias, adequadas, totais e inteligíveis, na forma e linguagem compreensíveis ao doente; devem abranger: a) a avaliação diagnóstica; b) o propósito, método, duração estimada e benefício esperado do tratamento proposto; c) os modos alternativos de tratamento, inclusive aqueles menos invasivos; d) possíveis dores ou desconfortos, riscos e efeitos colaterais do tratamento proposto. A liberdade de emissão da vontade para o tratamento é essencial à validade do Consentimento, e direito de desistir do tratamento a qualquer momento é elemento de autonomia da vontade. O doente não pode renunciar ao direito de emitir o consentimento; sem sua anuência não pode ser tratado.

O consentimento só pode ser validamente emitido por pessoa juridicamente capaz; o doente com transtorno psiquiátrico deve ter capacidade para consentir. Esta capacidade está definida nas diferentes legislações dos países civilizados. Sob o aspecto jurídico, os Artigos 3º e 4º do Código Civil Brasileiro distinguem os relativamente incapazes dos absolutamente incapazes de exercer pessoalmente os atos da vida civil. Para contornar as dificuldades surgidas com a incapacidade legal do doente, o Código da Ética Médica Brasileira, (Artigo 46), prevê que um "responsável legal" manifeste sua vontade pelo doente incapaz. Este "responsável legal" seria não só o "representante ou responsável legal" no conceito da lei, mas qualquer "parente" do doente. Na prática, portanto, o consentimento do doente incapaz pode ser suprido pelo pai, mãe, tutor, curador, cônjuge ou algum parente próximo. Na falta de qualquer destas pessoas, o Ministério Público pode requerer judicialmente o suprimento de consentimento.

COMITÊ INDEPENDENTE DE AVALIAÇÃO

A neurocirurgia para os transtornos psiquiátricos graves, regulamentada pelo artigo 8º do Regulamento 1.408/94 do Conselho Federal de Medicina, recomenda, além do consentimento prévio esclarecido do doente, que um corpo de profissionais externos, solicitado ao Conselho Regional de Medicina, esteja convencido de que houve genuinamente consentimento esclarecido e de que o tratamento é o que melhor atende às necessidades de saúde do usuário.

Além das regras escritas, a conduta médica deve ser norteada pelos princípios éticos da beneficência e da autonomia, no nível privado, e da utilidade, respeito e justiça, no nível público. O médico deve garantir ao doente a confidencialidade do tratamento, do diagnóstico da doença e de todos os dados e informações a ele concernentes, conforme recomendam as normas éticas.

ASPECTOS ÉTICOS RELACIONADOS À INDICAÇÃO EM PRESIDIÁRIOS OU INDIVÍDUOS COM ANTECEDENTE CRIMINAL

Em função de possível uso social da neurocirurgia para o controle do comportamento, há grande preocupação quanto à indicação destes procedimentos em presidiários ou indivíduos com antecedente criminal. Acredita-se que, nestes casos, quando os critérios de indicação forem contemplados, uma nova avaliação ainda mais criteriosa deve ser feita no sentido de reassegurar a indicação médica do procedimento. Entende-se que, por outro lado, a exclusão sumária destes pacientes poderia privá-los de tratamento médico, o que consistiria infração ética.

DIRETRIZES PARA EMPREGO DA NEUROCIRURGIA NO HOSPITAL DAS CLÍNICAS DA FACULDADE DE MEDICINA DA UNIVERSIDADE DE SÃO PAULO (HCFMUSP)

Propomos que todos os procedimentos neurocirúrgicos funcionais referidos neste documento e indicados para tratamento de transtornos psiquiátricos graves não responsivos a todos os métodos não cirúrgicos disponíveis sejam realizados apenas naqueles pacientes inseridos em projetos de pesquisa aprovados pela comissão de ética e pesquisa do HCFMUSP, incluindo avaliação sistemática e, se possível, estudos controlados. Casos excepcionais deverão receber análise e autorização explícita da comissão de ética do HCFMUSP.

Para estes projetos, sugerimos que sejam seguidas as seguintes diretrizes:

1. Contemplação obrigatória dos critérios de indicação e de refratariedade (operacionalmente definidos) fundamentados de acordo com as normas internacionais atualizadas, de acordo com o projeto e definidos no protocolo de pesquisa.
2. Consentimento informado assinado pelo paciente; em caso de o paciente estar incapacitado, sua participação pode ser suprida pelo pai, mãe, tutor, curador, cônjuge ou algum parente próximo. Na falta de qualquer destas pessoas, o Ministério Público deve requerer judicialmente o suprimento do consentimento.
3. Avaliação da indicação de cada caso potencial por um comitê independente de profissionais, avalizado pelo Conselho Regional de Medicina.
4. Seguimento, em longo prazo, dos doentes operados pela Instituição, bem como avaliação sistemática dos seus efeitos adversos e complicações.

Sugere-se ainda que procedimentos fora do âmbito HCFMUSP, além das propostas acima, sejam realizados apenas em centros credenciados, ligados ou filiados à Universidade, com comitê de ética e reconhecida experiência prévia, para realizar neurocirurgias funcionais. Da mesma forma, a equipe de saúde mental envolvida deve ter reconhecida experiência quanto a critérios de seleção de pacientes, de metodologia de acompanhamento e de tratamento dos transtornos para os quais a neurocirurgia funcional foi indicada.

Referências Bibliográficas Gerais

American Psychiatric Association. Diagnostic and statistical manual of mental disorders: DSM-IV. Washington, DC: American Psychiatric Press, 4th ed, 1994.

Ballantine HT, Cassidy WL, Flanagan NB. Stereotactic anterior cingulotomy for neuropsychiatric illness and intractable pain. J Neurosurg 1967; 26:488-95.

Bridges PK. Resistant depression and psychosurgery. In: Paykel ES, editor. Handbook of Afecctive Disorders. Edinburgh: Churchill Livingstone, 2nd ed, 1992, p. 437-51.

Fins JJ. From psychosurgery to neuromodulation and palliation: history's lessons for the ethical conduct and regulation of neuropsychiatric research. Neurosurg Clin N Am. 2003 Apr;14(2):303-19, ix-x.

Greenberg BD, Price LH, Rauch SL, Friehs G, Noren G, Malone D, Carpenter LL, Rezai AR, Rasmussen SA. Neurosurgery for intractable obsessive-compulsive disorder and depression: critical issues. Neurosurg Clin N Am. 2003 Apr; 14(2):199-212.

Jenike MA, Rauch SL. Managing the patient with treatment-resistant obsessive compulsive disorder: current strategies. J Clin Psychiatry. 1994; 55(3 Suppl):11-7.

Kelly D, Walter CJS, Sargant W. Modified leucotomy assessed by forearm blood flow and other measurements. Brit J Psychiat 1966; 112:871-81.

Kleiner-Fisman G, Fisman DN, Sime E, Saint-Cyr JA, Lozano AM, Lang AE. Long-term follow up of bilateral deep brain stimulation of the subthalamic nucleus in patients with advanced Parkinson disease. J Neurosurg. 2003 Sep;99(3:489-95).

Knight GC. The orbital cortex as an objective in the surgical treatment of mental illness: the development of a stereotactic approach. Br J Surg. 1964; 51:114-24.

Leksell L. Stereotactic radiosurgery. J Neurol Neurosurg Psychiatry. 1983; 46:797-803.

Lopes AC. Tratamento radiocirúrgico estereotáxico do transtorno obsessivo-compulsivo: uma revisão sistemática [dissertação]. São Paulo: Universidade Federal de São Paulo (UNIFESP), 2001.

Malhi GS, Bartlett JR. Depression: a role for neurosurgery? Br J Neurosurg. 2000 Oct;14(5)415-22.

Mazzone P. Deep brain stimulation in Parkinson's disease: bilateral implantation of globus pallidus and subthalamic nucleus. J Neurosurg Sci. 2003 Mar;47(1):47-51.

Mindus P, Rasmussen SA, Lindquist C. Neurosurgical treatment for refractory obsessive-compulsive didorder: implications for understanding frontal lobe function. J Neuropsychiatry Clin Neurosci 1994; 6(4):467-77.

Moniz E. Tentatives opératoires dans le traitement de certaines psychoses. Paris, Masson, 1936.

Nuttin Bj, Gabriels L, Van Kuyck K, Cosyns P. Eletrical stimulation of the anterior limbs of the internal capsules in patients with severe obsessive-compulsive disorder: anecdotal reports. Neurosurg Clin N Am. 2003 Apr;14(2)267-74.

Pedrosa-Sanchez M, Sola RG. [Modern day psychosurgery: a new approach to neurosurgery in psychiatric disease] Ver neurol. 2003 May 1-15;36(9)887-97. Review. Spanish.

Perse T. Obsessive-compulsive sidorder: a treatment review. J Clin Psychiatry. 1988; 49(2):48-55.

Rasmussen SA, Eisen JL. Treatment strategies for chronic and refratory obsessive-compulsive disorder. J Clin Psychiatry 1997;58(Suppl. 13):9-13.

Rauch SL. Neuroimaging and neurocircuitry models pertaining to the neurosurgical treatment of psychiatric disorders. Neurosurg Clin N Am. 2003 Apr;14(2):213-23.

World Health Organization. Scientific Group on Treatment of Psychiatric Disorders: evalution of methods for the treatment of mental disorders. Geneva: 1991.

APÊNDICE 1

Principalmente a partir da década de 1990, ressurgiu o interesse pelo emprego de neurocirurgia funcional, para tratamento do TOC; vários estudos foram publicados desde então (Tabela 1). Apenas em 2003, quatro novos artigos foram publicados à neurocirurgia funcional para tratar este transtorno (Kim e cols., 2003; Gabriels e cols., 2003; Nuttin e cols., 2003; Jeanmonod e cols., 2003).

Existem dificuldades na interpretação dos estudos publicados devidas ao critério escolhido para avaliar os resultados, ao fato de as amostras serem incompletas, por serem utilizadas notas de prontuário, serem as avaliações subjetivas ou por via telefônica, e não por entrevistas com o doente presente, serem os dados fornecidos por informantes e serem as avaliações retrospectivas, por não haver avaliadores independentes para avaliar os resultados e haver poucos estudos de longa duração.

Lopes (Lopes, 2001) avaliou a eficácia de tratamento e o perfil de eventos adversos nas diferentes técnicas estereotáxicas, categorizando os estudos de acordo com o desenho metodológico. As taxas de melhora global pós-operatória após a aplicação de cingulotomia, capsulotomia, tratotomia subcaudada e leucotomia límbica foram, respectivamente, de 27% a 57%, 56% a 100%, 33% a 67% e 61% a 69%. Do ponto de vista estatístico, não foi possível estabelecer se um procedimento é superior ao outro em termos de eficácia clínica. Não foi descrita piora dos sintomas com a capsulotomia, mas as taxas relatadas com a cingulotomia, tratotomia subcaudada e leucotomia límbica situam-se em 7% a 30%, 0% a 5% e 6% a 13%. Descreveram-se alguns casos de convulsões isoladas, cefaléia, *delirium* nas primeiras semanas e retenção urinária transitória. Raras vezes, observaram-se alterações comportamentais ou de personalidade e hemorragias encefálicas.

Em relação à radiocirurgia, 38% a 67% dos pacientes refratários a qualquer tratamento apresentaram melhora clínica após o procedimento (Rylander, 1978; Lippitz e cols., 1999; Rasmussen, 2001). Não foram observados déficits em testes neuropsicológicos ou de personalidade. Ocorreu freqüência maior de edema associado a cefaléia, tratável com dexametasona, e infarto assintomático no núcleo caudado. A técnica radiocirúrgica apresenta a vantagem de não-necessidade de abertura do crânio, evitando-se, assim, possíveis complicações relacionadas à neurocirurgia (hemorragia intracerebral, por exemplo).

Poucos estudos compararam os vários procedimentos e, em particular, a eficácia da cingulotomia em relação à capsulotomia. Existem apenas dois ensaios clínicos randomizados, envolvendo, ambos, apenas quatro doentes (Fodstad e cols., 1982; Nuttin e cols., 2003). Infelizmente, faltam ensaios clínicos randomizados bem conduzidos de neurocirurgia funcional ou de radiocirurgia para tratamento do TOC. Idealmente, em quaisquer trabalhos sobre intervenções terapêuticas, o delineamento de estudo capaz de oferecer a melhor avaliação da eficácia clínica de um procedimento ainda é o ensaio clínico controlado e randomizado, mesmo em procedimentos cirúrgicos. Segundo a Organização Mundial da Saúde (WHO, 1991), os ensaios clínicos são o "padrão ouro" para a avaliação de intervenções. Isto é indicativo de que novos estudos devem ser realizados sobre o tema, respeitando-se os devidos cuidados metodológicos e éticos. De forma semelhante, os estudos no transtorno depressivo recorrente são, em sua maioria, seguimentos de corte de doentes operados, sem que, até o presente momento, tenham sido realizados ensaios clínicos randomizados e controlados (Malhi & Bartlett, 2000; Pedrosa-Sanchez & Sola, 2003). Existem ainda alguns poucos estudos sugestivos de vantagem do emprego das mesmas técnicas cirúrgicas em transtornos ansiosos graves e refratários (ansiedade generalizada e transtorno do pânico). Finalmente, em termos de evidência científica, existem menos evidências quanto à eficácia da neurocirurgia funcional para tratamento de comportamentos agressivos, anorexia nervosa ou esquizofrenia.

Independentemente do método neurocirúrgico funcional selecionado para o tratamento, a remissão dos sintomas psicopatológicos ocorre de forma lenta e gradual. Os doentes, entretanto, devem continuar sendo submetidos a tratamento farmacológico, psicoterápico e eletroconvulsivo, de acordo com a necessidade individual, com duração que será determinada pela remissão dos sintomas.

O transtorno obsessivo-compulsivo grave e refratário a tratamentos convencionais é uma das principais indicações de neurocirurgia para transtornos mentais. Acredita-se que 30% a 40% dos pacientes com TOC não respondam à psicoterapia e à farmacoterapia (Jenike & Rauch, 1994; Perse, 1988; Rasmussen & Eisen, 1997). Os critérios mínimos de refratariedade incluem, no TOC, aqueles doentes que não respondem a, pelo menos, três tentativas com inibidores de recaptação da serotonina (sendo um deles a clomipramina), durante no mínimo dez semanas e nas doses máximas suportadas, associados a, pelo menos, 20 horas de terapia comportamental, com melhora inferior a 25% na escala de sintomas obsessivo-compulsivos YBOCS (Jenike & Rauch, 1994). No projeto de pesquisa sobre radiocirurgia para tratamento do TOC, do IPq HCFMUSP, os critérios foram estendidos, incluindo:

- Ao menos cinco anos de história do transtorno.
- Utilização prévia de pelo menos três fármacos inibidores de recaptação de serotonina (seletivos ou não), sendo um deles obrigatoriamente a clomipramina, durante, no mínimo, 12 semanas, na dose máxima recomendada ou tolerada pelo paciente.
- Participação prévia em programa de terapia cognitivo-comportamental (exposição e prevenção de resposta), durante, no mínimo, 20 horas, ou participação durante algum tempo, sem adesão ulterior, em decorrência da gravidade de sintomas do TOC, com aceitação do Comitê Independente de Revisão de Casos.
- Melhora inferior a 25% nos escores da escala YBOCS, após tratamento farmacológico e psicoterápico adequado.
- Ao final do tratamento farmacológico adequado, não mais do que melhora mínima na escala Impressão Clínica Global.
- Uso prévio de, pelo menos, um medicamento potencializador de efeito (por exemplo, neuroléptico típico ou atípico, benzodiazepínico, carbono de lítio, buspirona, ou outro inibidor de recaptação de serotonina), em doses adequadas e durante período suficiente, sem melhora satisfatória.
- Aceitação do termo de consentimento informado.

Tabela 1. Estudos sobre neurocirurgia funcional estereotáxica para tratamento do transtorno obsessivo-compulsivo, segundo a técnica operatória e desenho metodológico.

Autores (Técnica cirúrgica)	*Desenho metodológico*
Cingulotomia anterior	
Kim e cols., 2003	Seguimento prospectivo de uma coorte
Dougherty e cols., 2002	Seguimento prospectivo de uma coorte
Spangler e cols., 1996	Seguimento prospectivo de uma coorte
Baer e cols., 1995	Seguimento prospectivo de uma coorte
Jenike e cols., 1991	Misto; estudo prospectivo de uma coorte
Ballantine e cols., 1987	Estudo prospectivo de coorte
Capsulotomia anterior	
Nuttin e cols., 2003	Ensaio clínico randomizado
Gabriels e cols., 2003	Seguimento prospectivo de uma coorte
Rasmussen, 2001	Seguimento prospectivo de uma coorte
Lippitz e cols., 1999	Estudo prospectivo de coorte, 2 grupos
Mindus e cols., 1999	Seguimento prospectivo de uma coorte
Kihlström e cols., 1995	Seguimento prospectivo de uma coorte
Nyman & Mindus, 14995	Estudo prospectivo de coorte, 2 grupos
Mindus e cols.,1991	Seguimento prospectivo de uma coorte
Mindus & Nyman, 1991	Estudo prospectivo de coorte, 2 grupos
Mindus e cols.,1990	Seguimento prospectivo de uma coorte
Fodstad e cols., 1982	Ensaio clínico randomizado
Bingley & Persson, 1978	Seguimento prospectivo de uma coorte
Rylander, 1978	Estudo prospectivo de coorte, 2 grupos
Kullberg, 1977	Estudo prospectivo de coorte, 2 grupos
Tratotomia subcaudada	
Hodgkiss e cols., 1995	Estudo retrospectivo de coorte, múltiplos grupos
Göktepe e cols., 1975	Estudo prospectivo de coorte, múltiplos grupos
Bridges e cols., 1973	Estudo prospectivo de coorte, 2 grupos
Stöm-Olsen & Carlisle, 1971	Estudo prospectivo de coorte, múltiplos grupos
Knigth, 1965	Estudo prospectivo de coorte, múltiplos grupos
Leucotomia límbica	
Montoya e cols., 2002	Estudo prospectivo de coorte, 2 grupos
Sachdev & Hay, 1996	Seguimento retrospectivo de uma coorte
Cumming e cols., 1995	Seguimento prospectivo de uma coorte, 2 grupos
Sachdev & Hay, 1995	Seguimento prospectivo de uma coorte
Kitchen, 1995	Estudo prospectivo, 2 coortes em tempos diferentes
Hay e cols., 1993	Estudo prospectivo de coorte, 2 grupos
Mitchell-Heggs e cols., 1976	Estudo prospectivo de coorte, múltiplos grupos
Kelly, 1973	Estudo prospectivo de coorte, múltiplos grupos
Kelly & Mictchel-Heggs, 1973	Estudo prospectivo de coorte, múltiplos grupos
Kelly e cols., 1973	Estudo prospectivo de coorte, múltiplos grupos
Talamotomia + palidotomia	
Jeanmonod e cols., 2003	Seguimento prospectivo de uma coorte

Referências Bibliográficas Relativas à Neurocirurgia para Tratamento do TOC

Cingulotomia anterior

Baer L, Rauch SL, Ballantine HT e cols. Cingulotomy for intractable obsessive-compulsive disorder. Prospective long-term follow-up of 18 patients. Arch Gen Psychiatry 1995; 52(5):384-92.

Ballantine HT, Bouckoms AJ, Thomas EK, Giriunas IE. Treatment of psychiatric illness by stereotactic cingulotomy. Biol Psychiatry. 1987;22(7):807-19.

Dougherty DD, Baer L, Cosgrove GR, Cassem EH, Price BH, Nierenberg AA, Jenike MA, Rauch SL. Prospective long-term follow-up of 44 patients who received cingulotomy for treatment-refractory obsessive-compulsive disorder. Am J Psychiatry. 2002 Feb; 159(2):269-75.

Jenike MA, Baer L, Ballantine HT e cols. Cingulotomy for refractory obsessive-compulsive disorder. A long-term follow-up of 33 patients. Arch Gen Psychiatry 1991; 48(6):548-55.

Kim CH, Chang JW, Koo MS, KIM JW, Suh HS, Park IH, Lee HS. Anterior cingulotomy for refractory obsessive-compulsive disorder. Acta Psychiatr Scand. 2003 Apr; 107(4):283-90.

Spangler WJ, Cosgrove GR, Ballantine HT e cols. Magnetic resonance image-guided stereotactic cingulotomy for intractable psychiatric disease. Neurosurgery 1996; 38(6)1071-6; discussion 1076-08.

Capsulotomia anterior

Bingleyn T, Persson A. EEG studies on patients with chronic obsessive-compulsive neurosis before and after psychosurgery (stereotaxic bilateral anterior capsulotomy). Electroencephalogr Clin Neurophysiol. 1978;44(6):691-6.

Fodstad H, Strandman E, Karlsson B, West KA. Treatment of chronic obsessive-compulsive states with stereotactic anterior capsulotomy or cingulotomy. Acta Neurochir (Wien). 1982; 62(1-2):1-23

Gabriels L, Cosyns P, Nuttin B, Demeulemeester H, Gybels J. Deep brain stimulation for treatment-refractory obsessive-compulsive disorder: psychopathological and neuropsychological outcome in three cases. Acta Psychiatr Scand. 2003 Apr;107(4):275-82.

Kihlström L, Guo W-Y, Lindquist C, Mindus P. Radiobiology of radiosurgery for refractory anxiety disorders. Neurosurgery. 1995; 36(2):294-302.

Kullberg G. Differences in effect of capsulotomy and cingulotomy. pp. 301-8. In: Sweet WH, E cols., Ed. Neurosurgical Treatment in Psychiatry, Pain, and Epilepsy. Baltimore, Univ Park Press, 1977. W3 WO5384 1975n. 1977.

Lippitz BE, Mindus P, Meyerson BA, Kihlstrom L, Lindiquist C. Lesion topografy and outcome after thermocapsulotomy or gamma knife capsulotomy for obsessive-compulsive disorder: relevance of the right hemisphere. Neurosurgery. 1999; 44(3): 452-8; discussion 458-60.

Mindus P, Edman G, Andreewitch S. A prospective, long-term study of personality traits in patients with intractable obsessional illness treated by capsulotomy. Acta Psychiatr Scand. 1999; 99(1):40-50.

Mindus P, Nyman H. Normalization of personality characteristics in patients with incapacitating anxiety disorders after capsulotomy. Acta Psychiatr Scand. 1991; 83(4):283-91.

Mindus P, Nyman H, Mogard J e cols. Frontal lobe and basal ganglia metabolism studied with PET in patients with incapacitating obsessive-compulsive disorder undergoing capsulotomy. Nordisk Psykiatrisk Tidsskrift. 1990; 44(3):309-312.

Mindus P, Nyman H, Mogard J, Meyerson BA, Ericson K. Orbital and caudate glucose metabolism studied by positron emission tomography (PET) in patients undergoing capsulotomy for obsessive-compulsive disorder. In: Jenike MA, Asberg MJ, editors. Understanding obsessive-compulsive disorder (OCD): an international symposium held during the VIIIth Word Congress of Psichiatry; 1989 October; Athens, Greece. Toronto; Lewinston, NY: Hogrefe & Huber Publishers; 1991. p.52-7.

Nuttin BJ, Gabriels LA, Cosyns PR, Meyerson BA, Andreewitch S, Sunaert SG, Maes AF, Dupont PJ, Gybels JM, Gielen F, Demeulemeester HG. Long-term electrical capsular stimulation in patients with obsessive-compulsive disorder. Neurosurgery. 2003 Jun;52(6):1263-72.

Nyman H, Mindus P. Neuropsychological correlates of intractable anxiety didorder before and after capsulotomy. Acta Psychiatr Scand. 1995;91(1):23-31.

Rylander G. Försök med gammakapsulotomi vid ångest- och tvångsneuroser. Lakartidningen 1978; 75(7):547-9.

Tratotomia subcaudada

Bridges PK, Goktepe EO, Maratos J. A comparative review of patientes with obsessional neurosis and with depression treated by psychosurgery. Br J Psychiatry. 1973; 123(577):663-74.

Göktepe EO, Young LB, Bridges PK. A further review of the results of stereotactic subcaudate tractotomy. Br J Psychiatry. 1975;126:270-80.

Hodgkiss AD, Malizia AL, Bartlett JR, Bridges PK. Outcome after the psychosurgical operation of stereotactic subcaudate tractotomy, 1979-1991. J Neuropsychiatry Clin Neurosci. 1995;7(2):230-4.

Knight G. Stereotacti tractotomy in the surgical treatment of mental illness. J Neurol Neurosurg Psychiat. 1965;28:304-10.

Ström-Olsen R, Carlisle S. Bi-frontal stereotactic tractotomy. A follow-up study of its effects on 210 patients. Br J Psychiatry. 1971;118:141-54.

Leucotomia límbica

Cumming S, Hay P, Lee T, Sachdev P. Neuropsychological outcome from psychosurgery for obsessive-compulsive disorder. Aust N Z J Psychiatry. 1995;29(2):293-8.

Hay P, Sachdev P, Cumming S e cols. Treatment of obsessive-compulsive disorder by psychosurgery. Acta Psychiatry Scand. 1993;87(3):197-207.

Kelly D. Therapeutic outcome in limbic in psychiatr patients. Psychiat Neurol Neurochir (Amst). 1973;76:353-63.

Kelly D, Mitchell-Heggs N. Stereotactic limbic leucotomy – a follow-up study of thirty patients. Postgrad Med J. 1973;49(578):865-82.

Kelly D, Richardson A, Mitchell-Heggs N, Greenup J, Chen C, Hafner RJ. Stereotactic limbic leucotomy: a preliminary report on forty patients. Br J Psychiatry. 1973; 123(573):141-8.

Kitchen N. Neurosurgery for affective disorders at Atkinson Morley's Hospital 1948-1994. Acta Neurochir Suppl. (Wien) 1995;64:64-8.

Mitchell-Heggs N, Kelly D, Richardson A. Stereotactic limbic leucotomy – a follow-up at 16 months. Br J Psychiatry. 1976;128:226-40.

Montoya A, Weiss AP, Price BH, Cassem EH, Dougherty DD, Nierenberg AA, Rauch SL, Cosgrove GR. Magnetic resonance imaging-guided stereotactic limbic leucotomy for intractable psychiatric disease. Neurosurgery. 2002 May;50(5):1043-9.

Sachdev P, Hay P. Does neurosurgery for obsessive-compulsive disorder produce personality change? J Nerv Ment Dis. 1995;183(6):408-13.

Sachdev P, Hay P. Site and size of lesion and psychosurgical outcome in obsessive-compulsive disorder: a magnetic resonance imaging study. Biol Psychiatry. 1996;39(8): 739-42.

Talamotomia central lateral e palidotomia ântero-medial

Jeanmonod D, Schulman J, Ranirez R, Cancro R, Lanz M, Morel A, Magnin M, Siegemund M, Kronberg E, Ribary U, Llinas R. Neuropsychiatric thalamocortical dysrhythmia: surgical implications. Neurosurg Clin N Am. 2003 Apr;14(2):251-65.

1. Médico psiquiatra colaborador do Projeto Transtornos do Espectro Obsessivo-Compulsivo (PROTOC) do IPq-HCFMUSP

2. Médica psiquiatra, IPq HCFMUSP

3. Professor associado do Departamento de Psiquiatria da FMUSP. Coordenador do PROTOC IPq-HCFMUSP

4. Advogada, doutoranda na área de Direito Internacional da Faculdade de Direito-USP, assessora jurídica, voluntária do Grupo de Dor da Divisão de Clínica Neurológica das Unidades Médicas e de Apoio e do ICHC – Departamento de Neurologia da FMUSP

5. Neurocirurgião, diretor técnico de Divisão de Saúde da Divisão de Neurocirurgia Funcional, IPq HCFMUSP e professor de Departamento de Neurologia FMUSP

Parecer CoBi 011/2003

Assunto: Divulgação e utilização de resultados de exames laboratoriais assistenciais retrospectivos sem a identificação do registro ou nome do paciente
Interessado: Coordenadoria da Comissão de Ética da Divisão de Laboratório Central – HCFMUSP
Ementa: Exames laboratoriais assistenciais retrospectivos. Divulgação e utilização, preservado o anonimato. Interesse para a instituição e público especializado. Possibilidade. Desnecessário Termo de Consentimento

Considerando que as análises laboratoriais de rotina de um serviço de Patologia Clínica representam demanda para a elucidação diagnóstica advinda de equipes clínicas, não está caracterizada pesquisa em seres humanos. A consolidação dos resultados publicada sob a forma de freqüências não acarreta conflito bioético individual, sendo um procedimento a bem da informação tanto para a instituição como para o público especializado. O anonimato dos pacientes neste procedimento é preservado, não configurando a necessidade de termo de consentimento livre e esclarecido. No entanto, qualquer divulgação de dados do HCFMUSP deve ser aprovada pela Diretoria Clínica ou uma de suas Comissões Assessoras, que deverá deliberar sobre a pertinência da publicação de dados institucionais.

Sugere-se que a Diretoria Clínica realize trabalho de normatização para a publicação de dados institucionais, promovendo ampla divulgação das normas para todo o Complexo HCFMUSP.

PROF. RAYMUNDO SOARES AZEVEDO
DR. EDUARDO JUAN TROSTER
DRA. EDNA RODRIGUES
Membros da Comissão de Bioética

Parecer CoBi 007/2004

Assunto: Orientação sobre Recusa de Transfusão de Sangue de Testemunha de Jeová
Solicitante: Diretoria Clínica – Proc.: 3289/2003
Ementa: Este parecer envolve a interação das autonomias do paciente, do médico e instituição, os princípios da beneficência (reposição do volume sangüíneo) e da não-maleficência (ligada aos riscos habituais de uma transfusão de sangue, acrescidos do fato de ser indesejada pelo paciente). E tem o propósito de conciliar o íntimo do paciente influenciado pela interpretação dogmática de um texto bíblico com o argumento científico, expressão legítima da medicina e com a disciplina legal

A CoBi RECOMENDA A SEGUINTE ESTRATÉGIA

1. PACIENTE MAIOR DE IDADE E CAPAZ

1.1 A DÚVIDA MÉDICA

O art. 29 do Código de Ética Médica expõe que *é vedado ao médico praticar atos profissionais danosos ao paciente.* O conceito de dano aplicável à circunstância não é exatamente fruto de uma conduta cientificamente equivocada, é, fundamentalmente, a provocação de dano psicossocial decorrente de uma transfusão de sangue indesejada pelo paciente e que moralmente o violenta por recair sobre sua dignidade.

Dentro das gradações concedidas à óptica ética, interpretações transitam numa gama regida pelos efeitos sobre o prognóstico, desde o reputável pouco relevante para a evolução clínica, até o que pode fazer a diferença entre alta e óbito.

A dúvida que se afigura é: serei imprudente aplicando a transfusão de sangue, pois colegas não fariam, e ficarei sujeito a sanções legais? Ou serei negligente ao não aplicar a transfusão de sangue, pois colegas fariam, e ficarei sujeito a sanções éticas?

1.2 VARIÁVEIS DE INFLUÊNCIA

Particularidades na relação médico-paciente-instituição podem exercer influência sobre a dinâmica de abordagem da situação conflituosa

- características da formação religiosa do médico;
- parecer institucional baseado nas características culturais vigentes e nas leis, códigos e resoluções;
- qualificação do consentimento tanto do paciente para ser atendido quanto do médico para atender pela tétrade livre, esclarecido, renovável e revogável;

- avaliação de variáveis de risco que recomendam a transfusão de sangue em pacientes anêmicos estáveis, incluindo idade > 65 anos, pneumopatia crônica, diabete, coronariopatia, doença cerebrovascular e doença vascular periférica.

1.3 Situações clínicas

Um mesmo médico pode sentir mais ou menos drama de consciência em aplicar ou não aplicar transfusão de sangue a paciente TJ.

Uma classificação balizadora seria: hemorragia iatrogênica ou hemorragia não iatrogênica.

A necessidade de transfusão de sangue conseqüente a uma iatrogenia representa situação de grande angústia para o médico que, de certa forma, participou do acontecimento e responde pela perda sangüínea imprevista; cria-se real auto-intimidação ao cumprimento de compromissos adrede efetivados pré-tratamento, um verdadeiro clima de apreensão e drama de consciência.

Em situações não iatrogênicas, em que o rebaixamento do nível sérico de hemoglobina insere-se na etiopatogenia de uma doença ou no desdobramento de uma intervenção, os aspectos de foro íntimo ficam mais restritos aos aspectos universais da responsabilidade no exercício profissional.

Ponto essencial é a ressalva ética representada pela expressão *salvo em iminente perigo à vida*, constante no Código de Ética Médica, que associa normas e consciência.

Caracterizar exatamente o momento onde uma situação clínica passa a ser *iminente perigo à vida* nem sempre é tarefa fácil, mesmo para os mais experientes.

Na cogitação, a dualidade beneficência/não-maleficência ganha contornos obscurecidos pelas divergências possíveis sobre o sentido da vida entre ciência e religião, passando pelo princípio constitucional da inviolabilidade do direito à vida.

Considerando várias hipóteses, habitualmente indicativas de aplicação de transfusão de sangue, a COBI propõe a seguinte distribuição de situações clínicas para efeito de reflexões:

A. EMERGÊNCIA

a.1. Não iatrogênica. Exemplo - paciente em choque hemorrágico após acidente na rua;

a.2. Iatrogênica. Exemplo - paciente em choque hemorrágico após acidente na SO;

B. URGÊNCIA

b.1. Sem intercorrências. Exemplo - rebaixamento do nível de hemoglobina a 7 g/dl num período pós-operatório imediato, sem subjetividades ou objetividades inquietantes;

b.2. Com intercorrências. Exemplo - rebaixamento do nível de hemoglobina a 5 g/dl num período pós-operatório imediato, com presença de quadro infeccioso;

C. ELETIVA

c.1. Com influência na qualidade de vida. Exemplo - paciente com talassemia *major*;

c.2. Sem influência na qualidade de vida. Exemplo - paciente com doença de mau prognóstico em curto prazo.

É do cotidiano que o médico, perante a situação embaraçosa, com duas saídas difíceis ou penosas, passe por um período de reações pendulares, onde uma palavra aqui ou ali, um pensamento cá e outro acolá, um aconselhamento daqui e outro acolá provocam oscilações onde se mesclam a missão alopática, o respeito ao paciente e as contingências legais.

Dentro deste simbolismo pendular, decidir-se por privilegiar a interpretação de evitação ou de negligência (não aplicar a transfusão sangüínea), ou de imprudência (desrespeitar a vontade do paciente) parece sofrer a influência das situações A1, A2, B2 no sentido do privilégio às diretrizes científicas e das situações B1, C1 e C2 no sentido do privilégio às convicções religiosas.

1.4 O RECOMENDADO

A COBI recomenda os seguintes passos frente a um atendimento de paciente TJ:

1.4.1. Diálogo prévio à internação a fim de estabelecer a premissa de que haverá o compromisso de respeitar a recusa à transfusão de sangue até o limite do "iminente perigo à vida"; que fique bem claro que a equipe médica repudia concordar em assistir a óbito por estrita carência de volume sangüíneo efetivo. Este diálogo é possível, evidentemente, em situações eletivas; quando em emergência, fica prejudicado, mas, a qualquer momento, deve ser provocado pela equipe médica caso a situação clínica assim permita;

1.4.2. Considerar a conveniência de elevar a reserva eritrocitária através de fármacos como a eritropoietina recombinante, sabendo-se que o custo é alto e o resultado é restrito a cerca de 2 g/dl hemoglobina;

1.4.3. Planejamento pré-operatório que vai desde a perfeita avaliação da situação clínico-laboratorial do paciente até a seleção de técnicas intervencionistas que reduzam o grau de perda sangüínea intra e pós-procedimento;

1.4.4. Cuidadosa hemostasia durante o procedimento, reduzindo traumatismos e pronto controle de sangramento, incluindo detecção precoce *a posteriori*;

1.4.5. Minimizar o volume de sangue retirado para fins laboratoriais, adotando, por exemplo, a técnica microcapilar sempre que possível;

1.4.6. Aceitação de taxas menores de hemoglobina sérica, ou seja, repensar sobre o nível mínimo de hemoglobina, aquém do qual opor-se-ia à recusa do paciente pela transfusão de sangue; recomenda-se evitar a adoção de um valor rígido e se guiar pelas circunstâncias clínicas presentes.

Portanto, o respeito à autonomia do paciente TJ pode ter como dividendo positivo a adoção de critérios "mais econômicos" para a transfusão de sangue, não somente em relação ao custo financeiro, como também a menor exposição a morbidades conhecidas e desconhecidas;

1.4.7. Apoiar a administração venosa de substâncias que podem elevar o volume sangüíneo com derivados de ferro e ácido fólico;

1.4.8. A partir do momento em que a equipe médica responsável pelo paciente entender que o caso atinge critério para "iminente perigo à vida", recomenda-se:

a. paciente/família deverá ser avisado da decisão de aplicar a transfusão de sangue, se for o caso recordando o diálogo pré-intervenção;

b. a prescrição deverá ser efetivada e a administração providenciada de modo explícito, sem nenhum subterfúgio;

c. apoio multidisciplinar, o serviço de enfermagem, o serviço de psicologia e o serviço social deverão adotar a prática de estratégias de apoio previamente combinadas;

d. qualquer atitude hostil visando ao impedimento da aplicação deverá ser rejeitada com os recursos humanos da clínica ou da instituição;

e. caso haja a solicitação de transferência de hospital, deve haver a preocupação da equipe de considerar não somente que o paciente persiste sob sua responsabilidade até o destino como também que tem o dever ético de confirmar com a equipe receptora se ela está inteirada exatamente das circunstâncias do caso;

f. havendo solicitação de alta a pedido, ele deverá ser rejeitado em virtude da caracterização de "iminente risco à vida", e não há porque admitir a possibilidade de cárcere privado;

g. caso o paciente seja considerado um caso terminal, a equipe poderá entender que "iminente risco à vida" não se aplica porque ele está atrelado a chances de sobrevida.

1.4.9. Todas as informações, decisões e divergências com paciente/família deverão ser anotadas com pormenores no prontuário do paciente, desde o diálogo inicial;

1.4.10. Cada clínica deve estruturar a sua estratégia em termos de dinâmica de atuação e designação de profissionais;

1.4.11. Cada caso deve ser comunicado obrigatoriamente à CoBi, que estará à disposição para acompanhar o desenvolvimento da situação conflituosa;

1.4.12. A CoBi criará um Banco de Dados visando a desenvolver uma identidade bioética do HC no tema, e que servirá também para fins acadêmicos.

2. PACIENTE MAIOR DE IDADE E INCAPAZ

O exercício do direito à autonomia deve ser exercido preferencialmente pelo próprio paciente; caso ele seja considerado incapaz, ele será substituído pelo representante legal devidamente informado no Termo de Consentimento; estimula-se a adoção da figura de um "porta-voz" quando houver divergências da família em presença de incapacidade do paciente, tomando-se o cuidado de verificar se o representante indicado está de acordo com eventual mudança de responsabilidade.

3. PACIENTE MENOR DE IDADE

3.1 Preliminares

Itens do Termo de Responsabilidade do HC para crianças e adolescentes:

Art. 5º § 2: Quando houver discordância quanto à aplicação dos procedimentos diagnósticos e terapêuticos entre a família e a equipe de saúde:

a) em situação de iminente risco de vida, a equipe tomará a conduta que considerar a mais adequada e comunicará o fato à Vara da Infância e Juventude de competência.

b) em situação em que a não-intervenção médica possa causar sofrimento ou comprometer a qualidade de vida futura da criança/adolescente, deve-se recorrer, de imediato, à autoridade judicial para decisão.

O artigo 2º do Estatuto da Criança e Adolescente reconhece o direito de o jovem a partir dos 12 anos externar suas convicções, inclusive as religiosas.

O chamado adolescente amadurecido pode ser, conceitualmente, visto como paciente que poderia não somente aceitar uma transfusão de sangue rejeitada pelos pais, como, de modo oposto, recusar-se a receber transfusão de sangue indicada pelo médico.

3.2. O que a CoBi recomenda

O que a CoBi recomenda em caso de paciente menor de idade caso haja obstáculo de pais e/ou responsáveis de paciente à prática de atos médicos (internações, amputações, cirurgias, transfusões e outras...)

3.2.1. com iminente risco à vida, o procedimento médico será efetuado mesmo sem o consentimento da família do responsável. Os procedimentos realizados serão firmados no prontuário pelo médico responsável e endossados por mais dois médicos da equipe. A seguir, o caso deverá ser notificado à Vara da Infância e Juventude de competência.

3.2.2. com risco à vida não iminente, sempre que o obstáculo não ponha em risco a vida do paciente, os pais e/ou responsáveis deverão ser encaminhados pelo Serviço Social à Vara da Infância e Juventude de competência ou à Vara Central da Infância e da Juventude (por residirem em outras comarcas ou por motivos justificados) para decisão judicial. Recomenda-se que o encaminhamento seja instruído com relatório médico, relatório social e ofício do Diretor Executivo.

4. A COBI NÃO RECOMENDA

1. Transfusão de sangue clandestina;
2. Mentir sobre a característica do sangue;
3. Desrespeitar o compromisso negociado.

5. CHEKLIST

- Sei que o paciente é TJ?
- Sei a quem, representante do paciente, devo me reportar em caso de incapacidade?
- Estou disposto a adaptar a minha rotina médica às convicções do paciente?
- O paciente está informado da minha conduta perante circunstâncias em potencial?
- O paciente está concordante com o meu ponto de vista sobre iminente perigo à vida?
- Estou determinado a encarar as dificuldades advindas de discordâncias?
- Apresentou o seu ponto de vista sobre um documento apresentado pelo paciente, com firma reconhecida, assumindo a "responsabilidade" da não-transfusão de sangue?

PROF. DR. MAX GRINBERG
Membro da Comissão de Bioética

Parecer aprovado pela CoBi em sessão de 27.05.2004

Parecer CoBi 001/2005

Assunto: Parecer sobre administração de talidomida em escleromixedema
Solicitante: Divisão de Clínica Dermatológica do HCFMUSP
Ementa: Emprego de talidomida em caráter excepcional em paciente do sexo feminino em idade fértil – Recomendação da equipe médica para melhorar a qualidade de vida. O uso da talidomida é acompanhado de ministração de anticoncepcional na própria clínica, sendo feitos testes de gravidez mensais. A falta de evidências, recomendado o uso da talidomida, não constitui violação ética. Informação clara para a paciente sobre os riscos e consentimento informado expresso em termo assinado pela paciente são requisitos, assim como termo de responsabilidade assinado pelo médico responsável

Trata-se da solicitação feita por médica residente do Departamento de Dermatologia do Hospital das Clínicas da Faculdade de Medicina da Universidade de São Paulo, com respeito a uma paciente com o diagnóstico de escleromixedema e gamopatia monoclonal, em tratamento ambulatorial, e cuja terapêutica medicamentosa foi discutida em reunião geral da Clínica de Dermatologia em que se decidiu pelo uso de talidomida.

A talidomida (ftalomidoglutarimida) foi desenvolvida na década de 1950, inicialmente como uma droga antiemética. Razão esta que tornou o seu uso difundido entre as mulheres grávidas. O seu efeito teratogênico foi posteriormente descrito. A partir de então, a talidomida tem sido uma medicação proscrita, tendo sido quase banida da farmacopéia vigente. Posteriormente, com estudos clínicos, descreveu-se a ação terapêutica desta medicação em diversas patologias, entre as quais, hanseníase, lúpus eritematoso sistêmico e mieloma múltiplo. A fim de salvaguardar a segurança das potenciais usuárias e evitar o seu efeito teratogênico, o Ministério da Saúde tem elaborado uma série de portarias que regulamentam o uso de talidomida em situações e doenças específicas. Situações em que a droga é usada em condições quase experimentais não são contempladas nessas portarias. Embora outras drogas que têm efeito regulador sobre a imunidade, como a ciclofosfamida, também apresentem efeito teratogênico, essas têm encontrado menos restrição do que a talidomida. Dessa forma, encontra-se respaldada a atual solicitação, embora o uso de talidomida em paciente com escleromixedema não esteja, ainda, contemplado pelas diversas portarias do Ministério da Saúde que excepcionam seu emprego. A decisão de se usar talidomida nesse caso não está respaldada em evidência médica sustentada por farta publicação literária, em que estudos clínicos randomizados e controlados de qualidade ou estudos metanalíticos recomendem o uso dessa medicação.

O uso do medicamento supradescrito baseia-se em opinião de especialistas no assunto e, dentro da grade de recomendação de condutas na Medicina Baseada em Evidência, é o menos recomendado.

Entretanto, por se tratar de uma doença de ocorrência rara, estudos epidemiológicos ou ensaios clínicos envolvendo pacientes nessa condição tornam-se extremamente difíceis de serem executados. Neste caso, o uso de talidomida pode se basear apenas em opinião de especialistas. Entendemos que o caso ora em consideração está compreendido nesta situação.

Houve situações anteriores em que a Clínica de Dermatologia, na pessoa do seu Professor Titular, solicitou pareceres à Comissão de Bioética do HCFMUSP e da FMUSP, a respeito de administração de talidomida: uma vez para paciente portadora de Hanseníase, e outra vez para paciente portadora de Lúpus Eritematoso Cutâneo Crônico. Pareceres anteriores, favoráveis, dispuseram sobre itens importantes já tratados através de Portaria nº 344, de 12 de Maio de 1998, expedida pela Secretaria de Vigilância Sanitária do Ministério da Saúde, e Resolução-RDC nº 62, de 3 de Julho de 2000, da Diretoria do Colegiado da Agência Nacional de Vigilância Sanitária, quais sejam: anticoncepção no caso de paciente feminino em idade fértil, informação detalhada para o paciente, termo de consentimento livre esclarecido e termo de responsabilidade do médico, previstos por leis vigentes, devidamente assinados.

Dessa forma,

Considerando que:

1) Embora não haja um consenso na literatura mundial a respeito do uso de talidomida no tratamento de escleromixedema com gamopatia monoclonal, foi tomada uma decisão técnica, respaldada pela Reunião Geral da Clínica de Dermatologia do Hospital das Clínicas da FMUSP, no sentido de se empregar Talidomida para o tratamento desta doença;
2) Esta Comissão entende que, havendo concordância por parte da paciente, todos os meios terapêuticos devem ser administrados para salvaguardar a saúde da paciente em questão, observadas as condições adversas advindas com o emprego de talidomida;
3) A paciente em questão receberá o tratamento em seguimento ambulatorial, após receber anticoncepcional injetável e teste de gravidez negativo.

Recomendamos:

1) Todo o esclarecimento a respeito de efeitos adversos ligados à administração de talidomida precisa ser prestado à paciente de forma que ela compreenda os riscos associados ao uso da medicação.
2) A paciente precisa ler e assinar o termo de consentimento livre esclarecido.
3) O responsável pelo Serviço de Dermatologia precisa assinar o termo de responsabilidade.

Observados todos os itens do considerando e recomendação, somos favoráveis a que a paciente desta solicitação receba talidomida como tratamento.

DR. CHIN AN LIN
Relator
PROFA. RACHEL SZTAJN
Revisora
Membros da Comissão de Bioética

Parecer aprovado pela CoBi em sessão de 24.03.2005

Parecer CoBi 005/2005

Assunto: Consulta do Centro de Reprodução Humana sobre a elaboração de normas, rotinas e critérios de procedimento
Solicitante: Diretoria Clínica
Ementa: Reprodução assistida nas entidades públicas: necessidade de fixar normas, rotinas e critérios, objetivando o máximo aproveitamento dos recursos públicos

A documentação referente ao processo HC nº 4392/2003 vem encaminhada à Comissão de Bioética a pedido da Comissão Processante Permanente, "considerando-se as declarações do Dr. ....., visando subsidiar os estudos realizados pelo referido órgão, relativos ao assunto em pauta, quanto às normas, rotinas e critérios específicos para o perfeito atendimento e esclarecimento das pacientes que procuram o Centro de Reprodução Humana – CRH, visto que o HCFMUSP é um centro de referência em medicina".

A manifestação do NUDI propõe também a apreciação do assunto pela Comissão de Bioética, com "a concomitante remessa dos autos à Diretoria Clínica do ICHC para que promova o agendamento dos casais Reclamantes no CRH, onde serão prestadas orientações e esclarecimentos". Isto, em 14/12/2004.

Trata-se de duas (2) denúncias, envolvendo circunstâncias diferentes, ambas referentes à *reprodução assistida*, num caso, com a questão de idade ("estão esperando que eu complete 50 anos para não ter mais direito ao tratamento", escreve uma das reclamantes); no outro, paciente atendida em outro Hospital, em caráter particular, sem implicações com o HC, conforme conclusão da CPP.

As hipóteses reportam-se à proposta de fixarem-se *normas, rotinas e critérios para o atendimento*:

Em primeiro lugar, ressalte-se, a Constituição Federal (art. 196) estabelece o direito de todos à saúde. Inexistem, portanto, vedações e/ou limitações a esse direito, em princípio, que poderá ser exercido perante clínicas, centros ou serviços, públicos ou privados, com as suas respectivas condicionantes legais.

Como exemplo, o Anteprojeto de Lei de 2003, do Prof. José Aristodemo Pinotti, recentemente analisado pela Comissão de Bioética, que "Dispõe sobre a reprodução humana assistida", prevê, no art. 9º, que "toda mulher capaz nos termos da lei, que tenha solicitado e cuja indicação não se afaste dos limites desta lei, pode ser receptora de reprodução assistida".

A questão envolve, também, o financiamento das práticas de reprodução humana que, em se tratando de entidades particulares, será custeado pelos interessados e, no caso das entidades públicas, pela sociedade, mediante recursos públicos, obedecido, entre outros, o princípio da economicidade, previsto no art. 70 da Constituição Federal.

Nesse caso, portanto, "os problemas de infertilidade humana" a que se refere o art. 2º do Anteprojeto tomam variada conotação, apresentando elementos diversificados, como é a *idade* da receptora, determinando regras gerais de possibilidade, ou não, as quais devem ser consideradas, dando-se preferência aos casos em que essa possibilidade, pela experiência comprovada, seja mais efetiva.

Nesse sentido, parece-nos devam ser coligidos os dados existentes até o momento, para a elaboração de algumas normas específicas e gerais, estabelecendo critérios e rotinas para o atendimento desses casos, no HCFMUSP, consideradas as circunstâncias específicas da entidade: a sua complexa especialização e os recursos materiais existentes, que passem a constituir norteio para todos os setores implicados no processo.

PROFA. MARIA GARCIA
Relatora
Membro da CoBi

Parecer aprovado pela CoBi em sessão de 23.06.2005

Parecer CoBi 006/2005

Assunto: Parecer quanto à manifestação de descontentamento dado o cancelamento de cirurgia pela recusa de transfusão de sangue por motivos religiosos
Solicitante: Diretoria Executiva do Instituto Central do Hospital das Clínicas – ICHC
Ementa: Transfusão de sangue: recusa por motivos religiosos. Inadmissibilidade de acatamento, em se tratando de parecer médico sobre sua necessidade

A paciente pede ao Hospital das Clínicas da FMUSP esclarecimentos sobre a suspensão de sua cirurgia. Motivo: ser adepta da religião Testemunha de Jeová. A referida paciente explica que, depois da espera de dois anos, foi internada para a extração de um mioma. Uma vez internada, foi preparada para o procedimento cirúrgico. No entanto, antes de ser encaminhada ao centro cirúrgico disse que, gentilmente, uma médica foi informá-la que, por ela não ter concordado em assinar o termo que autorizasse receber transfusão de sangue, o médico-chefe da equipe havia mandado suspender a cirurgia. Assim sendo, a paciente assinou o termo de alta e foi embora.

Na carta enviada ao Hospital, a paciente faz as seguintes alegações: "Não fui avaliada clinicamente; não fiz nenhum exame para saber se realmente corria risco de vida caso não recebesse sangue; tudo ficou no talvez". A única explicação que ouviu foi: "procure os irmãos de sua religião".

Diante disso, levanta alguns questionamentos: "É este o procedimento de todos os médicos em relação aos pacientes Testemunhas de Jeová? Eu poderia tentar novamente uma internação neste hospital? Quanto tempo de espera? Existe equipe médica que possa fazer tratamento sem desrespeitar minhas convicções religiosas?"

Parecer da CoBi

No parecer nº 007/2004, dentre as muitas recomendações que a CoBi fez sobre a transfusão de sangue em pacientes Testemunhas de Jeová, a primeira diz o seguinte: "Diálogo prévio antes da internação a fim de estabelecer a premissa de que haverá o compromisso de respeitar a recusa à transfusão de sangue até o limite do 'iminente perigo de vida'; que fique bem claro que a equipe médica repudia concordar em assistir o óbito por estrita carência de volume sanguíneo efetivo".

Este diálogo é possível, evidentemente, em situações eletivas; quando em emergência fica prejudicado, mas, a qualquer momento, deve ser provocado pela equipe médica caso a situação clínica assim permita.

Caso haja a solicitação de transferência de hospital, deve haver a preocupação da equipe de considerar não somente que o paciente persiste sob sua responsabilidade até o destino, como também que tem o dever ético de confirmar com a equipe receptora se ela está inteirada exatamente das circunstâncias do caso.

Neste caso específico, quando a paciente afirma que tudo ficou no "talvez", vale deixar claro que a necessidade de transfusão seria trans ou pós-operatória, portanto no pré não poderia haver a resposta, seria "talvez" mesmo.

Os questionamentos levantados pela paciente nos obrigam a responder levando em consideração três fatores: a atuação médica, a jurisdição, e a autonomia que a paciente tem em relação aos seus direitos e sua convicção religiosa respeitados. Simplesmente dizer aceite a opinião da equipe médica, assine o termo de responsabilidade ou procure outra equipe sem ter tentado um diálogo conciliador é, no mínimo, uma atitude simplista.

A primeira polêmica é: será lícito que a liberdade religiosa obrigue um médico a deixar que uma vida tenha fim? Não há nenhum valor jurídico estabelecido no sistema que obrigue o médico a praticar tais atos. Pelo contrário, não pode praticar tal omissão sob pena de cometer crimes tais como homicídio culposo e/ou omissão de socorro. A liberdade de profissão do médico pressupõe a utilização de todos os meios científicos disponíveis, inclusive a transfusão de sangue, cuja utilização não é nenhuma novidade no meio médico. Ademais, o artigo 1º do Código de Ética proíbe qualquer discriminação por parte do médico. Este não pode deixar alguém morrer só porque é Testemunha de Jeová. No entanto, no sistema jurídico brasileiro, caberá sempre ao Poder Judiciário determinar o que for de direito.

Se iminente o perigo de vida, é direito e dever do médico empregar todos os tratamentos, inclusive cirúrgicos, para salvar o paciente, mesmo contra a vontade deste, e de seus familiares e de quem quer que seja, ainda que a oposição seja ditada por motivos religiosos. Pois, conforme entendimento do Tribunal de Justiça do Estado, "convicções religiosas não podem prevalecer perante o bem maior tutelado pela Constituição Federal, que é a vida".

Porém, nos casos das chamadas cirurgias eletivas, onde não há urgência no atendimento, os profissionais devem agir com cautela. Ou seja, como afirmamos acima, um diálogo franco e esclarecedor.

Quanto ao fato de existir equipe médica que possa fazer tratamento sem desrespeitar convicções religiosas, acreditamos que o médico é o agente habilitado pela sociedade através do CRM para aplicar a Medicina. Esta aplicação é tanto mais humana quanto tenha os objetivos superpostos ao do paciente.

Quando há um conflito entre medicina e sociedade, a bioética se apresenta como um fórum de reflexão. No caso, a Medicina está representada por um médico que sabe da possibilidade do sangramento operatório e deseja preservar o paciente caso isto aconteça. A sociedade está representada por um cidadão que tem suas convicções religiosas. Neste caso, a conciliação repousa na idealidade de uma negociação que satisfaça a ambas as partes. Caso isso não ocorra, cada um tem seus direitos, o médico no caso, de recusar operar em caráter eletivo. Portanto, a questão do respeito em relação a convicções levantadas pela paciente tem o outro lado da moeda: o respeito da paciente pelas convicções médicas. O médico não é tão somente um técnico de órgãos, faz parte da humanização ele entender este órgão pertencendo a uma pessoa e se preocupar com o todo, uma visão holística; assim como recomendações do médico podem não ser aceitas pelo paciente, recomendações do paciente podem não ser aceitas pelo médico. Exatamente, por respeitar as convicções é que o médico não deseja provocar uma necessidade de transfusão de sangue. O respeito está em tomar todas as providências, usar da máxima *expertise* para que não haja a necessidade, mas as variantes do aspecto biológico da medicina não se superpõem ao dogmatismo da interpretação de um trecho bíblico.

Tentar uma nova internação no mesmo hospital é um direito que lhe cabe. No entanto, não cabe a nós determinar o tempo de espera. Pela prática sabemos que, devido a grande demanda, o tempo de espera é longo. Porém, é importante salientar que o possível longo tempo de espera nada tem a ver com o fato de a referida paciente, no passado, ter abandonado o tratamento.

Finalmente, informamos à paciente que o Hospital das Clínicas da Faculdade de Medicina da Universidade de São Paulo não dispõe de uma equipe específica para atender pacientes adeptos da crença Testemunha de Jeová. Todas as equipes procuram respeitar as leis constitucionais, as convicções religiosas dos pacientes, sua autonomia e também a autonomia dos profissionais da saúde.

PE. ANÍSIO BALDESSIN
Relator
PROF. MAX GRINBERG
Revisor
Membros da Comissão de Bioética

Parecer aprovado pela CoBi em sessão de 23.06.2005

Parecer CoBi 007/2005

Assunto: Parecer sobre doação de óvulo de parente
Solicitante: Diretoria Clínica
Ementa: Reprodução assistida – casal com filho – aspectos bioéticos da doação de gametas por parentes e higidez mental da criança – alocação de recursos públicos – casal com filho – problemas médicos relativos tanto à doadora do óvulo quanto à receptora

Trata-se de analisar, sob o ponto de vista da bioética, matéria atinente à reprodução humana assistida encaminhada à CoBi pela Diretoria Clínica, em que se indaga sobre doação de óvulo de parente.

O casal interessado no procedimento relata que: a) tem uma filha, mas deseja ter outra criança; b) em virtude de menopausa precoce, a esposa não pode engravidar; c) que foram informados pelo Chefe do Centro de Reprodução Humana Assistida do HCFMUSP que poderiam participar do programa; d) que, visando a preservar características genéticas da família, o óvulo seria doado por irmã da interessada; e) que a fertilização seria feita com esperma do marido da interessada; f) consta do requerimento, outro dado relevante, o de que a doadora do óvulo teve o útero removido sem que se saiba há quanto tempo.

Este o resumo do pedido apresentado pelos interessados visando a serem incluídos no programa do Centro de Reprodução Humana do HCFMUSP. O professor Marco Segre manifesta-se no sentido de que o pedido não viola preceitos éticos uma vez que todas as partes, doadora, beneficiária e seu marido, acordaram entre si no que diz respeito ao procedimento. Considerando a Resolução de 1992 do CFM, que proíbe a utilização de gametas de doador conhecido, oferece, como argumento, a hipótese de que a restrição, no caso, poderia ser posta de lado: ela teria como fundamento a prevenção de demandas legais relativas a eventual reivindicação de direitos genéticos sobre a criança assim gerada por parte de doadores, o que, no caso em tese, dado o consentimento prévio entre os envolvidos, está em plano secundário, perdendo a importância. Lembra que, quando se trata de "úteros de empréstimo", se dá preferência a parentes das mães genéticas, conquanto reconheça que o caso em discussão é diferente. Em discussão em reunião da CoBi de 25 de agosto de 2005, um de seus membros observou que há inúmeros casos em que, havendo convivência entre mãe genética e mãe "legal" de forma próxima, estreita, se constatam problemas sérios nas relações familiares.

Para fins de avaliação da eticidade do pedido, a questão deve ser analisada sob diferentes vertentes: de um lado, a questão médico-administrativa, e, de outro ângulo, a questão ética. Ambas, entretanto, convergem no sentido de apontarem para as seguintes dificuldades: a) a doação de óvulo por pessoa de mais de 40 anos tornando mais provável a geração de filhos com alterações genéticas, como é o caso da síndrome de Down; b) possíveis percalços além dos custos decorrentes do procedimento médico.

A doadora cujo útero foi removido tem mais de 40 anos, havendo, conforme foi mencionado, maior risco de apresentar óvulos com alterações cromossômicas.

De seu lado, a receptora, em virtude da menopausa precoce, necessita tanto de cuidados que precedem à implantação do ovo quanto os posteriores para que a gestação seja levada a bom termo. A alocação de recursos, quando se trata de instituição pública, deve obedecer a critérios de eficiência e prioridade que não estão claros no caso em análise. Lembre-se que a interessada já tem uma filha, enquanto outros casais na fila do CRH não têm filhos.

Sob esse aspecto não se justificaria que o procedimento fosse realizado no HCFMUSP.

Do ponto de vista ético, cabe ainda lembrar que a proximidade entre doadora do óvulo e receptora (são irmãs), em momento futuro, havendo divergências entre elas quanto à educação da criança, poderá prejudicar a mesma (embora esta seja apenas uma hipótese).

Portanto, pode-se afirmar que, no que concerne ao HC, o pedido apresenta dificuldades fáticas e legais para ser atendido por não preencher os requisitos fundamentais predispostos na instituição.

No que diz respeito a se dispensar o anonimato entre doadores e receptores de óvulos ou espermatozóides, frente ao argumento de que se trataria de pessoas maiores e capazes que, livremente, consentem no procedimento, importa anotar que a questão, mais do que apenas a possibilidade de futuras demandas judiciais sobre os conceptos, visaria a prevenção da intervenção de uns e outros nos cuidados e educação da criança, a confusão de papéis desempenhados pelos membros de cada núcleo familiar e os parentes próximos.

A noção de paternidade e maternidade, o exercício do poder parental, que venha a ser questionado por outrem, que se sinta com direito sobre a criança, pode vir a causar dificuldades jurídicas.

Ademais, deve-se ter em mente a preservação da higidez mental da criança que venha a ser concebida mediante procedimentos de fertilização extracorpórea, o que demandaria um atento enfoque psicológico dos interessados.

Assim, do ponto de vista ético, o consentimento dos interessados, importante quando se relaciona a procedimentos que recaem sobre eles diretamente, pode não vir a ser decisivo quando o risco de confusão de papéis desempenhados por pais, tios e avós, irmãos e irmãs for perceptível, o que nada tem que ver com a preservação de características genéticas oferecidas pelos interessados. Anote-se, porém, que esses aspectos relativos à personalidade da criança a ser gerada, ainda que mereçam destaque, não constituem impedimentos absolutos à realização da prática proposta.

PROF. MARCO SEGRE
Relator
PROFA. ÂNGELA MAGGIO DA FONSECA
Revisor
PROFA.RACHEL SZTAJN
Revisor
Membros da Comissão de Bioética

Parecer aprovado pela CoBi em sessão de 22.09.2005

Parecer CoBi 012/2005

Assunto: Conduta do Pronto-Socorro do ICHC a respeito do atendimento a paciente
Solicitante: Diretoria Executiva do ICHC
Ementa: Paciente psiquiátrica: atendimento no Pronto-Socorro. Necessidade de formular diagnóstico e plano terapêutico adequado

Exposição dos fatos

Trata-se do caso de paciente feminina de 37 anos, de baixo estrato sócio-cultural e residente em favela. Possui 181 passagens pelo PS no período de outubro 2002 a abril 2005, não se constatando emergência clínica.

As equipes médicas e de enfermagem estão encontrando dificuldades na abordagem da paciente, pois ela resiste em fornecer dados objetivos sobre sua situação, e altera-se emocionalmente ao ser questionada, desnuda-se ostensivamente, recusa a dirigir-se a outros locais para onde é encaminhada objetivando tratamento. Insiste em ser atendida somente no HC, e, conseqüentemente, a situação causa transtornos no atendimento dos outros pacientes.

É descrito que a paciente apresenta história de convulsões freqüentes, sofrendo traumatismos durante as crises, e inclusive queimaduras ao perder a consciência enquanto cozinhava. Há relato do serviço social sobre um contato com uma antiga vizinha da paciente a qual descreveu como doente psiquiátrica.

Análise dos fatos

Considerando a descrição comportamental da paciente no PS, intuímos ser portadora de transtorno mental e, portanto, paciente psiquiátrica. Como também existe referência à comicialidade, sabe-se que 20% dos epilépticos apresentam co-morbidade psiquiátrica (psicoses, reações psíquicas anormais, alterações crônicas do caráter e da personalidade e demência).

Os documentos encaminhados constatam que não se trata de situação emergencial, a qual, ao nosso entendimento, é inadequada. Foi descartada emergência somatiátrica, mas configura-se claramente uma emergência psiquiátrica.

Em se tratando de distúrbio psiquiátrico agudo, nem sempre é efetivo orientar o paciente a procurar outros serviços ou a seguir determinado tratamento. Nesses casos existe uma incapacidade temporária por parte do doente em ajuizar a situação de forma lógica, imperando o pensamento mágico-ilógico subordinado às vivências afetivas.

Parecer

A equipe médica do PS conta com psiquiatras de plantão os quais devem formular um DIAGNÓSTICO e PLANO TERAPÊUTICO adequado.

A equipe de enfermagem do PS, bastante capacitada no atendimento de casos somáticos, deveria solicitar supervisão da enfermagem psiquiátrica para treinar atendimento, nos casos de distúrbios comportamentais patológicos.

Somos de opinião que o caso limita-se a uma abordagem técnica mais adequada num paciente com prejuízo do seu livre arbítrio, não sendo o caso de atos anti-sociais provocados voluntariamente.

DR. RENATO DEL SANT
Relator
SRA. ELIANA RODRIGUES CARLESSI
Revisora
Membros da Comissão de Bioética

Parecer aprovado pela CoBi em sessão de 10.11.2005

Parecer CoBi 009/2006

Assunto: Termo de consentimento para endoscopia
Solicitante: Diretoria Clínica
Ementa: O Serviço de Gastroenterologia Clínica da Divisão de Clínica Médica II encaminha proposta de termo de consentimento específico para endoscopia (endoscopia digestiva alta e colonoscopia). Coloca a necessidade de ser descrita, no "Termo de Consentimento para Realização de Exames Endoscópicos", a orientação, ao paciente, quanto à preparação prévia para a realização do exame, sobretudo a importância da presença do acompanhante. Salienta, ainda, que o termo de consentimento padrão, em vigência no HCFMUSP, dá maior ênfase à autorização do procedimento

Preliminarmente, deve-se louvar a iniciativa dos médicos endoscopistas do Serviço de Gastroenterologia Clínica em buscar orientar e oferecer esclarecimentos aos pacientes que irão se submeter a procedimentos endoscópicos naquele serviço. No entanto, cabem algumas considerações acerca da proposta de utilização de um termo de consentimento específico para cumprir essa finalidade.

O **Termo de Responsabilidade para Pacientes Maiores e Capazes**, em utilização no HCFMUSP, assim dispõe:

Artigo 4º – O **médico** informará ao **paciente**, de forma clara e em linguagem acessível, sobre o seu estado de saúde, diagnóstico, tratamento e evolução provável da sua doença.

Artigo 5º – Os procedimentos diagnósticos e terapêuticos serão executados com a prévia concordância do **paciente**, após ter sido esclarecido quanto aos seus riscos e benefícios.

§ 1º – Quando ocorrer discordância quanto à aplicação dos procedimentos diagnósticos e terapêuticos, esta deverá ser registrada no prontuário do paciente.

§ 2º – O **paciente** tem direito de revogar o seu consentimento a qualquer tempo, por decisão livre, consciente e esclarecida, sem que lhe sejam imputadas sanções morais ou legais.

§ 3º – No caso de revogação do consentimento, o **paciente** se manifestará por escrito, devendo este documento ser arquivado no respectivo prontuário.

§ 4º – Quando o **paciente** se recusar a aceitar os métodos diagnósticos e terapêuticos propostos e deixar o Hospital, cessará a responsabilidade do médico quanto às conseqüências decorrentes desta recusa.

Artigo 6º – No caso de se tornar incapaz de tomar decisões sobre sua saúde, o paciente apresenta como seu **REPRESENTANTE INDICADO:**

REPRESENTANTE INDICADO:

Nome:

....

Endereço:

....

Telefone:

....

§ 1º – O **REPRESENTANTE INDICADO** será a pessoa a quem o **paciente** confiará a tomada de decisões, podendo ser parente ou não.

§ 2º – Cabe ao paciente a incumbência de notificar o seu **Representante Indicado.**

O **Termo de Responsabilidade para Atendimento à Criança e ao Adolescente** acompanha o termo supracitado, explicitando o papel do responsável legal, da seguinte forma:

Artigo 4º – O **médico** informará ao **responsável legal**, de forma clara e em linguagem acessível, sobre o estado de saúde, diagnóstico, tratamento e evolução provável da doença do paciente.

§ 1º – Ao **paciente** serão fornecidas informações pertinentes, compatíveis com o seu grau de desenvolvimento e compreensão.

§ 2º – O **responsável** que receber as informações se responsabilizará pela sua comunicação ao outro **responsável legal.**

Artigo 5º – Os procedimentos diagnósticos e terapêuticos serão executados com a prévia autorização do **responsável legal**, após ter sido informado quanto aos seus riscos e benefícios para o **paciente.**

§ 1º – O **responsável legal** tem direito de revogar o seu consentimento a qualquer tempo, por decisão livre, consciente e esclarecida, sem que lhe sejam aplicadas sanções.

§ 2º – Quando houver discordância quanto à aplicação dos procedimentos diagnósticos e terapêuticos entre a família e a equipe de saúde:

a) em situação de iminente risco de vida, a equipe tomará a conduta que considerar a mais adequada e comunicará o fato à Vara da Infância e Juventude de competência;

b) em situação em que a não intervenção médica possa causar sofrimento ou comprometer a qualidade de vida futura da criança/adolescente, deve-se recorrer, de imediato, à autoridade judicial para decisão.

Além desses termos, que dispõem sobre direitos e deveres do **paciente maior e capaz**, do **paciente criança e adolescente** (e de seu responsável legal), do **profissional da saúde** e **do Hospital das Clínicas da Faculdade de Medicina da Universidade de São Paulo**, a Comissão de Bioética aprovou a utilização, no HCFMUSP, dos seguintes documentos: **Termo de Consentimento Livre e Esclarecido – Provas Práticas – Áreas Clínicas e Termo de Consentimento Livre e Esclarecido – Provas Práticas – Áreas Cirúrgicas**, aplicados para pacientes que participarão de provas práticas nos concursos públicos destinados à obtenção de títulos acadêmicos. Deste modo, inexistem, no âmbito da Instituição, termos destinados a oferecer esclarecimentos e a obter o consentimento dos pacientes previamente à realização de procedimentos específicos, como o proposto pelo Serviço de Gastroenterologia.

Cumpre, ainda, salientar que o Conselho Regional de Medicina do Estado de São Paulo não obriga o profissional ou o serviço de saúde a utilizar estes consentimentos específicos, desde que, como é o caso do HCFMUSP, existam mecanismos de assegurar ao paciente (e/ou a seu responsável legal), de forma documentada, o direito de, livre e esclarecidamente, decidir sobre os procedimentos diagnósticos e terapêuticos a que ele será submetido.

Em conclusão: os termos de responsabilidade utilizados pelo HCFMUSP devem ser mantidos, pois contemplam, de forma abrangente, os princípios éticos que obrigam os profissionais de saúde da instituição a oferecer ao paciente as informações, as orientações e os esclarecimentos que se fazem necessários para que ele decida sobre a realização de qualquer tipo de procedimento, clínico ou cirúrgico, invasivo ou não. Desta forma, entendemos que **não devem ser adotados, no âmbito da Instituição, termos específicos** como o sugerido pela equipe de médicos endoscopistas.

O conteúdo do termo proposto pelo Serviço de Gastroenterologia poderá ser utilizado, internamente, como um instrumento importante para regulamentação das atividades desenvolvidas pelos profissionais daquele serviço, bem como para registro das orientações fornecidas previamente à realização dos procedimentos endoscópicos, desde que redigido de forma clara e compreensível para o paciente e para seu acompanhante. Para tanto, esta Comissão apresenta as seguintes sugestões: No item 3, que seja esclarecido ao paciente sobre a necessidade de informar, além das alergias, todos os medicamentos alternativos e/ou fitoterápicos utilizados (parecer da Sociedade de Anestesiologia do Estado de São Paulo sobre os riscos que tais medicamentos podem apresentar para o paciente). As pacientes devem informar também os atrasos menstruais, além da condição de gestantes. No item 4, utilizar linguagem clara e de fácil entendimento. A título de sugestão: "perfuração do estômago ou intestino" e "sangramento no local da retirada do pólipo ou da biópsia". No item 7, colocar o telefone do Serviço para que, em caso de dúvida, o paciente tenha acesso aos médicos endoscopistas.

DR. MASSAYUKI YAMAMOTO
Relator
PROFA. DRA. ÂNGELA MAGGIO DA FONSECA
Revisora
Membros da Comissão de Bioética

Parecer aprovado pela CoBi em sessão de 14.09.2006

Parecer CoBi 006/2006

Assunto: Paciente que tentou suicídio no PAMB, atendido no PS-HC. Após alta veio a falecer em função de acidente em trilho de trem
Solicitante: Diretoria Clínica

HISTÓRICO

Indivíduo de 31 anos, que, em 40 horas, deu entrada três vezes no Pronto-socorro, impedido uma vez de suicidar-se no prédio dos ambulatórios, acabou por efetivar sua morte na Estação Clínicas do metrô, por atropelamento da composição. O histórico mais detalhado é o seguinte:

- 12.04.2006 – 18:37 – internado no PSM com queixa de fraqueza, inapetência e dores nos membros inferiores. Referência de uso de imipramina por transtorno depressivo, negando ideação suicida. Medicado com dipirona e soro glicosado, recebe alta 13 horas depois, às 7:50.
- 13.04.2006 – 13:30 – o Serviço de Vigilância e Segurança restringiu o paciente no quarto andar do PAMB por estar tentando suicídio. Readmitido no pronto-socorro dez minutos depois, com diagnóstico de depressão e surto psicótico. Referia que tentou pular do quarto andar do PAMB para fugir de perseguidores, apresentando dificuldade de contato com o médico clínico. O Serviço Social foi acionado para contactar familiares, e foi efetuada solicitação de interconsulta psiquiátrica. A evolução clínica psiquiátrica descreveu a presença de delírio persecutório em paciente com história de esquizofrenia paranóide. Medicado com antipsicótico haloperidol (5 mg cada 12 horas), foi observado por dois psiquiatras, mencionando-se melhora do quadro da persecutoriedade e do planejamento suicida. Recebeu alta com diagnóstico de esquizofrenia paranóide, encaminhado à Unidade Básica de Saúde (UBS), devendo sair obrigatoriamente acompanhado dos familiares. Sua saída efetivou-se na manhã seguinte, permanecendo, portanto, um pouco mais de 24 horas no pronto-socorro. Nessa mesma manhã, cerca das 10:30, foi atropelado por trem do metrô. Foi socorrido por seguranças e, pela terceira vez, trazido ao Pronto-Socorro 20 minutos depois, sem sinais vitais, insucesso na ressuscitação cardiopulmonar, diagnóstico politrauma com óbito imediato.

COMENTÁRIOS

Comportamento suicida é todo ato pelo qual um indivíduo causa lesão a si mesmo, qualquer que seja o grau de intenção letal e de conhecimento do verdadeiro motivo desse ato. Definição abrangente que concebe o comportamento suicida ao longo de um "*continuum*" que vai desde pensamentos autodestrutivos, ameaças, tentativas e suicídio consumado.

A visão do ato suicida tem mudado ao longo da história. Concebido como tradição em certas culturas, pecado na Idade Média, sinal de doença mental e, em certas circunstâncias, como opção individual, um direito da pessoa. Emile Durkheim, em sua obra fundamental sobre o suicídio, relacionou-o com o grau de coesão social nas diferentes culturas. Na visão essencialmente psicológica, Sigmund Freud relacionou-o com impulsos agressivos voltados contra a própria pessoa nos estados melancólicos. A antropologia tenta esclarecer alguns comportamentos suicidas epidêmicos, tais como nos índios de Mato Grosso. Enfim, é necessário estudar as diversas áreas do conhecimento humano (biomédicas, psicológicas, sócio-culturais, ambientais) para que o fenômeno suicídio seja melhor compreendido. O profissional da saúde, portanto, está obrigado de conhecer o valor das diferentes disciplinas para avaliar a potencialidade suicida do paciente.

Em 2003 tivemos 900.000 suicídios no planeta, estimando-se em 10.000.000 as tentativas. É a terceira causa de morte nos indivíduos de 15 a 35 anos, e, nos últimos 40 anos, a população mais jovem vem elevando sua taxa suicida. O Brasil, em números absolutos, ocupou o nono lugar em 1999 com 5.400 casos (China em primeiro com 195.000, EUA em quarto com 31.000), embora nosso coeficiente de suicídio seja baixo, ocupando o lugar 71 com 3,5/100.000 habitantes. Homens ainda se suicidam mais, sendo a única exceção na China, onde as mulheres se suicidam 3 a 4 vezes mais. O coeficiente de suicídio na cidade de São Paulo é 8,6/100.000 habitantes.

Quem tenta se matar no espaço de 1 ano tenta novamente em 25% dos casos, e, no espaço de 10 anos, consuma a morte em 10% dos casos. No Brasil, o método mais freqüente para ambos os sexos é o enforcamento, seguido por arma de fogo e envenenamento (segundo em freqüência para as mulheres). A presença de transtorno mental aumenta o risco, principalmente nas depressões, esquizofrenias, alcoolismo, drogadição e transtornos de personalidade.

A abordagem do paciente com risco de suicídio exige vários enfoques. A regra preliminar e fundamental é impedir a morte. Quando existe risco iminente, recomenda-se a internação psiquiátrica, ainda que involuntária. Os pacientes freqüentemente escondem da equipe sua intenção, podendo dar a impressão de melhora e levando, imprudentemente, à alta precoce. Muitos suicidas passam por consultas médicas nos meses que antecedem o ato. O médico que sabe avaliar todos esses dados ajuda bastante no decréscimo das taxas de suicídio (grande valor preventivo). No Brasil, não há um plano nacional de prevenção para este comportamento, cujas medidas deveriam estar incluídas em um plano global para redução de violência, principalmente entre jovens.

CONCLUSÕES DO RELATOR

1) O paciente recebeu atendimento no hospital, não houve omissão de socorro. Foi diagnosticado como doente psiquiátrico, medicado e encaminhado para outro serviço.
2) Ao sair de alta, constatou-se a obrigatoriedade de acompanhamento pelos familiares, devido ao risco suicida.
3) Não temos condições de avaliar os recursos da família para levá-lo com segurança e efetivamente à UBS.

CONSIDERAÇÕES DA REVISORA

Tenho a observar, com relação ao item 3 das conclusões, que se o paciente está sob cuidados do Hospital e deve ser transferido:

1) A responsabilidade de transferência é nossa, e não da família.
2) A UBS só dispensa atendimento ambulatorial.
3) O diagnóstico do paciente indicava necessidade de internação ou apenas de seguimento ambulatorial?

CONSIDERAÇÕES DO RELATOR QUANTO ÀS DA REVISORA

1) Não tenho ciência se o HC realiza transporte para outros serviços de saúde.
2) Não é o diagnóstico que indica internação ou seguimento ambulatorial, mas sim as condições evolutivas clínicas do paciente, que, segundo os dois psiquiatras, estava apresentando melhora sintomatológica.

CONCLUSÃO FINAL

A despeito de não ter havido omissão de socorro e que a intervenção no ambiente do hospital foi adequada na situação de urgência psiquiátrica, sabemos que este tipo de paciente apresenta grande probabilidade de cometer nova conduta autodestrutiva. Não temos um enfoque preventivo eficiente para essa população. O planejamento de um programa de maior envolvimento entre o Instituto de Psiquiatria e Pronto-Socorro, além da rede SUS, seria recomendável. Também recomendamos, quando da alta hospitalar, que as equipes do PS esclareçam devidamente os responsáveis, nos casos de potencialidade suicida, sobre vigilância e translado do paciente para a unidade de saúde encaminhada.

DR. RENATO DEL SANT
Relator
MARIA JOSÉ PARO FORTE
Revisora
Membros da Comissão de Bioética

Parecer aprovado pela CoBi em sessão de 22.06.2006

4

Início e Fim de Vida

Uma das tarefas mais relevantes das Comissões de Bioética, especialmente as hospitalares, é contribuir na discussão de casos clínicos e outras situações que evolvam complexos problemas éticos.

A experiência da Comissão de Bioética do HC e de outras comissões semelhantes, no Brasil e em outros países, indica que dilemas éticos relacionados ao início e fim da vida representam parcela importante das consultas a elas encaminhadas.

Aborto, reprodução assistida, redução embrionária, reanimação na sala de parto, crianças com anencefalia como potenciais doadores de órgãos logo após o nascimento, são apenas alguns exemplos das delicadas situações éticas que ginecologistas, obstetras, pediatras e outros profissionais encontram no seu dia-a-dia profissional.

Por outro lado, sabemos que há no Brasil um número muito grande de pacientes, crianças e adultos, internados em enfermarias ou unidades de terapia intensiva, em fase terminal de doenças graves e incuráveis que estão sendo submetidos a tratamentos de prolongamento da vida, sem que se lhes tenha sido proposta a opção de uma eventual limitação de tratamento. Trata-se de situação que certamente não é peculiar ao Brasil, mas parece ser mais freqüente entre nós que em muitos dos países desenvolvidos.

Os pareceres apresentados neste capítulo abordam, em profundidade, alguns desses dilemas éticos. As reflexões neles contidas, embora não se traduzam – como aliás é o habitual na atividade das Comissões de Bioética – em normas ou diretrizes de conduta, certamente serão valiosas para todos os que se interessam por Bioética.

GABRIEL OSELKA

Parecer CoBi 1999

Assunto: Eutanásia e meios extraordinários de prolongamento da vida

A questão do direito à vida e à morte digna, ou "boa morte" aparece, de forma cada vez mais intensa, nos debates entre médicos, teólogos, filósofos, juristas e leigos, constituindo ponto de grande relevância na relação médico-paciente e na duração da vida, daí a importância de sua discussão em comissões de bioética. A discussão envolve aspectos que apaixonam, e que, de modo geral, acabam por se cristalizar em pólos antagônicos nos diversos grupos sociais, dependendo de como se encare a vida. Assim, de um lado estão aqueles que entendem que a vida humana, por resultar de sopro divino, não pertence aos homens e, portanto, a morte, representando o fim da vida, deve ser resultado de disposição do Criador. A esses se opõem os que entendem que a vida humana pertence a cada pessoa, e que, dessa forma, o poder de disposição que cada um tem quanto a seus interesses, está presente, também, na decisão individual de morrer quando se entender mais adequado. Eutanásia, termo derivado do latim, significa "boa morte". A expressão é utilizada para caracterizar a antecipação da morte natural solicitada a médicos por pacientes que não têm perspectivas de cura da enfermidade que os acomete, e passam por intenso sofrimento, refletido de forma negativa na qualidade de vida. Provavelmente, em função do avanço quer no tratamento de certas moléstias, anteriormente incuráveis, é possível, hoje, manter respirando pessoas cuja morte, até muito recentemente, seria inevitável. Essa parece ser uma das razões pelas quais a questão da eutanásia volta à cena do debate jurídico e médico no País. As maiores facilidades na manutenção da vida, acompanhada de sofrimento para o paciente e seus familiares, os custos financeiros decorrentes do emprego de meios extraordinários, a falta de cobertura securitária, tornam a questão aguda. A antecipação da morte natural, a que decorreria dos desígnios de Deus, por médicos, faz com que se distingam diferentes formas de eutanásia conforme tal intervenção seja ativa ou passiva, isto é, seja comissiva ou omissiva na ministração de drogas. Eutanásia passiva implica omissão de cuidados médicos, não intervenção efetiva do profissional no sentido de provocar a morte do paciente. Forma de provocar a morte, semelhante à eutanásia, mas que com ela não se confunde, é a que os norte-americanos denominam de suicídio assistido. Aqui fica claro que o óbito é desejado pelo próprio paciente e a participação do médico se faz mediante o fornecimento dos meios para que o fim colimado pelo doente – a morte – seja alcançado da forma menos dolorosa possível. Como se percebe, na eutanásia o médico age ou se omite, mas o paciente nada faz. No suicídio assistido o médico prescreve drogas que antecipam o final da vida, mas é decisão do paciente utilizá-las quando quiser. A distinção que pode perecer sutil é importante. No caso de eutanásia tem-se homicídio, no suicídio assistido, não. Pode haver no máximo a idéia de induzimento ao término da vida. Finalmente há que pensar na eutanásia ativa, em que a intervenção do médico no sentido de causar a morte é direta, aplicando ou determinando a aplicação de drogas que antecipem a morte. Eutanásia não se confunde, por qualquer forma, com morte encefálica. É importante deixar claro, que o desligamento de aparelhos, quando constatada a morte encefálica, não pode ser considerado como prática de eutanásia uma vez que essa situação – morte encefálica ou, como equivocadamente dizem alguns, morte cerebral, é definida como morte, *tout court*. O diagnóstico da morte encefálica cabe aos médicos e deve ser elaborado na forma da Lei de Transplantes. Ora, parece evidente que se a morte encefálica é considerada morte, para efeito de transplante, nos termos da respectiva lei, não pode constituir homicídio a remoção de órgãos, aí incluído o coração que ainda bate, para transplante em outro ser humano. A parada cardiorrespiratória subseqüente à morte encefálica não significa outra morte, nova morte. Pois afinal a vida é uma e a morte, igualmente, uma só. Também não significa que o primeiro diagnóstico, o da morte encefálica, estivesse incorreto ou incompleto. Morte há uma só, a encefálica ou a parada cardiorrespiratória, a que for diagnosticada antes. Retomando a questão da eutanásia em suas duas formas, a ativa e a passiva, ainda que, moralmente, a eutanásia ativa e a passiva tenham significação idêntica (realizar ato, ou deixar de realizá-lo – comissão ou omissão – são moralmente idênticas se o objetivo visado for o mesmo), é da forma passiva da morte antecipada que se tratará, até por estratégia, visando à sua aceitação de forma menos traumática pela sociedade. Para tanto, toma-se como ponto inicial da discussão a autonomia do paciente no que concerne a decisões sobre aceitar, ou não, terapêuticas. Tal autonomia em pessoas capazes vem, cada vez mais, sendo aceita e respeitada pelos profissionais da saúde. A dúvida é se autonomia alcança o direito de morrer. A autonomia dos pacientes quanto ao direito de morrer, tal como apresentada por Bridget Dolan, advogada e professora do Departamento de Psicologia Forense da Faculdade de Medicina do Hospital St. George, na Inglaterra, demonstra que o tema é complexo e deve ser analisado com cuidado, começando-se com a discussão do direito à vida em contraste com o direito sobre a vida. Há que enfrentar a aceitação, ou não, do direito ao suicídio, do direito de dispor da vida, bem que recebe especial tutela em qualquer ordenamento jurídico, para, posteriormente, questionar a participação, ativa ou não, dos médicos na concretização de decisão livremente formulada da pessoa de acabar com sua vida. Pergunta inicial que se faz é quanto à distinção entre direito à vida e direito sobre a vida. Quem diz direito à vida, de que cada pessoa é titular, reconhece a existência de uma relação subjacente entre um sujeito e um determinado bem, bem esse cuja indisponibilidade é absoluta. O bem vida não está ligado ao titular para outro fim que o de gozo, por isso acabar com a própria vida é admissível. Quem diz direito sobre a vida entende que a indisponibilidade desse direito afeta terceiros, não, porém, o titular. Logo, partindo da idéia de direito à vida, tanto o suicídio quanto a eutanásia estarão, desde logo, descartados, condenados pela sociedade e assim refletidos nas normas jurídicas. Já com base na idéia do direito sobre a vida é possível fazer-se outra análise e admitir, em certos casos, a interrupção da vida por vontade do interessado. Quem defende que todo homem tem direito à autonomia e à liberdade deságua o direito sobre a própria vida, direito esse cujo caráter originário é natural. Mas, dada a idéia de que é um direito decorrente da natureza do ser humano, tendo valor social, subtrai-se o poder de disposição da vontade individual sobre a vida. Por ter valor social, imagina-se que há entre os homens dever recíproco de manter a própria vida e aquela de outrem, garantindo a manutenção dos grupos. Com base nessa posição jurídico-filosófica é que se extrai a regra de não ser permitido a qualquer pessoa tirar a vida de outrem, ainda que a pedido do interessado. O vínculo social entre os homens tende a conferir à sociedade direito inalienável sobre a vida das pessoas, por isso que dispor da vida não é direito individual. Ao revés, vigora o princípio oposto, o do direito absoluto de preservá-la reconhecida que é valor primário e inviolável em si mesma. Essa é a razão de se afirmar que todos e cada um dos seres humanos têm direito à vida, e, por isso, no direito penal, no campo dos crimes contra a pessoa, aqueles que atentam contra a vida têm punição mais rigorosa do que os que afetam a saúde ou mesmo a integridade corporal das pessoas. Porém a escola jusnaturalista oferece, decorrente do ensinamento de Thomas Hobbes, outra perspectiva no que se refere à vida, aquela de que o ser humano tem direito sobre a própria vida, mas não sobre a vida de outros. Nada obstante, o filósofo afirma que a lei da natureza proíbe que as pessoas pratiquem atos lesivos a sua vida, e que a vontade deva servir para a autopreservação do ser humano, admite que tirar a própria vida não constitui delito reprovável. Assim homicídio é delito reprovável, e suicídio não o é. É nesses ensinamentos que começa a ser delineada a relação entre sujeito e vida e por isso se presume, ou se entende, que o ser humano fará tudo para preservação do próprio corpo, quer da morte quanto do sofrimento, o que permite chegar-se à conclusão de que o valor da vida depende da decisão do sujeito, decisão que se apresentará por meio da manifestação livre, demonstrando plena relação de domínio sobre sua vida. Cada uma das vertentes acima referidas levará a diferente apreciação no que concerne a abreviar a existência do ser humano. Quando se pensa em direito à vida ou direito sobre a vida na duração da existência dos seres humanos, se a decisão for subtraída à sua vontade, perde-se a certeza de que a supressão de uma vida humana constitua ilícito gravíssimo como é o homicídio. Por isso que, até mesmo as normas que admitem a supressão da vida pelo Estado, ao menos nos regimes democráticos, exigem o devido processo legal, e, nem por outra razão, tirar a vida de outrem é delito previsto nas legislações do dito mundo civilizado de forma incisiva. Ainda quando o Estado se arrogue o direito de tirar a vida de certas pessoas (como nos casos de pena de morte) ou de enviá-las para a guerra, provocando a morte de muitos de seus cidadãos, ou de cidadãos de outros países, essas hipóteses, dada aceitação da sociedade quanto à pena de morte, bem como os casos de guerra, não conflitam com o que aqui se discute em termos de eutanásia e direito sobre a vida, que envolverá apenas situações isoladas e individuais, no contexto da relação médico/paciente. Os casos de genocídio, porém, está claro pelo julgamento que as sociedades fazem dessa prática de dispor da vida de outrem, constituem crimes contra a humanidade. Entendo que há aqui uma importante distinção quando se imagina que o Estado tem poder sobre a vida. Em certos casos sim, em outros não. A moral e os valores sociais é que vão determinar os limites para a atuação do Poder Público sobre a vida das pessoas. Ficam afastadas deste estudo as hipóteses de eutanásia coletiva, seja de que tipo for, assim como as individuais que se fundem em motivos meramente utilitaristas, que possam legitimar procedimentos manipulatórios socialmente nocivos, indutores de suicídio ou do homicídio por profissionais da saúde. No que se refere a direito à vida ou sobre a vida, duas possibilidades existem: a) cabe ao Estado decidir sobre a duração da vida, ou b) o Estado deve garantir, a cada um, a realização de seus interesses, inclusive no que concerne à duração de sua vida. É dentro desses planos que se deve mover a discussão da antecipação da morte. Porém é certo que, nada obstante se admita que o homem é senhor de si mesmo, a relação de domínio entre a pessoa e a vida não é reconhecida como igual à relação entre dono e propriedade. O feixe de direitos – usar, gozar e dispor – inerentes ao direito de propriedade sofre restrições quando a vida é seu objeto. No que tange à vida, usar e, especialmente, gozar são direitos reconhecidos, já o dispor sofre restrições. A descriminalização do suicídio demonstra que se aceita o direito de dispor quanto à duração da própria vida, sem que se diga que o titular da vida é seu dono absoluto, pois há sempre algum interesse coletivo na preservação da vida que deve ser observado. A eutanásia fica ainda no campo do direito a dispor da própria vida mediante a colaboração de outrem, o que talvez explique por que os norte-americanos, muito pragmáticos, prefiram a prática do suicídio assistido à da eutanásia. Naquele é o próprio interessado que põe fim a sua vida, ficando o médico sem responsabilidade pelo desfecho. É preciso deixar claro, nessa matéria, titularidade da vida, que se não há dono da vida também não há dono da morte e, portanto, ninguém pode prolongar a vida de outrem, evitando-lhe a morte, à custa de sofrimentos ou do uso de meios extraordinários para mantê-la, quando a qualidade de vida esteja irremediavelmente comprometida e restem ao paciente poucas das funções essenciais. Já se explicou que avanços científico e tecnológico permitem, em muitos casos, manter batimentos cardíacos e ventilação de forma artificial, o que parece indicar manter a vida. (Lembre-se que no caso de morte encefálica, para garantir órgãos para transplante, muitas vezes essas técnicas são utilizadas.) Ora, pergunta-se: será vida a manutenção artificial de certas funções vitais sem que haja vida de relação? Aqui surge como elemento integrador da discussão a qualidade de vida e os problemas daí decorrentes. Dizer qualidade de vida implica reconhecer que se trata de matéria fortemente influenciada por apreciação subjetiva (para quem nunca dançou ou correu, deixar de caminhar pode não representar perda significativa de qualidade de vida). Mas dizer pouca ou nenhuma qualidade de vida, pensar em intenso sofrimento é suficiente para garantir às pessoas o direito de morrer, de provocar ou solicitar a morte? Nesse sentido Dolan, já citada, explica que não há no direito inglês, assim como não há no pátrio, o direito de morrer. Admite-se o suicídio – tirar a própria vida –, e impõe-se penas quando outras pessoas causam a morte de alguém. Fica subjacente a idéia de que a sociedade tem interesse na vida de seus membros e por isso pune sua supressão por terceiros. Dois interesses se contrapõem, o individual e o coletivo. Como combinar o interesse social com o individual, sem que se chegue a extremos de autorizar qualquer pessoa, por motivo fútil, a solicitar a antecipação da morte? Pode-se entender que a autodeterminação das pessoas venha a impedir que terceiros imponham a alguém a obrigação de viver e que, portanto, exista direito à morte voluntária. Autodeterminação liga-se a capacidade e a consentimento informado, com o que se passa ao plano da autonomia individual um dos pilares da bioética atual. Aceitando-se que pacientes possam recusar terapêuticas, especialmente as extraordinárias e não curativas, fica mais simples aceitar-se que tenham direito a morrer, escolhendo morrer com dignidade, com menos sofrimento, morrer melhor ou morrer a boa morte. Em "El Derecho a Vivir el Morir", Pedro Garín discute o direito de morrer com dignidade, abordando o direito de dispor da própria vida. Diz que o direito da pessoa "*in se ipsum*" está subjacente na legalização da eutanásia, pelo que seria de reconhecer o testamento vital, em que fique expresso que o testador conscientemente declara que se, futuramente, estiver em certas condições de saúde, deseja submeter-se a eutanásia e desde logo exime de qualquer responsabilidade quem venha a praticá-la; pode declarar ainda que deseja que sejam suspensos tratamentos terapêuticos quando não houver esperança de cura. É a eutanásia solicitada, aceita na Holanda, contra a eutanásia imposta, existente na Suécia, quando o médico pode, por decisão sua, interromper a manutenção artificial ou extraordinária da vida em pacientes irrecuperáveis ou recém-nascidos com malformações irreversíveis. Para se ter uma idéia do que ocorre no plano das leis em diferentes países, aponta-se o fato de, ano passado, na Austrália, ter sido revogada lei de eutanásia; a Suprema Corte Federal deve manifestar-se quanto ao suicídio assistido, forma de apressar o fim da vida e que é aceito em diferentes estados da federação norte-americana. É sabido que na Holanda a eutanásia praticada por médico não é punida, enquanto que na Suíça, afirma-se que, embora a punição esteja prevista, os Tribunais aceitam argumentos que, na prática, equivalem à descriminalização da eutanásia praticada por médicos no caso de pacientes em estado terminal. A limitante para a inimputabilidade é a impossibilidade de cura do paciente. A idéia de aliviar o sofrimento das pessoas, abreviando-lhes a vida, mesmo aceita em várias legislações, no Brasil está capitulada pelo Código Penal de 1940 como crime. Em verdade trata-se de homicídio cuja pena pode ser reduzida em virtude do motivo altruísta que o informa. Porém, os anseios de muitos podem ser contemplados, pois, no anteprojeto para a reforma do Código Penal, cogita-se desapenar a eutanásia passiva, que se denominará ortotanásia, em situações em que é claro não apenas o sofrimento do paciente bem assim a futilidade, a inutilidade de toda e qualquer tentativa de prolongamento da vida utilizando-se sofisticados equipamentos e técnicas. Da breve descrição do problema, tal como abordado em diferentes países e culturas, evidencia-se a necessidade de discussão desapaixonada, objetiva, se isto é possível, da prática da eutanásia e/ou do suicídio assistido. A expectativa, quando da reforma da lei penal, nos termos do projeto que, no art. 121, dispõe sobre tirar a vida, no que concerne a eutanásia, o seguinte: parágrafo 3º – Se o autor do crime agiu por compaixão, a pedido da vítima, imputável e maior, para abreviar-lhe sofrimento físico insuportável, em razão de doença grave: Pena – Reclusão, de três a seis anos.

Exclusão de ilicitude

Parágrafo 4º – Não constitui crime deixar de manter a vida de alguém por meio artificial, se previamente atestada por dois médicos a morte como iminente e inevitável, e desde que haja consentimento do paciente, ou na sua impossibilidade, de ascendente, descendente, cônjuge, companheiro ou irmão. Assim, mantém-se a regra de redução da pena quando se demonstre que o homicídio foi praticado com a motivação de solidariedade humana em face do sofrimento do paciente, enquanto se exclui a ilicitude, o que significa que não tipifica delito de homicídio deixar de empregar meios extraordinários para manutenção da vida, desde que se trate de morte iminente. Assim, com a discussão, os casos de ortotanásia não serão mais considerados crime, enquanto os de suicídio assistido ou os de eutanásia ativa continuarão a ser delitos penalmente tipificados, embora se preveja redução da pena. A autonomia do paciente, como se vê, constitui elemento fundamental para qualquer discussão séria sobre eutanásia, mesmo no projeto de Código Penal. A falta de respeito ao desejo do paciente de viver, nada obstante em condições que o médico possa reputar más, constituirá crime de homicídio. Antes de explorar a autonomia das pessoas é preciso analisar o art. 5º da Constituição Federal de 1988, que garante a inviolabilidade do direito à vida, à liberdade, à igualdade, à segurança e à propriedade, (...). Será que tal garantia determina a indisponibilidade do direito à vida criminalizando o suicídio e a eutanásia? A resposta deve ser negativa. O que o preceito constitucional faz é tutelar um bem jurídico, a vida, sem alcançar a vontade de morrer e a faculdade de provocar a própria morte. A norma protege a vida contra a ação de terceiros, daí porque o induzimento ao suicídio é tipificado como conduta delitual. A autonomia na escolha entre viver ou não deve ser absoluta, resultar de manifestação livre informada, sem interferência externa de qualquer ordem, especialmente do médico ou do Estado. A primeira questão a enfrentar é: o direito à vida e à liberdade implica ter-se direito sobre a própria vida por força do disposto no preceito constitucional que garante a liberdade de decisão, e não que haja um direito sobre a vida cujo titular seria a sociedade? O interesse social fica restrito pelo interesse individual quando se tratar de matéria que atinge direta e exclusivamente a pessoa. Dispondo a norma fundamental, no inciso X ao art. 5°, que a vida é direito inviolável, e combinando-se direito à vida com sua inviolabilidade é possível concluir que a garantia legal pretende impedir que a pessoa seja levada a atentar contra sua vida e limitar a ação de terceiros nesse campo, mas não a criar absoluta indisponibilidade sobre os próprios interesses. Análise sistemática dos diferentes incisos ao art. 5° pode levar ao entendimento de que o direito à integridade física e à vida é do tipo que se exerce *erga omnes*, de que o titular tem poder de disposição desde que o use livremente? Não, quando se pensa em solicitar a alguém que lhe tire a vida. Não há como extrair, dos preceitos constitucionais citados, nem do art. 196 da Constituição Federal de 1988, fundamento que permita a conclusão de que há um possível direito de pedir a morte amparado em texto legal. Porém não há, igualmente, dever de manter-se vivo em qualquer circunstância, com base nos mesmos textos de lei. Aqui, capacidade e autonomia, na forma do que dispõe o Código Civil, no art. 9° (são plenamente capazes as pessoas naturais que atinjam 21 anos e que não sofram qualquer das restrições previstas no art. 5°, incisos II e III), é que constituirá o fator para avaliação das declarações de vontade. Da legislação infraconstitucional, combinada com preceitos constitucionais, poder-se-á chegar a fórmula que justifique a exclusão de penalizar-se o médico no caso de tirar a vida de outrem em certas circunstâncias. É o que se discutirá na eutanásia, boa morte, morte doce, no presente, pois dizer eutanásia é dizer que alguém, deliberadamente e a pedido do interessado, põe fim à vida deste. Não se deve confundir essa situação com homicídio, culposo ou doloso, pois na eutanásia o motivo para a supressão da vida é piedoso, para evitar sofrimento maior. Claro que se há princípios jurídicos que possam facilitar a colaboração para o término da vida devem basear-se nos princípios da tutela da vida, do consenso e da dignidade humana. Deixando de lado a eutanásia ativa, aquela decorrente de decisão voluntária e não consultada do médico, restam as questões da eutanásia passiva e do suicídio assistido. Passa-se aos casos em que alguém, que deseja terminar com sua vida, seja assistido por médico que: a) suprime medicação ou, b) eventualmente, para reduzir o sofrimento, prescreve doses cada vez maiores de drogas a ponto de provocar a falência dos órgãos de que resultará a morte ou, c) chega ao suicídio assistido (AS), em que o médico prescreve drogas, oferece meios para que o interessado, ingerindo-as, provoque a própria morte. Em qualquer das hipóteses acima devem estar presentes os seguintes requisitos: a) paciente portador de moléstia incurável, segundo o estágio de conhecimento da ciência médica e cujo quadro clínico seja irreversível; b) paciente em fase terminal; c) paciente experimentando sofrimento intenso; d) pessoa que livremente possa manifestar-se, ou que tenha manifestado progressivamente sua vontade de não receber tratamento extraordinário e e) respeito à vontade do sujeito sempre que os primeiros requisitos se apresentem. A verdade é que, a par do diagnóstico e da escolha dos meios mais adequados de tratamento, os profissionais da saúde devem decidir em que medida tais tratamentos, muitas vezes inúteis, devem ser aplicados. Questões éticas, clínicas e legais, além dos aspectos sociais, são cada vez mais aparentes no que concerne aos limites da medicina, especialmente no caso de pacientes portadores de moléstias crônicas e incuráveis. Manter, ou não, tratamentos, cuidados paliativos, empregando meios extraordinários, também conhecidos como meios fúteis, por não levarem à cura mas apenas à manutenção da vida, põe em evidência o dilema da eventual legalização tanto da ortotanásia quanto do suicídio assistido. Por isso que esses casos devem ser distinguidos de outras formas de terminar a vida, exigindo-se que o interessado, sujeito capaz, manifeste sua vontade, de forma inequívoca, atual ou anteriormente; a vontade livremente manifestada é que deve ser respeitada quando se tratar de agente capaz. O respeito à autonomia do paciente é princípio fundamental da bioética e encontra amparo no Código de Ética Médica. É cediço que pessoas capazes, devidamente informadas, podem rejeitar quaisquer tratamentos ou procedimentos terapêuticos, mesmo que isso possa causar sérios danos à saúde ou provocar a morte; tal decisão – recusa de receber tratamento – deve ser respeitada. Além do disposto no Código Civil quanto à capacidade do agente, no caso do paciente que preencha os requisitos para desejar morrer, pode-se pensar, ainda, no direito à honra e à dignidade do ser humano que, eventualmente, estará sendo desrespeitado se lhe for negado o respeito à vontade livremente declarada. Se há um dever jurídico a ser observado pelo médico quanto a tratar as pessoas, há, igualmente, o dever de respeitar-lhes a vontade quando, informados, recusam o tratamento ou o emprego de meios extraordinários que mantêm a vida sem qualidade, segundo entendimento do interessado. Aponta-se algum risco para o profissional da saúde tanto no que concerne à ortotanásia quanto ao suicídio assistido, pois, embora a sociedade aceite, em geral, as práticas, na medida em que se justifica alguém morrer com menos sofrimento, de forma digna, o direito à morte não está previsto na legislação penal pátria. Entretanto, a Lei de nº 10.241, de 17 de março de 1999 do Estado de São Paulo, dá suporte para que os profissionais da saúde permitam a morte de seus pacientes. A citada lei dispõe sobre os direitos dos usuários dos serviços de saúde no Estado e, no art. 2º, disciplina-lhes os direitos individuais. No inciso XXIII desse artigo garante-se ao paciente o direito de recusar tratamentos dolorosos ou extraordinários para tentar prolongar a vida, enquanto que no inciso seguinte faculta-se a opção pelo local da morte. Combinados os dois incisos, encontra-se a base para que se admita a eutanásia passiva, ou ortotanásia, retirando-se aparelhos que artificialmente prolongam a atividade cardiorrespiratória, e que se permita que o usuário vá para sua residência, ou que se transfira para unidade de cuidados paliativos, em hospitais, enquanto se preparam, paciente e familiares, para a morte. A faculdade de recusar tratamentos que provoquem dor sem que com isso fique assegurada a continuidade da vida com qualidade também é forma de reconhecimento do "direito de morrer". A defesa dos profissionais da saúde que optem por respeitar a vontade manifestada de pacientes para que se lhes dêem fim à vida deve basear-se nesse quadro específico a fim de evitar, ademais, que o poder-dever de que está revestido o exercício da arte de curar possa transformar-se em poder de matar. Essa a pior conseqüência de se admitir, sem parâmetros adequados, certas formas de eutanásia, o que poderia, eventualmente, gerar desconfianças sobre o intento do profissional da saúde, de que resultariam o abandono ou fuga de pessoas de hospitais ou clínicas, causando efeito perverso nas relações sociais. A proibição legal, moral e teológica de que um ser humano tire a vida de seu semelhante pode ser afastada se atendidos os seguintes pré-requisitos: a) no que concerne à irreversibilidade do quadro clínico do paciente e de ser ele terminal, a avaliação de estar o sujeito em estado terminal depende do médico, obedecidas as regras informadoras da atividade e observado o estado do conhecimento na ocasião; b) a manifestação de vontade deve ser pessoal, anterior ou atual, declarada pela pessoa interessada. Manifestação prévia deve ser ratificada pelo declarante; tendo em vista a aceitação da recusa a receber tratamento, será possível que, havendo manifestação sistemática contra procedimentos terapêuticos, se depreenda a vontade de morrer manifestada de forma implícita; c) no caso específico do complexo Hospital das Clínicas da Faculdade de Medicina da USP, por força do termo de responsabilidade, em que o paciente capaz tenha indicado no Termo de Responsabilidade, familiar ou não, para na hipótese de tornar-se incapaz de livremente manifestar sua vontade quanto a receber tratamentos, ouvir-se-á referido responsável indicado sempre que a manifestação do interessado seja impossível. Pressuposto é que, se o responsável indicado pode recusar a ministração de medicamentos ou as terapêuticas indicadas, pode, no limite, solicitar a remoção de aparelhos, o que equivale a solicitar seja praticada a ortotanásia; d) a manifestação do interessado deverá ser documental, contendo ainda as informações prestadas pela equipe de saúde, de forma a se assegurar tratar-se de consentimento informado, base de toda a discussão bioética da relação médico-paciente; e) a dispensa de meios extraordinários para a manutenção da vida, sem probabilidade de cura, também deve estar documentada, para que não fique caracterizada omissão de socorro. A eutanásia não consentida deve ser proibida, assim como não deve ser praticada a eutanásia a pedido de familiares quando não tenha havido prévia ou atual manifestação do paciente.

Para fins de clareza, consideram-se meios extraordinários de manutenção da vida quaisquer procedimentos terapêuticos que representam medidas paliativas e não curativas, que apenas prolonguem a vida, sem benefícios maiores para o interessado. A internação em Unidades de Terapia Intensiva, nos casos de paciente terminal, apenas para prolongamento de vida, sem qualquer possibilidade de recuperação, poderá ser considerada meio extraordinário de prolongar a vida, tal como é mantê-lo ligado a aparelhos para garantir a respiração e outros assemelhados, sem que haja prognóstico de possível recuperação, ainda que parcial, da saúde. Se se reconhece o direito sobre a vida, e não, como querem alguns, direito à vida *tout court*, o direito não pode redundar em obrigação de viver contra a vontade do interessado. Claro que devem ser afastadas da possibilidade de dispor da vida aquelas pessoas que estejam em fase depressiva, os fisicamente deficientes que reclamam de qualidade de vida, sob pena de se abrirem vias que confrontarão algumas das regras institucionais que têm que ver com a preservação da espécie e com a manutenção da vida em sociedade. Não é disso que se cogita. Impor a obrigação de viver a qualquer pessoa pode ser tão cruel quanto parece para alguns a aceitação do suicídio assistido. Em face do que se conclui que a eutanásia, para ser descriminalizada, ou, ao menos não apenada, deve ser praticada por médico e só por esse profissional da saúde, nas hipóteses de cura impossível, paciente terminal e vontade expressa manifestada ou reconfirmada na oportunidade, para ter segurança de que se trata de consentimento informado, real e atual.

DRA. RACHEL SZTAJN
Membro da Comissão de Bioética

Parecer aprovado pela CoBi em sessão de 22.07.1999

Ilmo. Sr.
Diretor Clínico do HCFMUSP

A Comissão de Bioética, em sessão de 22 de julho de 1999, concluiu o trabalho referente a "*EUTANÁSIA E MEIOS EXTRAORDINÁRIOS DE PROLONGAMENTO DA VIDA*", uma das tarefas estabelecidas por Vossa Senhoria, dentro do Programa de Trabalho para o exercício de 1999, considerando em suma:

A questão do direito à vida e à morte digna, ou "boa morte" aparece, de forma cada vez mais intensa, nos debates entre médicos, teólogos, filósofos, juristas e leigos, constituindo ponto de grande relevância na relação médico-paciente e na duração da vida.

Eutanásia, termo derivado do latim, significa "boa morte". A expressão é utilizada para caracterizar a antecipação da morte natural solicitada a médicos por pacientes que não têm perspectivas de cura da enfermidade que os acomete, e passam por intenso sofrimento, refletido de forma negativa na qualidade de vida.

As maiores facilidades na manutenção da vida, acompanhada de sofrimento para o paciente e seus familiares, os custos financeiros decorrentes do emprego de meios extraordinários, a falta de cobertura securitária, tornam a questão aguda.

Há duas formas de eutanásia, a ativa e a passiva, que, moralmente, têm significação idêntica (realizar ato ou deixar de realizá-lo – comissão ou omissão), mas é da forma passiva de morte antecipada que se tratará, até por estratégia, visando à sua aceitação de modo menos traumático pela sociedade. Para tanto, toma-se como ponto inicial da discussão a autonomia do paciente no que concerne a decisões sobre aceitar, ou não, terapêuticas. Tal autonomia, em pessoas capazes, vem, cada vez mais, sendo aceita e respeitada pelos profissionais da saúde.

Observa-se que, se há princípios jurídicos que possam facilitar a colaboração do médico para o término da vida, devem basear-se nos princípios da tutela da vida, do consenso e da dignidade humana. Deixada de lado a eutanásia ativa, decorrente de decisão do médico, e não consenso, restam as questões da eutanásia passiva e do suicídio assistido. Passa-se aos casos em que alguém, que deseja terminar com sua vida, seja assistido por médico que: a) suprime medicação ou, b) eventualmente, para reduzir o sofrimento, prescreve doses cada vez maiores de drogas a ponto de provocar a falência dos órgãos, de que resultará a morte ou, c) chega ao suicídio assistido (SA), em que o médico prescreve drogas, oferece meios para que o interessado, ingerindo-as, provoque a própria morte. Em qualquer das hipóteses acima devem estar presentes os seguintes requisitos: a) paciente portador de moléstia incurável, segundo o estágio de conhecimento da ciência médica e cujo quadro clínico seja irreversível; b) paciente em fase terminal; c) paciente experimentando sofrimento intenso; d) pessoa que livremente possa manifestar-se, ou que tenha manifestado anteriormente sua vontade de não receber tratamento extraordinário e e) respeito à vontade do sujeito sempre que os primeiros requisitos se apresentem. A verdade é que, a par do diagnóstico e da escolha dos meios mais adequados de tratamento, os profissionais da saúde devem decidir em que medida tais tratamentos, muitas vezes inúteis, devem ser aplicados. Questões éticas, clínicas e legais, além dos aspectos sociais, são cada vez mais aparentes no que concerne aos limites da medicina, especialmente no caso de pacientes portadores de moléstias crônicas e incuráveis.

Manter, ou não, tratamentos e cuidados paliativos, empregar meios extraordinários, também conhecidos como meios fúteis, por não levarem à cura mas apenas à manutenção da vida, põe em evidência o dilema da eventual legalização tanto da ortotanásia quanto do suicídio assistido. Para fins de clareza, consideram-se meios extraordinários de manutenção da vida quaisquer procedimentos terapêuticos que representam medidas paliativas e não curativas, que apenas prolonguem a vida, sem benefícios maiores para o interessado. A internação em Unidades de Terapia Intensiva, para garantir a respiração e outros assemelhados, sem que haja prognóstico de possível recuperação, ainda que parcial, da saúde. Por isso que esses casos devem ser distinguidos de outras formas de terminar a vida, exigindo-se que o interessado, sujeito capaz, manifeste sua vontade, de forma inequívoca, atual ou anteriormente. A vontade livremente manifestada é que deve ser respeitada quando se tratar de agente capaz. O respeito à autonomia do paciente é princípio fundamental da bioética e encontra amparo no Código de Ética Médica. Ademais, a Lei de nº 10.241, de 17 de março de 1999 do Estado de São Paulo (anexo), dá suporte para que os profissionais da saúde permitam a morte de seus pacientes. A citada lei dispõe sobre os direitos dos usuários dos serviços de saúde no Estado e, no art. 2º, disciplina-lhes os direitos individuais. No inciso XXIII desse artigo garante-se ao paciente o direito de recusar tratamentos dolorosos ou extraordinários para tentar prolongar a vida, enquanto que no inciso XXIV faculta-se a opção pelo local da morte. Combinados os dois incisos, encontra-se a base para que se admita a eutanásia passiva, ou ortotanásia, retirando-se aparelhos que artificialmente prolongam a atividade cardiorrespiratória, e se permite que o usuário vá para sua residência ou se transfira para unidade de cuidados paliativos, enquanto se preparam, paciente e familiares, para a morte. A faculdade de recusar tratamentos que provoquem dor sem que com isso fique assegurada a continuidade da vida com qualidade também é forma de reconhecimento do "direito de morrer".

A defesa dos profissionais da saúde que optem por respeitar a vontade manifestada de pacientes para que se lhes dê fim à vida deve basear-se nesse quadro específico a fim de evitar, ademais, que o poder-dever de que está revestido o exercício da arte de curar possa transformar-se em poder de matar.

A proibição legal, moral e teológica de que um ser humano tire a vida de seu semelhante pode ser afastada se atendidos os seguintes pré-requisitos: a) no que concerne à irreversibilidade do quadro clínico do paciente e de ser ele terminal, a avaliação de estar o sujeito em estado terminal, depende de laudo ou parecer médico, obedecidas as regras informadoras da atividade e observado o estado do conhecimento no momento; b) a manifestação de vontade deve ser pessoal, anterior ou atual, declarada pela pessoa interessada. Manifestação prévia deve ser ratificada pelo declarante. Tendo em vista a aceitação da recusa a receber tratamento, será possível que, havendo manifestação sistemática contra procedimentos terapêuticos, se depreenda a vontade de morrer, manifestada de forma implícita; c) no caso específico do complexo Hospital das Clínicas da Faculdade de Medicina da Universidade de São Paulo, por força do Termo de Responsabilidade já implantado, a indicação pelo paciente, de familiar, ou não, para que, na hipótese de tornar-se incapaz, livremente manifestar sua vontade quanto a receber tratamentos, seja ouvido o referido responsável indicado se a manifestação do interessado for impossível. Pressuposto é que, se o responsável indicado pode recusar a ministração de medicamentos ou as terapêuticas indicadas, pode, no limite, solicitar a remoção de aparelhos, o que equivale a solicitar seja praticada a ortotanásia; d) a manifestação do interessado deverá ser documental, contendo ainda as informações prestadas pela equipe de saúde, de forma a se assegurar tratar-se de consentimento informado, base de toda a discussão bioética na relação médico-paciente; e) a dispensa de meios extraordinários para a manutenção da vida, sem probabilidade de cura, também deve estar documentada para que não fique caracterizada omissão de socorro.

A eutanásia não consentida deve ser proibida, assim como não deve ser praticada a eutanásia a pedido de familiares quando não tenha havido prévia ou atual manifestação do paciente. Se se reconhece o direito sobre a vida, e não, como querem alguns, direito à vida *tout court*, o direito à vida não pode redundar em obrigação de viver contra a vontade do interessado. Claro que devem ser afastadas da possibilidade de dispor da vida aquelas pessoas que estejam em fase depressiva, os fisicamente deficientes que reclamam de qualidade de vida, sob pena de se abrirem vias que confrontarão algumas das regras institucionais que têm que ver com a preservação da espécie e com a manutenção da vida em sociedade. Não é disso que se cogita. Impor a obrigação de viver a qualquer pessoa pode ser tão cruel quanto parece para alguns a aceitação do suicídio assistido. Em face do que se conclui que a eutanásia, para ser descriminalizada, ou, ao menos não apenada, deve ser praticada por médico e só por esse profissional da saúde, nas hipóteses de cura impossível, paciente terminal e vontade expressa manifestada ou reconfirmada na oportunidade, para ter segurança de que se trata de consentimento informado, real e atual.

CoBi, em 26 de agosto de 1999

PROF. MARCO SEGRE
Presidente
Comissão de Bioética

Parecer CoBi 2000

Assunto: Interrupção da gestação (Cardiopatia grave)

A questão sobre o abortamento, além dos aspectos bioéticos, deve ser examinada também sob os pontos de vista deontológico e jurídico.

Com relação à Ética Profissional, o Capítulo III do Código de Ética Médica que versa sobre a responsabilidade profissional, prevê em seu Artigo 43 - "É vedado ao médico descumprir a legislação específica nos casos de transplantes de órgãos ou tecidos, esterilização, fecundação artificial e abortamento".

O Código Penal, representando a legislação, afasta a antijuricidade nos casos de abortamento sentimental e nos casos de abortamento necessário. Esta se configura na situação prevista no Artigo 128 deste Código – "Não se pune o aborto quando praticado por médico se não há outra maneira de se salvar a vida da gestante".

Por outro lado, é inquestionável respeitar-se a autonomia da paciente, aliás, sua manifestação livre e clara após ampla informação é um aspecto primordial e insubstituível, neste caso especificamente, já que a mesma mantém capacidade crítica para a tomada de decisão.

Quanto à necessidade da interrupção da gestação no interesse de salvaguardar a vida da paciente como no presente caso, em se tratando de ausência da unanimidade entre aqueles que se responsabilizam por sua assistência, recomenda-se, por medida de precaução, solicitar consultoria para especialista de comprovada experiência nos cuidados à doença em tela, ou seja, a cardiopatia grave como complicações tromboembólicas.

Evidentemente, por conseqüência desta atitude, torna-se claro que a decisão se pautará no laudo expresso pelo consultor.

Este é o meu parecer.

SEIZO MIYADAHIRA
Membro da Comissão de Bioética

Parecer CoBi 001/2006

Assunto: Transplante de Coração utilizando como doador criança anencefálica
Solicitante: Diretoria Clínica

HISTÓRICO

Em dezembro de 2005 houve solicitação de parecer do Conselho Diretor do Instituto do Coração do HCFMUSP "a respeito da possibilidade de realizar transplante de coração em criança portadora de hipoplasia do coração esquerdo, utilizando como doador criança anencefálica". O procedimento havia sido autorizado pela Secretaria de Estado da Saúde de São Paulo e Ministério da Saúde, mas, frente às divergências jurídicas que cercam a questão, a equipe de transplante cardíaco apenas realizaria o transplante com a anuência da direção do InCor.

Embora o solicitante afirme em sua carta que o procedimento foi autorizado pelos órgãos competentes do Ministério da Saúde e Secretaria de Estado da Saúde de São Paulo, os documentos oficiais anexados não trazem esta informação de maneira clara. O documento do Ministério da Saúde, datado de 13 de janeiro de 2005, afirma que "esta coordenação-geral do Sistema Nacional de Transplantes considera que, em conformidade com a Lei vigente, não é possível admitir anencéfalo como cadáver e declara improcedente a doação de órgãos em caso de anencefalia e a realização de captação de órgãos nesses casos, em território nacional, salvo após parada cardíaca irreversível ou falência de todo o encéfalo, caracterizando situação de doação de órgãos de cadáver". O documento do Sistema Estadual de Transplante da Secretaria de Estado da Saúde de São Paulo, emitido por seu coordenador em 08 de dezembro de 2005 e encaminhado ao InCor, parece corroborar posição do Ministério da Saúde ao afirmar que "esta Central de Transplantes recebeu em 13/01/05 o ofício CGSNT/DAE/MS nº 023 do Sistema Nacional de Transplante, orientação quanto ao doador anencéfalo". O referido documento é o que foi supracitado e não autoriza a utilização de doador anencéfalo. O documento emitido pela Secretaria da Saúde menciona a resolução do Conselho Federal de Medicina nº 1.752/04 que regulamenta o uso de órgãos retirados de doador anencéfalo.

Esta Resolução, anexa ao pedido, autoriza, desde que consentido pelos pais, o uso de órgãos e/ou tecidos do anencéfalo, após seu nascimento. O fundamento para esta autorização é o entendimento do anencéfalo como "natimorto cerebral (por não possuir os hemisférios cerebrais)", como consta em um dos considerandos do referido documento do Conselho Médico.

Os documentos anexos que dão conta da autorização conseguida pelo pai da criança que necessitava do transplante são notícias veiculadas pela Internet.

O Conselho Diretor do InCor tomou conhecimento do pedido e da documentação a ele anexa em 15 de dezembro de 2005 e decidiu "em princípio não avalizar o procedimento sem antes submeter a documentação a um parecer jurídico".

A assessoria jurídica do InCor opina que "por cautela, nada obsta também a iniciativa institucional de ingressar com medida judicial pertinente, com a finalidade de assentar autorização específica para o procedimento pretendido, a qual merecerá inclusive apreciação do Ministério Público". Acrescenta, ainda, que "dada a magnitude e repercussão que o assunto representa, recomendamos também sua apreciação pela Comissão de Bioética deste Hospital. O encaminhamento a esta Comissão ocorreu em 03 de janeiro de 2006, por meio de solicitação de parecer do diretor clínico do HCFMUSP, sendo designados o parecerista e revisor na sessão de 23 de fevereiro de 2006.

PARECER DA RELATORA

O primeiro ponto que deve ficar claro é que está em discussão o uso de órgãos de anencéfalo nascido e cuja doação conta com autorização dos pais, já que esta é a situação que demandou a consulta à Comissão de Bioética, e os pareceres neste âmbito, sem cair em casuísmo, devem ser deliberados caso a caso, a fim de se poderem analisar as circunstâncias e especificidades de cada situação. É desnecessário ponderar que a deliberação envolvendo interrupção de gestação requereria outras considerações de natureza técnica, ética e legal que confeririam outros nuances ao cenário em questão. Da mesma forma, em consonância com a trajetória desta comissão, não se faz necessário retomar a essencialidade do respeito à autonomia dos pacientes ou seus responsáveis e a acolhida devida ao desejo de doar manifesto pelos pais de uma criança com anencefalia. Neste sentido, é oportuno mencionar o que afirmam Kipper e Hossne (1998) no volume 6 da Revista Bioética do Conselho Federal de Medicina: "a vontade do casal – de doar os órgãos de seu filho anencéfalo, após o nascimento, para transplante –, esse desejo, merece todo o respeito e acolhida possíveis. Serão irrelevantes, para essa acolhida, as razões do casal (benemerência, realização pessoal, etc.), razões essas com as quais cada um de nós poderá, ou não, concordar."

As questões que se interpõem na situação em análise são de natureza técnica e ética, incluindo, no primeiro caso, os pontos relativos à adequação e aplicabilidade dos atuais critérios para determinação de morte encefálica aos casos de anencefalia; viabilidade dos órgãos e tecidos; demanda de órgãos de crianças; oferta de doador nesta condição; o sofrimento causado pela manutenção da vida até a retirada dos órgãos; custos e financiamento. Quanto à natureza ética, o cerne parece estar na consideração moral devida às crianças com anencefalia, que não terão possibilidade alguma de uma vida relacional, e mesmo a vida biológica manter-se-á por tempo bem reduzido, já que este diagnóstico prenuncia uma situação de impossibilidade de vida prolongada após o nascimento, considerados os atuais níveis de desenvolvimento científico. É claro que este parecer não tem a pretensão de esgotar esta discussão, abarcando toda sua amplitude. O que se quer é apontar os pontos principais do encontrado na literatura pertinente; do discutido, preliminarmente, pela Comissão e do exposto pelos expertos em transplante e neurologia consultados nas reuniões.

Quanto à demanda de órgãos, em crianças, o tamanho do órgão é um fator a mais a limitar a oferta. Os potenciais doadores seriam crianças, e a morte nesta faixa etária deve-se a uma doença ou a maus-tratos, asfixia perinatal, cirurgias, afecções perinatais e outras que, igualmente, inviabilizam a doação dos órgãos. O anencéfalo, apesar de sua grave má formação, dispõe de órgãos viáveis para o transplante, desde que se lhe ofereça suporte vital para que sua condição, antes da morte, não se deteriore a ponto de causar hipoxemia nos outros órgãos.

Neste sentido vale citar novamente Kipper, que em artigo referido anteriormente afirma: "Na maioria dos países ocidentais, o critério de morte é morte encefálica, que presume a cessação total e irreversível de todas as funções cerebrais. Ao usarmos recém-nascidos anencefálicos como doadores, estaremos utilizando órgãos de pessoas vivas, independentemente do seu nível de consciência ou expectativa de vida. Nesse caso, a decisão de doar os órgãos é legitimamente dos pais, por procuração. Mas a decisão por procuração só é legítima se visa aos melhores interesses da pessoa representada. Sacrificar alguém com o único objetivo de beneficiar outro é imoral". A despeito de concordarmos, ou não, com a afirmação acerca da imoralidade de sacrificar uma criança sem chance alguma de vida para oferecer possibilidade de vida a outra, o que fica claro é que temos uma questão técnica que nos remete a uma polêmica ética.

Diego Gracia, bioeticista espanhol, afirma que boa parte das pendências éticas na clínica surge por questões técnicas mal resolvidas. Parece este o caso, entretanto, a questão técnica não fica mal resolvida por limitação técnica do serviço ou equipes, mas pelo atual estado da arte, incluindo aqui a questão legal. O critério de morte encefálica é um critério de lesão de tronco cerebral, e o anencéfalo tem tronco cerebral. Assim, o anencéfalo pode ser doador de órgãos como qualquer pessoa, sob os mesmos critérios para ser declarado morto e se tornar doador cadáver. Seria simples não fosse a dificuldade para determinar a morte encefálica em um anencéfalo, em que pese o quão parece paradoxal aguardar a morte encefálica de um bebê anencéfalo, como afirma Segre (1998). Vários países aceitam apenas os aspectos clínicos como critério de morte encefálica. No Brasil, há exigência de exames complementares, como arteriografia, eletroencefalograma, cintilografia de fluxo. Mas de modo geral, pondera Kipper (1998), "não há discrepância entre o diagnóstico clínico e o diagnóstico complementar, quer dizer, quando clinicamente o neurologista caracteriza aquele paciente como morto, ele usualmente é também considerado morto nos exames complementares". Neste sentido, vale assinalar, salvo engano de parte desta relatora, houve discrepância entre os consultores *ad hoc* ouvidos pela comissão, com o neurologista afirmando a possibilidade de se aplicarem aos anencéfalos os critérios atuais de morte encefálica definidos na Resolução do CFM e o especialista em transplante deixando claro que isto não seria possível. Talvez um estivesse se referindo à questão clínica e o outro aos exames complementares. De qualquer forma, como afirma Antonio Carlos Mendes (1998), "a síntese de tudo é o problema da morte encefálica". Pondera este advogado que "se caracterizar morte encefálica presumo não haverá nenhum problema, é quase consensual a decisão da possibilidade de doação de órgãos". Sem querer reduzir a questão, parece que é ponto-chave para podermos acolher o desejo dos pais de doador e receptor, sem mencionar a disponibilidade da equipe e serviço em realizar o procedimento, discutir a questão de novos critérios para a definição de morte encefálica.

Cônscio desta necessidade, o Conselho Federal de Medicina emitiu resolução mencionada no resgate histórico dos fatos. Entretanto, parece partir de um pressuposto equivocado de que morte encefálica e anencefalia seriam sinônimos, ao considerar o feto anencéfalo como natimorto. Este equívoco pode ser visto no âmbito técnico, pois a OMS define como natimorto o feto com mais de 500 g de peso e que não tem evidências de vida depois de nascer. Ora se a criança com anencefalia respira, mama e esboça movimentos, isto não pode ser considerado como ausência de evidência de vida após o nascimento. Ainda neste sentido convém considerar definição da Classificação Internacional de Doenças que trata natimorto como óbito fetal tardio, ou seja, o óbito ocorrido antes da expulsão ou extração do corpo materno de um produto de concepção. Também parece não ser este o caso do anencéfalo. "Natimorto cerebral" mais bem soa como um arranjo semântico, ainda que bem intencionado com vistas a resolver questão polêmica, já que os critérios atuais para determinação de morte são difíceis de serem aplicados aos anencéfalos, e esperar a parada cardiorrespiratória pode comprometer a viabilidade dos órgãos para doação, pois é bem conhecido que, à medida que o tempo passa, diminuem muito as possibilidades de se dispor de órgãos viáveis para transplante. Este fato foi bem discutido por ocasião da entrevista com o especialista em transplante na reunião da Comissão.

É bom destacar que se toma como pressuposto neste parecer a condição humana do anencéfalo, de maneira contrária não faria sentido discutir os critérios para determinação de morte e retirada de órgãos. Considerar o anencéfalo como ser humano parece o pensamento mais hegemônico, embora não único. Até mesmo quando o CFM o assume, em sua Resolução, como natimorto, está por trás deste entendimento, parece-nos, o pressuposto de que o anencéfalo é ser humano, pois não parece razoável, ou usual, considerar "natimorto" um agrupamento de células.

Como dissemos, considerar o anencéfalo como ser humano não é unânime. Assim opina Schramm (1998) "é preciso dizer que existe uma diferença substantiva entre um feto anencéfalo e um indivíduo que, por alguma razão, teve morte encefálica. No primeiro caso, nunca houve de fato um indivíduo que em algum momento de sua vida pode conceber-se e ser concebido como indivíduo em vida relacional, quer dizer, nunca houve de fato uma pessoa, nem potencial (visto que a potencialidade implica que ela se atualize em algum momento, o que está excluído *a priori* pela condição de anencéfalo, como nos ensina o diagnóstico baseado em critérios neurológicos); no segundo caso, ao contrário, esta característica já existiu e se perdeu."

Porém, com Fabri (1998) concordamos que "sem receios, podemos admitir que os critérios de humanização do ser humano têm raiz nos diferentes momentos culturais da humanidade e de seus contextos. Critérios baseados nas informações sobre o próprio feto; critérios ideológicos e interpretativos do ser humano; critérios oriundos de uma consideração de conflitos situacionais. (....) Mas a validade de tais critérios deve ser examinada constantemente pela ética, pois esta não se compõe simplesmente de moralidades estabelecidas. Em nosso tempos, uma tendência é buscar na razão instrumental os critérios para quando e como 'humanizar'. Isto leva a conferir valor e dignidade ao ser humano, pelo crivo de sua funcionalidade, eficiência, utilidade, previsão de duração de vida. Vidas sem tais perspectivas são descaracterizadas e descartadas. O ser humano seria um instrumento dispensável quando já não servisse".

O autor apresenta uma contraproposta que nos parece vir ao encontro do propósito da bioética como proposto por Potter ao ponderar que este novo campo do conhecimento não é simplesmente uma tarefa cognitiva, mas uma empreitada para o espírito humano, em cuja estrutura de pensamento que a suporta subjaz um discurso que visa garantir os interesses de grupos e indivíduos socialmente vulneráveis:

"Uma contraproposta é colocar o ser humano anencéfalo na rede de relações simbólicas que superam as meras eficiências instrumentais. Fruto de uma gestação biológica humana, coloca-se no contexto de um ser humano em formação. Seus graves limites não legitimam sua destruição ou a utilização de seus órgãos, pois nele se adensam significados humanos que levam a respeitá-lo em seus próprios limites. Respeitá-lo, assim, é respeitar a nossa própria condição em suas potencialidades e limitações, pois, em última análise, não temos bases suficientemente sólidas para separar os fetos e os neonatos anencéfalos das origens e processos comuns da formação de nosso próprio ser".

Se o anencéfalo é ser humano, goza de dignidade. Dignidade, como afirma Junges (1999), não é apenas uma categoria antropológica, expressa também um conteúdo ético e levanta exigências neste sentido. A dignidade não se refere a uma natureza abstrata, etérea, mas a seres concretos, situados historicamente, com suas possibilidades e limites sociais e biológicos. Cada ser humano, nos lembra o autor, "é pessoa por ser um indivíduo único e insubstituível". A dignidade não admite privilégios ou privações, pois não é atributo outorgado, e sim qualidade inerente do ser humano, uma qualidade axiológica que não admite mais ou menos. É um *a priori* ético comum a todos os seres humanos que serve para incluir a todos, e não para excluir alguns que não interessam. O autor destaca que "em sua significação práxica, a categoria ética de dignidade tem uma orientação preferencial para aqueles cuja dignidade humana está desfigurada ou diminuída na sua expressão. Neste sentido, ajuda, por um lado, a corrigir possíveis reducionismos aos quais o ser humano pode ser submetido, por outro, a orientar a ação para a meta da humanização".

No caso do anencéfalo, a desfiguração anatômica, as limitações funcionais, relacionais e a ausência de possibilidades de vida prolongada podem obscurecer, por vezes, o reconhecimento da dignidade humana nestes seres. É preciso caminhar com prudência e sabedoria nestes casos para não se decidir por critérios utilitaristas, por mais bem intencionados que possam parecer.

Negar a alguém, especialmente os mais fracos, seu direito à vida sob alegação de que não é pessoa, parece-nos voltar, como pondera Junges (1999), a mesma "discussão bizantina do início da colonização em que se perguntava se o índio e o negro eram ou não pessoas, com o intuito de escravizá-los e discriminá-los em seus direitos inalienáveis."

A situação é complexa e temos que cuidar para não cair na perplexidade. Então, assumindo a provisoriedade em nossos discernimentos éticos aplicados à situação, que rumos apontar? Das discussões prévias a este parecer mantidas pela comissão e das leituras feitas, parece claro que urge uma discussão de novos critérios para definição de morte dos anencéfalos que, sem lhes impor sofrimento, trato indigno ou lançar mão de critérios meramente utilitários, também não imponha situação de indignidade a quem precisa do transplante para concretizar suas possibilidades de vida. Entretanto, esta questão requer tempo e não parece ser passível de solução em curto prazo ou do âmbito exclusivo desta comissão. Fica aqui o indicativo da urgência desta discussão.

Assim, considerando que a retirada de órgãos de doadores cadáveres, incluindo-se fetos e crianças, vem sendo mais aceita pela sociedade, a alternativa de ação menos polêmica e que parece ser a possível para o momento é a que admite a realização do transplante, desde que autorizado pelos pais de doador e receptor, quando sobrevier a morte do anencéfalo. Esta, na impossibilidade de aplicação dos critérios para definição de morte encefálica com a realização dos exames complementares exigidos, e na ausência de outros critérios, como a suficiência do diagnóstico clínico de morte encefálica, seria reconhecida quando da parada cardiorrespiratória, ainda que se corra o risco de inviabilizar o uso dos órgãos. Esta condição, é claro, deveria ser esclarecida para os pais no processo de consentimento de doação e transplante dos órgãos.

Cabe aqui ponderar, tendo em vista o reconhecimento da dignidade humana da vida do anencéfalo, que, da mesma forma que não se pode abreviar ainda mais sua vida, também não se deve prolongá-la com emprego de medidas extraordinárias. Como afirma Fabri "duvido que se houvesse recursos técnicos para tanto, eticamente devêssemos fazer esforços para prolongar a vida de um neonato anencéfalo. Como também, seria eticamente inaceitável, se houvesse meios, prolongar sua vida para torná-lo um banco de órgãos em disponibilidade. Isto significa que há um respeito por sua condição humana, e ao mesmo tempo uma acolhida a sua morte previsível e admissível".

Segre e Hossne, discutindo o uso de tecido fetal para transplante, alertam que "consideram-se inaceitáveis as práticas, realizadas em alguns centros médicos, inclusive no Brasil, em que se mantém em vida feto inviável, artificialmente, com o objetivo único de preservar a integridade dos tecidos a serem transplantados".

Depois das considerações deste parecer e dos tímidos passos que foi possível caminhar, parecem evidentes as considerações de Potter de que a bioética é antes de tudo o fruto vagaroso de uma ampla consulta dialogal das várias correntes culturais ou religiosas no intuito de elaborar algum consenso acerca da avaliação criteriosa que deve distinguir as inovações que convém incentivar e as práticas que parecem desaconselháveis ou intoleráveis para a saúde presente e futura das populações da Terra ou para a dignidade das pessoas. Além disto, considera que os entendimentos bioéticos têm alcance político, mas não devem se contentar com mais regulamentações, ainda que sejam necessárias e devam ser cuidadosamente preparadas e pensadas. Os regulamentos promulgados têm de ser implementados, vigiados, fiscalizados, sancionados, ora para manter a ordem social, ora para fazê-la progredir, na direção de melhor qualidade de vida para todos.

Estas ponderações parecem-me pertinentes e prudenciais para balizar a continuidade de nossas discussões nesta situação.

PARECER EM REVISÃO

Trata-se, como consta do bem elaborado parecer da Profª Elma Zoboli, de 31-7-06, do uso de órgãos de anencéfalo nascido, mediante autorização dos pais.

Alguns pontos básicos resultaram firmados:

1) A condição humana do anencéfalo. Acrescentamos: o anencéfalo porta vida, e vida, conforme José Afonso da Silva, é "um processo (processo vital), que se instaura com a concepção (ou germinação vegetal), transforma-se, progride, mantendo sua identidade, até que muda de qualidade, deixando, então, de ser vida para ser morte. Tudo que interfere em prejuízo deste fluir espontâneo e incessante contraria a vida". ("Curso de Direito Constitucional Positivo", Ed.

Malheiros, S. Paulo, 2006, p. 197). A Constituição Federal, artigo 5º, garante a inviolabilidade do direito à vida.

2) Se o anencéfalo é ser humano, goza de dignidade.

3) "Dignidade da pessoa humana" é um dos fundamentos do Estado Brasileiro, conforme artigo 1º, III, da Constituição Federal, a ser observado soberanamente, por todos.

4) Urge uma discussão de nossos critérios para a definição de morte dos anencéfalos ("que, sem lhes impor sofrimento, trato indigno ou lançar mão de critérios meramente utilitários, também não imponha situação de indignidade a quem precisa do transplante para concretizar suas possibilidades de vida. Entretanto, esta questão requer tempo e não parece ser passível de solução em curto prazo ou do âmbito exclusivo desta Comissão. Fica aqui o indicativo da urgência desta discussão").

Defrontam-se, nesta situação, as dignidades de dois seres humanos. Haveria uma "escala de valores" a observar? Parece-nos que não.

5) "A alternativa de ação menos polêmica, e que parece ser a possível para o momento, é a que admite a realização do transplante, desde que autorizado pelos pais de doador e receptor, quando sobrevier a morte do anencéfalo. Esta, na impossibilidade de aplicação dos critérios para definição de morte encefálica com a realização dos exames complementares exigidos, e na ausência de outros critérios, como a suficiência do diagnóstico clínico de morte encefálica, seria reconhecida quando da parada cardiorrespiratória, ainda que se corra o risco de inviabilizar o uso dos órgãos. Esta condição, é claro, deveria ser esclarecida para os pais no processo de consentimento de doação e transplante dos órgãos".

Manifestamo-nos de acordo, portanto, com os pontos básicos supra-elencados do R. Parecer sob apreciação, com as observações que acrescentamos, salvo melhor juízo.

EM CONCLUSÃO

Dadas as peculiaridades do anencéfalo conforme exposto, a retirada de órgãos para doação mediante consentimento dos pais ou responsável legal poderá ser feita após a parada cardiorrespiratória.

Referências

Kipper D, Hossne WS. Caso Clínico. Bioética. 1998; 6(2).

Junges RJ. Bioética: perspectivas e desafios. São Leopoldo: Unisinos; 1999.

Segre M, Hossne WS. O Aborto e o Transplante de Tecido Fetal. Bioética. 1994; 2(1).

Franco AS. Anencefalia: breves considerações médicas, jurídicas e jurídico-penais. Revista dos Tribunais. Mar 2005; 833.

Costa SIF. Anencefalia e Transplante. Rev Assoc Med Brás 2004; 50(1).

Fost N. Reconsidering the dead donor rule: Is it important that organ donors be dead? Kennedy Institute of Ethics Jornal. Sep 2004; 14(3): 249-259.

Penna MLF. Anencefalia e morte cerebral (Neurológica). Physis: Revista de Saúde Coletiva; 2005; 15(1): 95-106.

PROFA. ELMA PAVONE ZOBOLI
Relatora
PROFA. DRA. MARIA GARCIA
Revisora
Membros da Comissão de Bioética

Parecer aprovado pela CoBi em sessão de 14.12.2006

5

Pesquisa

A magnitude alcançada pela bioética na atualidade vai sendo revelada pela diversidade de tópicos que florescem e evoluem, de modo acelerado e contínuo, nos eventos e debates específicos acontecidos em todo o mundo, descortinando o rol das complexas preocupações de ordem moral existentes nos campos da medicina, da saúde humana e do meio ambiente. Nos domínios da bioética, as ciências naturais, o direito, a filosofia, a sociedade e outras disciplinas valorizam um fenômeno particular desde diferentes perspectivas ou pontos de vista. O termo bioética expressa, portanto, em sua complexidade, muito mais um conjunto de vozes do que uma disciplina específica.

Internacionalmente, discute-se sobre as atribuições e a composição de comissões nacionais e de comitês institucionais de ética, que, em relação às pesquisas, aborda assuntos como o uso de novas tecnologias genéticas, uso de tecidos fetais e de embriões humanos em pesquisa, terapêutica dos genes, experimentação em animais e em seres humanos, entre muitos outros temas.

O Código de Nuremberg surge em 1947 como primeiro texto de referência em bioética, em decorrência do horror causado pelos experimentos nazistas. Este código enfatiza a absoluta necessidade do consentimento voluntário do indivíduo submetido às experiências biomédicas. Esta exigência passaria ser a base de todo o sistema legal da bioética, constituindo o instrumento que permitiria a distinção entre uma pesquisa realizada em condições democráticas e uma pesquisa realizada de modo autoritário ou sob regime totalitário. Além disso, introduziria a obrigatoriedade dos pré-requisitos científicos, apoiada na soberania da responsabilidade ética do profissional.

A Declaração de Helsinque, revista em Tóquio em 1975, traria três avanços significativos: primeiro, estabelece que, na contabilização dos riscos, os interesses do indivíduo devem prevalecer sobre os interesses da ciência e, até mesmo, sobre os da sociedade. Segundo, define que o princípio da obrigatoriedade do consentimento informado necessariamente deve conduzir os responsáveis pela experimentação a fazer uma apreciação diferenciada daqueles indivíduos que se encontram em situações específicas de dependência e incapacidade. Terceiro, estabelece a obrigatoriedade de submeter todo protocolo de pesquisa a uma comissão de ética independente e definir as garantias específicas a serem observadas nos casos de ensaios sem benefícios terapêuticos diretos. Finalmente, estabeleceu que a não-conformidade a esses princípios éticos deveria impedir a publicação dos resultados da pesquisa.

A Declaração de Manila, de 1981, elaborada pela Organização Mundial da Saúde e pelo Conselho das Organizações Internacionais das Ciências Médicas, faria uma importante indicação na relação ciência-ética: não é possível estabelecer uma clara demarcação entre apreciação ética, pois uma experiência com seres humanos que não tenha valor científico é contrária à ética.

Atualmente, o uso de novas tecnologias tem acirrado as controvérsias e conflitos de interesse nas interfaces entre ciência, governo e empresas privadas, que fazem com que as discussões sobre os interesses nacionais, no estudo das relações internacionais, se caracterizem pela arbitrariedade. Os problemas éticos particulares, entretanto, não emergem de um campo científico neutro, onde as informações circulam livremente, entre homens da ciência, cujo exclusivo interesse é alcançar, por meio dos avanços técnicos, benefícios para a humanidade. Embora esse campo, não neutro, de atividades científicas e tecnológicas relacionadas à saúde, prenhe de elevados interesses econômicos, os indivíduos são legalmente e moralmente autorizados, pela norma ética (respeito à autonomia), a submeter seus corpos e mentes para o avanço da ciência e da medicina, conquanto isto se dê voluntariamente, isto é, com seu consentimento informado. Conflitos de interesse emergem a todo instante, evidenciando que, no âmbito da pesquisa clínica e biomédica, os limites entre o público e o privado devam incluir o tema de regulamentação ética da pesquisa realizada com fundos públicos e com a participação do setor privado.

Desta forma, podemos perceber que são muitas as questões, no campo da pesquisa biomédica, que carecem de avaliações que extrapolem o determinismo da ciência e da técnica, merecendo, assim, apreciação por parte de uma comissão de bioética, uma vez que seus membros devem ser capazes de apreciar os múltiplos aspectos éticos presentes, em toda a sua complexidade, nos mais intrincados tópicos científicos e tecnológicos e nas mais diversas e dissimuladas conformações que podem assumir certas práticas técnicas e políticas. As falhas na compreensão desta complexidade podem resultar em recomendações injustas, inapropriadas e não-operacionalizáveis.

FÁTIMA SOLANGE PASINI

Parecer CoBi 1996

Assunto: Implantação do Banco de Soro Fetal
Solicitante: Divisão de Clínica Obstétrica

A) Em se tratando de material que eventualmente possa ser utilizado para pesquisa, esta comissão é de parecer que todos os passos previstos na Resolução 196/96 sobre pesquisa envolvendo seres humanos devem ser obedecidos.

B) De outra parte, por se tratar de Banco de soro fetal que poderá ser utilizado futuramente para diagnósticos ainda não estabelecidos hoje, e em razão disto, o interessado possa inquirir posteriormente, é conveniente que se estabeleça o período máximo em que este material permanecerá estocado, quando não totalmente "consumido".

C) Convém também registrar, em arquivo adequado, os seguintes itens:

1. Data da entrada do material;
2. Quantidade de material estocado;
3. Quanto utilizado, mencionar a data, resultados, quantidade de material remanescente;
4. Profissional que fez o procedimento, com os dados de identificação, regimento o CRM.

D) No termo de Consentimento Pós-Informação, constar e grafar o nome do responsável pelo procedimento.

PROF. CLÁUDIO COHEN
DR. SEIZO MIYADAHIRA
Membros da Comissão de Bioética

Parecer aprovado pela CoBi em sessão de 28.08.1996

Parecer CoBi 1997

Assunto: Relatório sobre solicitações ao Serviço de Verificação de Óbitos (SVO) de peças anatômicas para estudo e/ou ensino
Solicitante: Serviço de Verificação de Óbitos

O uso de peças anatômicas para estudo e/ou ensino é inquestionável, mormente nas especialidades cirúrgicas. Mesmo com o advento das modernas técnicas de imagem virtual, parece pouco provável que algo possa substituir o treinamento prático em peças anatômicas, necessário ao desenvolvimento de jovens profissionais e/ou de novas técnicas de intervenção.

Por outro lado, o respeito aos princípios éticos não se restringe aos vivos. Mesmo após a morte, o corpo humano deve continuar sendo protegido por regras que normatizem seu uso para estudo e/ou pesquisa.

Infelizmente, até onde conseguimos apurar, não há suficiente legislação para o assunto. Consultando os profissionais envolvidos diretamente nessa questão, pudemos entender que:

a. após a morte, quem tem direito sobre o corpo humano são seus familiares.
b. na ausência de familiares, quem responde pelo cadáver é o Diretor do SVO.
c. o prazo respeitado para o comparecimento dos familiares é de três meses. Após este tempo, o cadáver poderá ser liberado para estudo com autorização legal.

Sabemos, porém, que inúmeras situações didáticas e/ou experimentais não podem ser adequadamente realizadas em material fixado ou congelado. Para atender a esta necessidade, quando devidamente documentada e justificada cientificamente, detectamos duas possibilidades:

1. obter a autorização dos familiares para a retirada dos tecidos solicitados, explicando os objetivos, garantindo a inexistência de prejuízo da aparência do cadáver ou de retardo na sua liberação para sepultamento.
2. incluir os estudos realizados como exames adjuvantes da autópsia, mediante a formulação de laudos acessórios do relatório final.

Ambas as opções estão aquém das necessidades. A primeira, pelas dificuldades inerentes ao momento do pós-morte e ao ambiente inadequado para este tipo de contato. A segunda, pela ausência de justificativa explícita para a realização dos exames acessórios.

Estas, porém, só se justificam por um período suficiente para a criação das leis que, embora protegendo a autonomia do indivíduo sobre seu corpo, mesmo após sua morte, não conflite com as necessidades do avanço da ciência, mormente na preparação de bons profissionais ou de técnicas de intervenção melhor elaboradas.

LIRIS THEREZINHA CARACCIOLO
DR. WILSON JACOB FILHO
Membros da Comissão de Bioética

Parecer aprovado pela CoBi em sessão de 11.09.1997

Parecer CoBi 1998

Assunto: Possível violação de norma ética e providências a serem tomadas quanto à publicação de fotografias de pacientes daquele instituto
Interessado: Conselho Diretor – Instituto de Psiquiatria

1. Trata-se de reportagem sobre anorexia e bulimia, assinada por Deborah Giannini e Gabriela Michelotti, com a colaboração de Alexandra Ozorio de Almeida e Izabela Moi, publicada na Revista da Folha de 05 de outubro de 1997. A reportagem cita, entre outros profissionais de saúde, o psiquiatra Táki Codás, coordenador-geral do Ambulatório de Bulimia e Transtornos Alimentares do Hospital das Clínicas – HC e Maria Aparecida Larino, nutricionista do Abulim do Hospital das Clínicas, além da psiquiatra Angélica Claudino Azevedo, coordenadora do Programa de Transtornos Alimentares da Universidade Federal de São Paulo (acredita-se do Hospital São Paulo da Faculdade de Medicina da UNIFESP). Além desses é mencionado Freddy Eliaschewitz, chefe do Departamento do Hospital Heliópolis.
2. A reportagem pretende alertar para distúrbios alimentares comuns nas jovens e que podem levar à morte. Constituindo, portanto, alerta para as famílias no observar o comportamento de adolescentes.
3. A par de expor o problema e as opiniões dos profissionais de saúde mencionados, a matéria da Revista da Folha traz, também, depoimentos e fotografias de pacientes, entre elas fotografias de adolescentes em trajes íntimos, sem tarja nos olhos e muitas vezes focando o rosto da paciente. Algumas delas identificam as pessoas, caso em que nenhuma dúvida haveria quanto à sua oportunidade e valor jornalístico. Nesses casos a obtenção de autorização para tal publicação cabe única e exclusivamente às repórteres, sendo de supor que houve consentimento expresso para que fossem utilizadas.
4. A dúvida aparece quanto a fotografia sem nome da fotografada, em cuja lateral consta a informação "arquivo pessoal" e outra cuja menção é "arquivo médico".
5. Proposta para solução da questão: A Constituição Federal, no artigo 5º, inciso X diz que: "são invioláveis a intimidade, a vida privada, a honra e a imagem das pessoas, assegurado o direito a indenização pelo dano material ou moral decorrente de sua violação". Por sua vez, no Projeto de Código Civil aprovado pelo Senado Federal, o disposto no artigo 20 prevê a necessidade de autorização para uso da imagem de uma pessoa, especialmente quando atingem a honra, a boa fama, a respeitabilidade, ou se destinem a fins comerciais.
6. Por fim, no Código de Ética Médica, no artigo 104, a regra é a da proibição de "fazer referência a casos clínicos identificáveis, exibir pacientes ou seus retratos em anúncios profissionais ou na divulgação de assuntos médicos em programas de televisão ou

cinema e em artigos, entrevistas ou reportagens em jornais, revistas ou outras publicações leigas."

7. Assim, sem dúvida, a entrega de fotografias de pacientes, sem a prévia e expressa autorização deles, viola o Código de Ética Médica assim como preceito constitucional.
8. Tendo em vista que não há informação quanto a terem as tais fotografias que não nomeiam as pessoas sido obtidas no Abulim do HC, e, especialmente diante do fato de que outras instituições e profissionais de saúde foram mencionados na reportagem, sugere-se a instauração de sindicância administrativa para apuração dos fatos.
9. Verificada conduta culposa de qualquer de seus profissionais, a infringência do Código de Ética Médica estará caracterizada, com as conseqüências daí decorrentes.
10. Quanto à Assessoria de Imprensa, sugere-se seja instada a informar aos profissionais que venha a contactar para que, quando prestarem informações a veículos leigos, evitem a exibição de materiais de pacientes, especialmente fotografias, prontuários ou outros, sem a prévia e expressa autorização.

CoBi, em 09 de fevereiro de 1998

DRA. RACHEL SZTAJN
Membro da Comissão de Bioética

Parecer CoBi 1998

Assunto: Utilização para ensino em pesquisa de peças anatômicas.
Processo HC 5362/97
Solicitante: Serviço de Verificação de Óbitos da Capital – SVOC

I – DA CONSULTA

1. O Serviço de Verificação de Óbitos da Capital – SVOC, tendo em vista vários pedidos formulados por Docentes e Pesquisadores da Faculdade de Medicina da Universidade de São Paulo – FMUSP, em meados do primeiro trimestre de 1997, formulou consulta à Comissão de Bioética do Hospital das Clínicas e da Faculdade de Medicina da Universidade de São Paulo – CoBi – HCFMUSP (fls. 3 a 15), a respeito de questão que pode ser assim resumida:
   - utilização para ensino e pesquisa de peças anatômicas (órgãos, tecidos e partes) de cadáveres necropsiados no SVOC.
2. No que tange à pesquisa, a matéria foi submetida à Comissão de Ética para Análise de Projetos de Pesquisa – CAPPesq do HC e da FMUSP.
3. Em sessão de 13 de março de 1997, a CoBi discutiu o parecer proferido pelos membros: Dr. Wilson Jacob Filho e Enfermeira Liris Therezinha Caracciolo (fls. 22 e 23). Após várias considerações, ficou acertado que o Professor Max Grinberg e a Sra. Maria José Paro Forte promoveriam *démarches* junto ao SVOC, na busca de uma solução para a problemática.
4. Em sessão de 27 de março de 1997, a CoBi examinou o parecer elaborado pelo Professor Max Grimberg e Sra. Maria José Paro Forte (fls. 32 e 33), concluindo que:
   - a resolutividade da matéria dependeria de ação conjunta da CoBi e da CAPPesq;
   - o Dirigente do SVOC e o Presidente da CAPPesq fossem convidados a participar da reunião da CoBi.
5. Em sessão da CoBi, de 12 de junho de 1997, compareceram o Dirigente do SVOC e o Presidente da CAPPesq, que em exposição reforçaram a condição do HC e FMUSP como instituições voltadas ao ensino, pesquisa e prestação de serviços à comunidade. Portanto, no cumprimento de suas finalidades precípuas justifica-se o aspecto utilitário da necropsia. Depois de amplos debates, comprometeu-se a elaborar documento "**INFORMAÇÕES AO PÚBLICO**" a serem prestadas aos familiares de pessoas cujo corpo venha ser submetido a necropsia no SVOC (fls. 3 a 39).
6. Em sessão da CoBi realizada em 14 de agosto de 1997 (fls. 42 a 44) foi examinado o documento "**INFORMAÇÃO AOS FAMILIARES**", que sofreu algumas alterações (fls. 47 e 48).

Nessa reunião, por consenso, quanto aos pedidos de peças anatômicas ao SVOC, foi acordado o seguinte:

- para fins de ensino, deverão previamente passar pelo crivo da Comissão de ensino, de graduação e pós-graduação da FMUSP ou das respectivas Comissões da Instituição de Ensino Superior solicitante;
- para fins de pesquisa científica, deverão inicialmente passar pelo SVO para verificação dos aspectos técnicos quanto à retirada das peças e posteriormente pela CAPPesq;
- quando se tratar de solicitação de outras Instituições, as mesmas deverão ser previamente aprovadas pela Comissão de Ética em Pesquisa – CEP local, devidamente credenciada e reconhecida na CONEP – Comissão Nacional de Ética em Pesquisa.

Anexo

TERMO DE RESPONSABILIDADE

Eu, ..., declaro que recebi autorização de acesso, através de **senha**, aos Sistemas Informatizados e Bancos de Dados de Saúde do Hospital das Clínicas da Faculdade de Medicina da Universidade de São Paulo – HCFMUSP e me comprometo a guardá-la, mantê-la em sigilo, não revelar a terceiros e não permitir indevidamente o acesso a estes dados e informações a pessoas não autorizadas.

Declaro que recebi, nesta data, o regulamento ou norma interna relativo à utilização da **senha**, do qual tomo conhecimento. Reconheço que a infração a estas normas ou a este Termo de Responsabilidade constitui falta funcional punível de acordo com a lei, responsabilizando-me, inclusive, pelos danos que causar ao HCFMUSP ou a terceiros, em decorrência da má utilização ou uso indevido que fizer desta autorização para ter acesso aos Sistemas e Bancos de Dados Informatizados da Instituição.

(local) de de 1998.

____

Assinatura

Identificação

R.G. Nº

Submetemos o presente Parecer à apreciação da CoBi.

CoBi, 11 de agosto de 1998.

PROF. FRANCISCO R. CARRAZZA
Relator
DRA. MARIA MATHILDE MARCHI
Relatora
Membros da Comissão de Bioética

Parecer CoBi 1998

Assunto: Inclusão de pacientes graves em lista de possíveis receptores de fígado PAF. Processo HC 2309/95-G
Interessado: Divisão de Clínica Cirúrgica I

O processo HC 2309/95-G, "Uso de fígado de portadores da Paramiloidose Familiar com enxerto em receptores de prognóstico pouco favorável", também conhecida como técnica do "replique", após sua aprovação pela Comissão de Ética para Análise de Projetos de Pesquisa – CAPPesq registra a realização de dois transplantes de fígado, conforme a metodologia proposta, segundo o relatório encaminhado em 06/9/97.

A este, devidamente avaliado e aprovado pelas Comissões de Ética (CAPPesq e CoBi) e posteriormente pelo Diretor Clínico, seguiu-se, em 12/9/97, uma solicitação para modificação do Termo de Consentimento Pós-Informação (TCPI), a fim de poder incluir alguns pacientes, na condição de receptores, cuja estimativa de sobrevida sem transplante superasse os seis meses previstos no TCPI anterior:

- portadores de cirrose por vírus B com replicação viral;
- neoplasia hepática secundária, irressecável e resistente a tratamento, sem evidências de doença extra-hepática.

A aprovação desta solicitação pela CAPPesq ficou condicionada, em 29/10/97, à elaboração do novo texto pelo solicitante, com as modificações solicitadas, orientando-se que, até que isso ocorresse, fosse utilizado o TCPI anterior com a ressalva final "Observação: o item número três não se aplica ao meu caso".

Em 25/5/98, além do novo TCPI com a modificação no item três, que passa a ser: "Por outro lado, a doença de que sou portador poderá determinar a morte sem a realização de um transplante hepático", foram feitas duas outras solicitações para inclusão de pacientes como possíveis receptores de fígado de portadores da PAF:

- pacientes incluídos na lista de espera do transplante, mas cuja a gravidade da doença hepática permite prever uma sobrevida menor que seis meses (o tempo médio de espera na lista da Unidade de Fígado era de 13 meses, em 05/12/97, com mortalidade na lista de 45%).
- um paciente transplantado recentemente, que evoluiu com trombose da artéria hepática, mas como esta complicação ocorreu após o 30º dia pós-operatório, o caso não pode ser reencaminhado para a lista única da Secretaria da Saúde como emergência.

Em 24/7/98, a CAPPesq aprovou o novo TCPI, mas entendeu que as solicitações de inclusão de outros pacientes como possíveis receptores do fígado de portadores da PAF "não se trata de um novo projeto de pesquisa, mas sim de uma técnica já consolidada com a qual se busca resolver ou melhorar pacientes com prognóstico pouco favorável para o transplante, o que não difere, na essência do protocolo originalmente aprovado", recomendando a análise pela CoBi.

Ao meu ver, uma vez tendo deixado de escolher os possíveis receptores do fígado dos portadores da PAF exclusivamente por critérios etários, como fora proposto inicialmente, o que impediria que um idoso fosse incluído na lista de espera para um transplante de fígado convencional, optando por destiná-lo a receptores de prognóstico pouco favorável, criou-se a necessidade de estabelecer criteriosamente os limites desta condição.

Sucessivas solicitações de inclusão de novos grupos de doenças mostram a grande importância desta potencial origem de fígado para os transplantes que, na lista de espera convencional, seriam muito provavelmente condenados à morte antes da sua realização.

Este esforço pela tentativa de atender a essa enorme demanda assistencial, porém, vai comprometer consideravelmente a evolução do protocolo original, visto que as possibilidades de tornar-se um receptor de fígado de portador da PAF será decorrente muito mais de condições circunstanciais (demora da lista de espera atual, legislação vigente, etc.) do que dos critérios científicos que deveriam ser imperativos na condução da pesquisa.

Por entender a importância e magnitude das intenções dos pesquisadores envolvidos, na tentativa de mostrar ser esta uma possibilidade a mais na tentativa de minimizar a problemática que envolve o transplante de fígado em nosso país, **recomendo que sejam definitivamente firmados os critérios de inclusão neste estudo, bem como o seu período de duração**, lembrando que os relatórios periódicos sobre a realização e evolução dos transplantes "em repique" que tinham sido solicitados pela CoBi aos pesquisadores resumiram-se a um, enviado há mais de um ano, o que nos impede de conhecer de maneira detalhada os efeitos desta técnica em nosso meio.

DR. WILSON JACOB FILHO
Membro da Comissão de Bioética

Parecer aprovado pela CoBi em sessão de 24.09.1998

Parecer CoBi 1999

Assunto: Projeto de Pesquisa "Transplante de mão em Humanos"

INTRODUÇÃO

Trata-se de um projeto de pesquisa de excelente mérito com potencial de promover uma qualidade de vida extraordinária a pacientes que de outra forma estariam irremediavelmente mutilados e condenados a usar próteses ortopédicas. Os autores foram muito cuidadosos e meticulosos em sua revisão da literatura, e esta área de atividade é pioneira, sendo o primeiro transplante de mão de um doador com morte cerebral para um paciente amputado realizado há pouco tempo (setembro de 1998 na França) e o segundo em fevereiro deste ano nos EEUU, ambos com evolução clínica favorável. A aquisição de novos agentes imunossupressores e os avanços de técnica cirúrgica permitiram este progresso científico.

Os pesquisadores estão alertas quanto aos riscos do procedimento e enfatizam as complicações relacionadas à imunossupressão como doença linfoproliferativa pós-transplante, infecções oportunistas, diabetes, necrose óssea avascular, síndrome enxerto *versus* hospedeiro e outras.

Os pacientes candidatos a este procedimento são vítimas de amputação de um lado e comprometimento da função do membro superior contralateral. O desenho experimental contempla uma avaliação multidisciplinar dos pacientes candidatos, incluindo avaliação psicológica, psiquiátrica, clínica e imunológica e orientação quanto aos riscos do procedimento, o que demonstra o extremo cuidado e a exemplar preocupação com os aspectos éticos. Cuidados também são tomados no sentido de evitar que pacientes cuja patologia clínica prévia contra-indique o transplante sejam alvo do mesmo. Coerentemente, os pesquisadores elaboraram termo de consentimento esclarecendo todos estes aspectos e solicitam parecer da Comissão de Bioética, principalmente por se tratar de pesquisa cuja avaliação de risco incorre na categoria "RISCO MAIOR". Um outro aspecto que revela a louvável preocupação com os aspectos éticos é o cuidado adicional de filmar o consentimento e a motivação do paciente e documentação na presença de testemunhas.

CONSIDERAÇÕES

O desenho experimental bem feito do ponto de vista científico e a cautela em respeitar os aspectos éticos não dão margem a reparos de monta. Não obstante vale a pena considerar alguns tópicos:

- Em relação à validade do consentimento pós-informação, é importante termos em mente que os candidatos a este tipo de transplante são predispostos em princípio a aceitarem a ele se submeter, tendo em vista a extraordinária melhora em qualidade de vida que ocorrerá caso o procedimento seja bem sucedido; e não se espera que o paciente tenha, *a priori*, até por falta de vivência, uma noção realista da magnitude dos riscos envolvidos e de como, em caso de uma ou mais das possíveis complicações que fatalmente ocorrem em pelo menos uma porcentagem dos casos, sua qualidade de vida será comprometida e se este comprometimento será provisório ou permanente.

- Seria irrealista imaginarmos ser possível que o paciente, por mais bem esclarecido que tenha sido pela equipe de saúde, venha a ter a mesma noção dos riscos que um especialista da área tem. Não obstante, não nos cabe decidir pelo paciente, a autonomia do paciente é dele próprio e cabe a ele a decisão livre e soberana.
- Uma forma que os pesquisadores encontraram no sentido de contornar as dificuldades acima foi a abordagem interdisciplinar, contando, para esclarecer ao paciente as condições e riscos do transplante, com o concurso de profissionais da área de enfermagem, psicologia, psiquiatria, clínica médica e imunologia. Como sugestão à equipe multidisciplinar seria interessante elaborar, junto com o paciente, um diagrama, à guisa do que é feito em Oxford quando um paciente planeja submeter-se a um procedimento de risco: com o paciente monta-se um diagrama em que à esquerda ele marca todas as vantagens possíveis do procedimento e dando nota a cada uma delas; à direita ele marca as desvantagens dando notas também, e depois o utiliza no processo decisório.
- Outro cuidado foi a elaboração cuidadosa do termo escrito de consentimento pós-informação, o qual, no item 4, menciona os riscos "incluem, principalmente, aqueles ligados à imunossupressão, como infecções oportunistas e **doença linfoproliferativa** pós-transplante. Além disso, devido à corticoterapia, o paciente poderá desenvolver alterações metabólicas, diabetes e necrose avascular óssea. A doença "enxerto *versus* hospedeiro", apesar de rara, não pode ser descartada". Aqui cabe, de fato, um reparo. A maioria das citadas complicações está vazada em termos médicos técnicos, que fogem à compreensão das pessoas sem formação médica – por exemplo, os termos "DOENÇA LINFOPROLIFERATIVA; NECROSE AVASCULAR ÓSSEA; DOENÇA ENXERTO *VERSUS* HOSPEDEIRO". Dificilmente tais termos pertencem ao repertório léxico da maioria dos pacientes. Já o termo "DIABETES" é bem mais conhecido e de fácil compreensão. Por conseguinte, é imperioso que se faça uma modificação neste item do termo de consentimento, qual seja, que cada um dos riscos mencionados explicitamente tenha também uma definição escrita em linguagem acessível ao leigo e que se mencione explicitamente o prognóstico de cada um dos eventuais riscos.
- Em relação à documentação em filme, o cuidado de se providenciar testemunha talvez seja excessivo, já que a autonomia do paciente não o requer. Esta postura é coerente com outras manifestações da CoBi, *e. g.*, não se requer testemunhas no ato da alta a pedido.

CONCLUSÃO

Estão de parabéns os pesquisadores pelo pioneirismo, relevância humana, capacitação científica, importância do tema e cuidados éticos. Acrescentando-se ao item 4 do termo de consentimento pós-informação as definições em linguagem acessível de cada um dos riscos, acrescida do respectivo prognóstico, conforme o discutido anteriormente, o projeto estará plenamente aprovado do ponto de vista ético. E, destarte, um procedimento **novo e ainda não consagrado na literatura**, graças a pesquisas modelares como esta, em breve estará definitivamente consagrado na literatura.

DR. JOSÉ CARLOS RAMOS CASTILLO
Membro da Comissão de Bioética

Parecer aprovado pela CoBi em sessão de 09.12.1999

Parecer CoBi 005/2004

Assunto: Orientação para utilização de recursos da indústria privada para financiamento de projetos institucionais
Solicitante: Diretoria Clínica do HCFMUSP
Ementa: Missões do HC – assistencial, ensino e pesquisa, bem assim habilitação prática de profissionais de saúde; competência institucional da Diretoria Clínica para aceitar/direcionar os recursos; beneficiários e destinatários da pesquisa; autonomia da instituição na busca por recursos junto à iniciativa privada, mantida sua autonomia quanto à definição dos projetos

O HCFMUSP, hospital universitário, tem três missões distintas, mas complementares: prestar assistência às pessoas doentes/preservar a saúde, produzir e oferecer conhecimento científico/capacitação técnica/reflexões na área da Saúde e promover pesquisas científicas segundo regras definidas.

Nesta complexidade estabelece-se uma relação médico/profissionais da saúde não médicos/instituição/sistema de saúde, que se pretende útil e eficaz, com forte respeito a princípios morais e elevados padrões éticos.

O dia-a-dia do HCFMUSP concilia uma série de normas e diretrizes para nortear a interface profissional da saúde-usuário-instituição, e uma das premissas fundamentais nessas relações requer manter qualidade técnica e ética dentro da disponibilidade de recursos financeiros da instituição de forma a buscar atender ao maior número de pacientes de forma eficaz.

Desenhar diretrizes para tanto passa pelo estabelecimento de limites para eventual patrocínio econômico-financeiro de particulares, o que exige reflexões à luz da bioética. A questão é: Será bem-vindo o patrocínio não estatal nas dependências de uma estrutura estatal como o HCFMUSP?

Não há respostas simples, e entendemos que qualquer proposta exige a análise de alguns itens:

1. De quem é a iniciativa? A iniciativa institucional – um Serviço, a Diretoria Clínica – é essencial para uma resposta afirmativa. Ela direciona para o segundo item.
2. A quem beneficia? O benefício tem que ser da relação profissional da saúde-usuário-instituição. No âmbito da docência, a demanda por patrocínio, patrocínio que beneficia, é tradicional em Congressos, Jornadas, etc...; no âmbito da pesquisa, é obrigatório declarar a fonte beneficente de recursos, uma agência financiadora, indústria, etc..., inclusive para evitar que verba SUS seja deslocada da assistência para a pesquisa; na questão da assistência, raciocínio análogo parece-nos perfeitamente

aplicável: por exemplo, benefício para campanhas de esclarecimento ao paciente e infra-estrutura para conforto do médico.

3. Haveria malefício? Se a iniciativa é correta e o benefício é evidente, eventual malefício estaria ligado a conflitos de interesse, a exigências que possam comprometer a lisura ética. Neste particular, a palavra APOIO, na sua mais nobre acepção, parece encerrar a postura ética que dê a entender que a indústria está ao lado, mas não detém a iniciativa, não impõe passos técnicos ou científicos, não exige atitudes de troca, não condiciona o pesquisador a obter resultados que favoreçam ao patrocinador.
4. Reciprocidade – É útil valermo-nos dos princípios da solidariedade; a empresa age por solidariedade, no mínimo para promoção de sua imagem; aliás, pouco importam os motivos pelos quais ela se decide pelo apoio a alguma linha de pesquisa. O que importa é que o HCFMUSP, por intermédio da estrutura que teve a iniciativa e que necessita do apoio, o entenda sem compromissos com ações de reciprocidade.
5. Para tanto, é necessário um Termo de Compromisso, fixando os limites da sua intervenção.

Qualquer gratidão deve se enquadrar no compartilhamento, e, nestes termos, entendemos que o HCFMUSP pode dispor da autonomia na busca de apoio não estatal em prol da utilidade e eficácia de suas necessidades assistenciais.

PROF. MAX GRINBERG
Relator
PROFA. RACHEL SZTAJN
Revisora
Membros da Comissão de Bioética

Parecer aprovado pela CoBi em sessão de 25.03.2004

Parecer CoBi 009/2004

Assunto: Equívoco em publicação de trabalho científico: sugestões na discussão de trabalho são insuficientes para justificar autoria

A definição da autoria de trabalhos científicos suscita, especialmente no meio acadêmico, discussão por vezes acaloradas. Definir quem participou da elaboração do trabalho com contribuição suficiente para justificar a inclusão como co-autor nem sempre é tarefa fácil. Além disso, definir a ordem em que os co-autores são elencados é também, muitas vezes, fonte de discussões complexas.

O pedido de orientação apresentado pela Professora não se enquadra nos padrões usuais das discussões sobre autoria. A Professora não questiona a sua posição entre os co-autores nem solicita a inclusão de outro pesquisador.

Quando considera sua inclusão como co-autora um "equívoco" e enumera as razões para tal, está manifestando claramente que não deseja que seu nome continue na lista de autores. Parece-nos que, eticamente, esse é um direito da Professora, que poderá ser concretizado pelo envio de correspondência à revista que publicou o trabalho, solicitando sua exclusão do rol de autores. Como alternativa esse pedido poderia ser feito em conjunto pela Professora e pelo primeiro autor do trabalho. No presente parecer não foram abordados aspectos administrativos e legais.

PROF. DR. GABRIEL WOLF OSELKA
Relator
PROFA. DRA. RACHEL SZTAJN
Revisora
Membros da Comissão de Bioética

Parecer aprovado pela CoBi em sessão de 01.06.2004

Parecer CoBi 010/2005

Assunto: Utilização de recursos de indústria privada para financiamento de projetos institucionais: proposta de termo de doação sem encargos
Solicitante: Comissão de Ética para Análise de Projetos de Pesquisa do HCFMUSP

A parceria entre o setor público e o privado parte do pressuposto de que o *joint venture* resulte em benefícios que acabam por contemplar as partes envolvidas. No caso de uma eventual parceria entre setor privado e o Hospital das Clínicas da Faculdade de Medicina da Universidade de São Paulo, os benefícios para o setor privado vão desde possível incentivo fiscal até as benesses da utilização da *expertise* do Hospital das Clínicas da FMUSP que resulte em vantagens pecuniárias com o selo de qualidade da Instituição que impulsione a venda da medicação ou equipamento. Para o Hospital das Clínicas, a aquisição de recursos em forma de recursos financeiros, medicamentos ou equipamentos pode melhorar a formação dos recursos humanos, melhorar a assistência prestada à população e até em complementação salarial para o pessoal que participe do projeto de colaboração.

A parceria é hoje uma realidade, e é imperioso regulamentar este tipo de relação entre o setor privado e a Instituição Hospital das Clínicas.

É utópico e pouco prático imaginar que a iniciativa privada se associaria a uma Instituição como o Hospital das Clínicas movida apenas pelo humanismo e sentimentos altruístas. Desta forma, ao abordar os possíveis conflitos de interesses, como feito pela Dra. Elma, vê-se que o seu parecer tocou num ponto de grande importância.

Entretanto, esse conflito não parece ser de fácil solução. Sempre existirá a pressão do setor privado em que a publicação, ou não, de dados o beneficie, e, ao mesmo tempo, os profissionais da Instituição envolvidos no projeto de colaboração com o setor privado não estariam em condições de exercer a sua isenção. Neste sentido, poderia haver um dispositivo no Termo que pudesse garantir a isenção do pesquisador no caso da publicação dos dados, mesmo que os resultados não fossem os mesmos pretendidos pelo setor privado.

Após a leitura do parecer 005/2004 da CoBi, da autoria do Prof. Max Grinberg, com a revisão da Profª Rachel Sztajn, e do Parecer da Profª Elma Zoboli da CAPPesq, que revisou o Termo de Doação sem Encargos, estamos certos de que o assunto foi discutido de forma ampla e competente, não cabendo espaço para muitas considerações. Entretanto, o Termo se refere especificamente à Doação e pareceu-nos não versar diretamente sobre Projetos de Pesquisa em que indústrias farmacêuticas entram com o projeto pronto, quase sempre na fase IV experimental, e acabam por recrutar pacientes da Instituição para o experimento e os profissionais da Instituição para conduzirem o projeto, com o fornecimento de medicação em teste para os pacientes e recursos financeiros para os funcionários que conduzem o projeto; situação esta abordada como parte central do mencionado parecer da Dra. Elma.

Importante frisar que esta situação não foi diretamente contemplada pelo Termo e, portanto, seria interessante incluí-la, ou criar um foro de discussão independente para esse assunto.

A existência de conflitos de interesse entre o patrocinador e o patrocinado, muito bem discutido no parecer da CAPPesq, é uma realidade presente no dia-a-dia da Instituição Hospital das Clínicas. Seria ingênuo supor que se poderia escrever unilateralmente um termo que pudesse restringir a atuação da indústria farmacêutica no tocante à elaboração do projeto, imposição de normas de execução, protocolos previamente elaborados, acesso ao prontuário do paciente participante, a despeito de aprovação na CONEP e CAPPesq. Neste cenário, a Instituição Hospital das Clínicas não tem quase participação intelectual, entrando apenas com os participantes (no caso, os pacientes recrutados no próprio Hospital) e os executores (os profissionais do Hospital), pouco podendo opinar sobre o protocolo. Ao se questionarem os procedimentos, a indústria simplesmente retira o protocolo e procura outro cliente. Por outro lado, a complementação orçamentária se faz necessária, dada a escassez de verbas públicas para fomento de pesquisa e complementação salarial, tornando a Instituição Pública praticamente um refém desses protocolos multicêntricos. Nesse sentido, a proposição de uma discussão que viabilize uma participação maior da Instituição Pública no tocante à elaboração do protocolo, dos princípios bioéticos aplicáveis no projeto de pesquisa, sem ferir a vantagem do setor privado, seria bem-vinda.

Entendemos que a proposta nesse sentido teria de contar com a ampla participação de diversos setores da Instituição Hospital das Clínicas, e que o termo elaborado seja o mais abrangente possível de forma a contemplar os interesses de ambos os envolvidos, a saber, o setor público e privado, tornando-se uma diretriz geral para todos os relacionamentos de colaboração de projetos de pesquisas e de doação. Desta forma, entendemos que há a necessidade de criação de uma câmara técnica para que este assunto seja esgotado de forma completa; assim, recomendamos a criação da Câmara Técnica de Estudos de Relação entre Iniciativa Privada e Hospital das Clínicas.

DR. CHIN AN LIN
Relator
PROF. GABRIEL OSELKA
Revisor
Membros da Comissão de Bioética

Parecer aprovado pela CoBi em sessão de 08.12.2005

Parecer CoBi 008/2006

Assunto: Paciente que gostaria de ser voluntário de pesquisa no Hospital das Clínicas

Cremos que a resposta aos questionamentos do consulente podem ser respondidos assim: 1- Entendemos as imensas expectativas criadas não apenas nos portadores de trauma raquimedular nas pesquisas realizadas com células-tronco. Outros pacientes portadores de diversas patologias, como a insuficiência cardíaca, a insuficiência vascular periférica, e uma miríade de outras doenças, também aguardam o eventual êxito dos protocolos de pesquisa. Tanto os pesquisadores como a sociedade desejam que a ciência consiga desenvolver novos tratamentos para antigos problemas médicos. Há vários protocolos em desenvolvimento no Brasil e no mundo, mas o único uso consagrado de células-tronco é nas doenças hematológicas, como a leucemia, portaria do Ministério da Saúde – Gabinete do Ministro n.º 931 – 2.05.2006. Não há ainda outros usos onde células-tronco possam ser usadas como tratamento. 2- Os esclarecimentos necessários encontram-se de maneira mais completa no endereço eletrônico: www.hcnet.usp.br/iot/pesquisa.htm. 3- Podemos adiantar sobre o projeto de pesquisa o penúltimo parágrafo que consta no *site* e que dirime a dúvida do consultante:

Contudo esclarecemos que o emprego de células-tronco no tratamento da lesão medular consiste em protocolo científico que inicialmente engloba trinta pacientes selecionados. Não existe uma fila para tal procedimento visto que este somente será empregado nos demais pacientes com lesão medular caso apresente resultados que justifiquem sua indicação.

DR. MAURICIO SECKLER
Relator
DRA. MARIA MATHILDE MARCHI
Revisora
Membro da CoBi
Vice-Presidente da CoBi

Parecer aprovado pela CoBi em sessão de 26.10.2006

Parecer CoBi 010/2006

Assunto: Telefonema aos familiares/pacientes para atualização de dados demográficos e questionamento sobre o tratamento atual
Ementa: A entrevista seria feita por telefone, e a médica pergunta como fica o Termo de Consentimento Livre e Esclarecido neste caso, mais especificamente se este Termo poderia ser aplicado também por via telefônica

A presente consulta, feita por correio eletrônico à secretaria da Comissão de Bioética, refere-se a submeter pacientes de Hospital Psiquiátrico, não mencionado na consulta, a uma pesquisa cujo instrumento é um questionário de atualização de dados cadastrais e sobre dados de história da doença, sua evolução e atualização de medicamentos em uso. A entrevista seria feita por telefone, e a médica pergunta como fica o Termo de Consentimento Livre e Esclarecido neste caso, mais especificamente se este Termo poderia ser aplicado também por via telefônica.

Cabe inicialmente questionar como a médica citada terá acesso às informações dos pacientes. Seriam pacientes que ela atende pessoalmente ou trata-se de pacientes atendidos neste Hospital, aos quais ela terá acesso pelo serviço de arquivo de prontuários?

No caso de ser a segunda alternativa (arquivos de prontuários do hospital), estamos diante de uma quebra da confidencialidade e da intimidade dos pacientes, fato que não se pode autorizar do ponto de vista ético e jurídico, posto que fere o Artigo 5º da Constituição Brasileira de 1988.

Na hipótese de serem pacientes em acompanhamento pela médica naquele hospital, passamos a discutir a consulta do ponto de vista da ética em pesquisa.

Este assunto está bem disciplinado pela RESOLUÇÃO 196, DE 10 DE OUTUBRO DE 1996 do Ministério da Saúde. Na seção II desta resolução (II – TERMOS E DEFINIÇÕES), no item 11, define-se Consentimento Livre e Esclarecido como "anuência do sujeito da pesquisa e/ou de seu representante legal, livre de vícios (simulação, fraude ou erro), dependência, subordinação ou intimidação, após explicação completa e pormenorizada sobre a natureza da pesquisa, seus objetivos, métodos, benefícios previstos, potenciais riscos e o incômodo que esta possa acarretar, formulada em um termo de consentimento, autorizando sua participação voluntária na pesquisa".

Ainda nesta seção, no item 15, define-se vulnerabilidade como "estado de pessoas ou grupos que, por quaisquer razões ou motivos, tenham a sua capacidade de autodeterminação reduzida, sobretudo no que se refere ao consentimento livre e esclarecido" e no item 16 define-se incapacidade como referente "ao possível sujeito da pesquisa que não tenha capacidade civil para dar o seu consentimento livre e esclarecido, devendo ser assistido ou representado, de acordo com a legislação brasileira vigente".

A Resolução 196/1996 dedica uma seção inteira ao Consentimento Livre e Esclarecido, da qual são transcritas partes relacionadas a esta consulta:

"IV – CONSENTIMENTO LIVRE E ESCLARECIDO

O respeito devido à dignidade humana exige que toda pesquisa se processe após consentimento livre e esclarecido dos sujeitos, indivíduos ou grupos que por si e/ou por seus representantes legais manifestem a sua anuência à participação na pesquisa.

IV.1 – Exige-se que o esclarecimento dos sujeitos se faça em linguagem acessível e que inclua necessariamente os seguintes aspectos:

a) a justificativa, os objetivos e os procedimentos que serão utilizados na pesquisa;

...

f) a liberdade do sujeito de se recusar a participar ou retirar seu consentimento, em qualquer fase da pesquisa, sem penalização alguma e sem prejuízo ao seu cuidado;

IV.2 – O termo de consentimento livre e esclarecido obedecerá aos seguintes requisitos:

a) ser elaborado pelo pesquisador responsável, expressando o cumprimento de cada uma das exigências acima;

b) ser aprovado pelo Comitê de Ética em Pesquisa que referenda a investigação;

c) ser assinado ou identificado por impressão dactiloscópica, por todos e cada um dos sujeitos da pesquisa ou por seus representantes legais; e

d) ser elaborado em duas vias, sendo uma retida pelo sujeito da pesquisa ou por seu representante legal e uma arquivada pelo pesquisador.

IV.3 – Nos casos em que haja qualquer restrição à liberdade ou ao esclarecimento necessários para o adequado consentimento, deve-se ainda observar:

a) em pesquisas envolvendo crianças e adolescentes, portadores de perturbação ou doença mental e sujeitos em situação de substancial diminuição em suas capacidades de consentimento, deverá haver justificação clara da escolha dos sujeitos da pesquisa, especificada no protocolo, aprovada pelo Comitê de Ética em Pesquisa, e cumprir as exigências do consentimento livre e esclarecido, através dos representantes legais dos referidos sujeitos, sem suspensão do direito de informação do indivíduo, no limite de sua capacidade;

b) a liberdade do consentimento deverá ser particularmente garantida para aqueles sujeitos que, embora adultos e capazes, estejam expostos a condicionamentos específicos ou à influência de autoridade, especialmente estudantes, militares, empregados, presidiários, internos em centros de readaptação, casas-abrigo, asilos, associações religiosas e semelhantes, assegurando-lhes a inteira liberdade de participar ou não da pesquisa, sem quaisquer represálias;

c) nos casos em que seja impossível registrar o consentimento livre e esclarecido, tal fato deve ser devidamente documentado, com explicação das causas da impossibilidade, e parecer do Comitê de Ética em Pesquisa;

..."

Observa-se claramente que obter o Consentimento Livre e Esclarecido por telefone não contempla os requisitos estabelecidos pela Resolução 196/1996 do Ministério da Saúde.

Em conclusão, sugere-se que o projeto de pesquisa proposto seja submetido dentro do formato previsto pelo Conselho Nacional de Ética em Pesquisa à Comissão de Ética em Pesquisa do hospital onde será realizada a pesquisa e que o Consentimento Livre e Esclarecido seja obtido em duas vias de acordo com a Resolução 196/1996.

Esta Comissão de Bioética considera antiético o procedimento de entrevista por telefone para a realização desta pesquisa proposta com pacientes psiquiátricos.

PROF. DR. RAYMUNDO SOARES DE AZEVEDO
Relator
DRA. FÁTIMA SOLANGE PASINI
Revisora
Membros da Comissão de Bioética

Parecer aprovado pela CoBi em sessão de 26.10.2006

6 Privacidade

O princípio fundamental da dignidade da pessoa humana tem como funções, dentre outras, ser elemento que confere unidade de sentido e legitimidade a uma determinada ordem constitucional. Significa que outorga unidade de concordância prática ao sistema de direitos essenciais, dentre eles os Direitos da Personalidade, os quais, por sua vez, repousam na dignidade da pessoa humana, isto é, na concepção que faz da pessoa fundamento e fim da sociedade e do Estado.

A dignidade da pessoa humana, na condição de valor fundamental que atrai o conteúdo de todos os direitos essenciais, exige e pressupõe o reconhecimento e proteção desses direitos de todas as dimensões. Assim, sem que se reconheçam à pessoa humana os direitos que lhe são inerentes, estar-se-á lhe negando a própria dignidade.

Os Direitos da Personalidade transcendem o ordenamento jurídico positivo, porque ínsitos à própria natureza do homem, como ente dotado de personalidade, intimamente ligados ao homem, para sua proteção jurídica, independente de relação imediata com o mundo exterior ou outra pessoa, são intangíveis, pelo Estado ou pelos particulares. Constituem direitos inatos (originários) absolutos, extrapatrimoniais, intransmissíveis, imprescritíveis, impenhoráveis, vitalícios, necessários e oponíveis *erga omnes*.

Dentre os Direitos da Personalidade figura o Direito à intimidade. Consubstancia-se em mecanismos de defesa da personalidade humana contra injunções ou intromissões alheias.

A doutrina não é pacífica quanto ao dimensionamento desse direito. Alguns autores sustentam um direito geral à intimidade, com particularizações quanto à imagem, ao segredo e à privacidade, dentre outras. Outros o situam entre os direitos de cunho psíquico, representando a proteção à privacidade, na exata medida da elisão de qualquer atentado a aspectos particulares ou íntimos da vida da pessoa.

Enfatiza-se a sua condição de direito negativo, ou seja, expresso exatamente pela não-exposição a conhecimento de terceiro de elementos particulares da esfera reservada do titular. Consiste no direito de impedir o acesso de terceiros aos domínios da confidencialidade.

Entretanto, é possível a sua disposição, devendo o consentimento para a divulgação ser explicitado em documento hábil, com as delimitações próprias.

Há limites ao direito à intimidade, em razão de interesses vários da coletividade e pelo desenvolvimento crescente de atividades estatais, tais como: exigências de ordem histórica, científica, cultural ou artística; exigências de cunho judicial ou policial, inclusive com o uso de aparatos tecnológicos de detecção de fatos; exigências de ordem tributária ou econômica; exigências de informação, pela constituição de bancos, empresa, ou centros, públicos ou privados, de dados, de interesse negocial e de agência de divulgação comercial; exigência de saúde pública e de caráter médico-profissional e outras.

Também, merece referência a tecnologia, com a inserção de mecanismos cada vez mais sofisticados de fixação e de difusão de sons, escritos e imagens – inclusive via satélite – contribuindo para um estreitamento crescente do circuito privado, na medida em que possibilita, até a longa distância, a penetração da intimidade da pessoa e do lar.

A Constituição Federal de 1988 resguarda a vida privada e a intimidade, assegurando a sua inviolabilidade, na linha da orientação internacional.

A tendência da doutrina vem sendo no sentido de particularização do direito ao segredo, compreendendo-se: o sigilo pessoal; o sigilo documental; o sigilo profissional e o sigilo comercial. Assim, separando-se as duas figuras, tem-se que, enquanto o direito à intimidade envolve aspectos mais amplos da esfera privada, abrangendo a pessoa em sua introspecção e na extensão do lar, da comunicação direta e da correspondência, o sigilo refere-se a fatos específicos, conservados no âmago da consciência, por não convir ao interessado a sua divulgação, seja em virtude de razões personalíssimas (confidências), seja em razão de atividade profissional ou comercial.

O direito ao segredo encontra guarida em Constituições dos países estrangeiros civilizados, a partir da previsão em Convenções Internacionais. Na Constituição Brasileira de 1988, acha-se contemplado expressamente dentre os direitos fundamentais.

No plano penal, são capitulados os delitos de: divulgação de segredo, inclusive documental; violação do segredo profissional, bem como ato de concorrência desleal e atos contrários à administração pública.

MARIA MATHILDE MARCHI

Parecer CoBi 10.12.1998

Assunto: Uso de imagem de paciente psiquiátrico
Interessado: Presidente do Conselho Diretor do Instituto de Psiquiatria

O Departamento de Psiquiatria da FMUSP indaga à CoBi quais seriam os limites éticos do uso da imagem de pacientes psiquiátricos em documentários com finalidade pedagógica e de esclarecimento ao público em geral.

Este parecerista entende que, em princípio, se for possível respeitar plenamente a autonomia do paciente cuja imagem se pretende expor, o uso da imagem do paciente em matérias de esclarecimento junto ao público pode ter impacto positivo junto à sociedade, no sentido de desfazer mitos e preconceitos contra o doente psiquiátrico, alertar a população sobre os modernos tratamentos e seus resultados, afastando o fantasma do niilismo terapêutico com que por vezes a especialidade ainda é encarada. No entanto, a questão não é de forma nenhuma simples e envolve muitas dificuldades de ordem prática e do ponto de vista ético.

1. Em primeiro lugar, gostaria de salientar que o preconceito, infundado, contra o portador de distúrbio psiquiátrico é bastante arraigado em nosso meio social. Para citar apenas alguns exemplos, é freqüente existir uma triagem no ingresso ao serviço público em que candidatos que alguma vez tenham feito tratamento psiquiátrico são vetados nos exames admissionais após terem sido aprovados em concurso público. As empresas privadas dificilmente aceitam em seus quadros pessoas que alguma vez tenham sido internadas em estabelecimento de saúde mental. E este tipo de discriminação não é apanágio do nosso país. No final dos anos 60, um potencial candidato à presidência EEUU acabou por renunciar à sua pretensão após seus oponentes políticos terem se apossado e divulgado informações sobre seu prontuário de psicoterapia. E mais recentemente em editorial do *British Journal Of Psychiatry (1977), 171, 497-500,* temos o relato de que pacientes candidatos a transplante de fígado foram barrados pelo simples fato de terem sofrido um único episódio depressivo no passado. Tendo em vista esse tipo de estigma social, ficamos frente a um dilema, qual seja, se nos privarmos de fazer uma matéria de divulgação a qual combateria o próprio preconceito por receio de estarmos contribuindo para a estigmatização do paciente em questão frente à sociedade, na verdade estaríamos nos rendendo ao preconceito. E caso a façamos, corremos o risco eventual de prejudicar o paciente em seu direito de preservação de sua imagem.
2. Em segundo lugar, caso se considere viável em tese o uso da imagem do paciente, há que se tomar um extremado cuidado com o aspecto do respeito à autonomia do paciente. Existe uma minoria de pacientes cujo distúrbio chega a anular completamente a capacidade de tomar decisões, como os portadores de estágios mais avançados de de-

mência de tipo Alzheimer ou de outro tipo, os portadores de lesão cerebral severa ou os portadores de severo retardo mental. A maior parte dos pacientes portadores de distúrbio psiquiátrico não chega a ter a capacidade de autodeterminação prejudicada, e poderiam, em princípio, expressar seu consentimento de forma livre e sem coação. No entanto, toda a cautela será pouca no sentido de se evitar a obtenção de consentimento de pacientes que possam estar propensos a consentir com qualquer proposta, como por exemplo, um paciente que esteja em fase aguda hipomaníaca. Evidentemente, um consentimento nestas condições não seria um consentimento válido, mas tão somente um arremedo. Este caso exemplifica um outro contingente de pacientes, cuja possibilidade de autodeterminação se encontra parcialmente comprometida, porém tão somente na fase aguda do distúrbio. Passada esta fase aguda, o desempenho do paciente neste mister fica desimpedido e ele pode fornecer ou não consentimento conforme lhe apraza.

3. Por fim, como último aspecto temos o artigo 104 do Código de Ética Médica que estabelece ser vedado ao médico "fazer a referência a casos clínicos indentificáveis, exibir pacientes ou seus retratos em anúncios profissionais ou na divulgação de assuntos médicos em programas de rádio, televisão ou cinema, e em artigos, entrevistas, ou reportagens em jornais, revistas ou outras publicações leigas".

Este parecerista indagou ao Conselho Regional de Medicina se este artigo seria de fato aplicável ao contexto acima. Minha impressão preliminar é diversa. Este artigo se situa no Capitulo IX do Código de Ética Médica, o qual versa sobre o sigilo médico. Se entendermos que o sigilo médico é um direito do paciente e que o mesmo dentro de sua Autonomia pode fazer o uso que melhor lhe aprouver, caso o paciente, tendo sido respeitadas as condições acima discutidas, consinta na divulgação de sua imagem, seria o artigo 104 aplicável a esta situação?

Caso a manifestação do CREMESP endosse a interpretação acima, poder-se-á considerar aceitável a divulgação da imagem do paciente em mídia, evitando-se sua identificação nominal, desde que se trate de matéria de relevante importância pedagógica e de esclarecimento ao público e para tal dever-se-á obter o consentimento informado do paciente já adequadamente tratado e que tenha condições de fornecê-lo de forma livre, voluntária e sem coação (vide Apêndice).

DR. JOSÉ CARLOS RAMOS CASTILLO
Relator
Membro da Comissão de Bioética

MODELO DE CONSENTIMENTO PÓS-INFORMAÇÃO

A respeito do documentário em que será usada minha imagem, fui esclarecido do seguinte:

1. É um documentário científico, com finalidade educativa e cujo objetivo é desmistificar a doença psiquiátrica, mostrando os modernos recursos de tratamento e seus resultados favoráveis, além de combater o preconceito contra a doença e o doente.
2. Fui informado do risco que existe inerente à exposição de minha imagem na mídia, quais sejam, constrangimento e eventual dificuldade no mercado de trabalho.
3. A minha participação é voluntária.
4. Poderei retirar o meu consentimento a qualquer instante.
5. Tenho o direito de não participar e não sofrerei nenhuma represália caso não participe; o tratamento continuará da mesma forma.

Parecer aprovado pela CoBi em sessão de 26.11.1998

Parecer CoBi 26.11.1998

Assunto: Termo de Cessão não onerosa de Direitos Autorais e Medicina
Interessado: Departamento Ortopedia e Traumatologia

1. A Comissão de Bioética é solicitada a manifestar-se sobre Termo de Cessão não onerosa de Direitos Autorais e Conexos encaminhado pelo Departamento de Ortopedia e Traumatologia da Faculdade de Medicina da Universidade de São Paulo, referente a direitos autorais.
2. O pedido é enviado pela SOCIEDADE BRASILEIRA DE ORTOPEDIA E TRAUMATOLOGIA e se prende a gravações que venham a ser feitas por professores integrantes daquele Departamento, como Cedentes e permitindo àquela Sociedade, Cessionária, a exploração onerosa dos vídeos, cujos termos são: "dispondo ainda como bem lhe aprouver, inclusive fazendo inserir ou deixando de inserir meu nome verdadeiro e/ou pseudônimos, resolvendo ainda sobre a substituição desses nomes ou cognomes por outros de sua exclusiva escolha e conveniência, bem como usar ou reproduzir para fins promocionais e publicitários em suas embalagens, etiquetas, impressos ou em quaisquer outros meios de divulgação; sem nenhum ônus, o meu nome verdadeiro e/ou pseudônimo, biografia e fotografias. Sendo de minha inteira responsabilidade as opiniões pessoais por mim emitidas no mencionado vídeo. Mais ainda, há no texto frase que isenta a Cessionária "de qualquer responsabilidade civil ou criminal por quaisquer termos, desenhos, menções e outras formas de expressão de linguagem que por mim sejam utilizadas".
3. Inicialmente, há que se ter presente que o Direito de Autor é forma especial de proteção das criações intelectuais, artísticas, científicas, ou outras, que têm como característica a imaterialidade, regendo-se pela lei n.9.610 de 19/02/98. Direito de autor é o direito que recai sobre obra literária, artística ou científica.
4. É direito, do tipo do direito de propriedade que recai sobre coisa móvel, portanto, disponível, isto é, transferível a qualquer título (gratuito ou oneroso) e ainda compreendido entre os negócios patrimoniais, isto é, passíveis de avaliação em pecúnia. Segundo o artigo 4º da lei, os negócios jurídicos sobre direitos autorais devem ser interpretados, restritamente, ou seja, qualquer coisa que não tenha sido expressamente ajustada não existe para efeitos obrigacionais entre partes.
5. Por essa razão, acredito, é que, no caso presente, o pedido de cessão de direitos de autor é feito por sociedade que congrega profissionais da área de Ortopedia e Traumatologia, que, tudo indica, será beneficiária da comercialização dos vídeos por ela produzidos.

6. A apresentação será gravada em vídeo, criando-se material audiovisual – fixação de imagens com som, ou sem ele, cuja finalidade é criar imagem para posterior veiculação.
7. A lei garante proteção a obras intelectuais expressas por qualquer meio ou fixadas em qualquer suporte, tangível ou intangível, existente ou que seja inventado no futuro, tais como audiovisuais, entre outros. (art. 7º)
8. O que se estranha no texto não é o pedido de cessão gratuita dos direitos sobre a idéia, a técnica, o procedimento, mas a forma empregada para afastar direitos garantidos em lei, como:
   a) ter o autor seu nome, como o do autor, na utilização da obra;
   b) assegurar a integridade, opondo-se às modificações ou à prática de atos que possam prejudicá-la, ou atingi-lo como autor, em sua reputação e honra;
   c) retirar ou suspender a circulação já autorizada da obra.
9. Esses direitos morais do autor são inalienáveis e irrenunciáveis, e, nada obstante essa regra (art.27 da Lei), o texto examinado pretende fazer tábula rasa de norma imperativa!
10. Assim é que a cessão dos direitos inclui o poder de usar o material, isto é, o vídeo, como, quando e onde quiser a Cessionária, o poder de reproduzi-lo fragmentariamente, empregá-lo em publicidade ou promoção – nem se sabe de que – em embalagens, etiquetas, os outros meios de divulgação. Ora, trata-se de vídeo de matéria especializada, técnica, de interesse de profissionais da saúde, mas que não se destinaria à divulgação junto a qualquer público.
11. Pior, pretende-se o emprego do vídeo, ou partes dele, sem dar crédito ao autor da idéia, técnica ou processo, admitida a inserção de nome(s) ou cognome(s) de terceiros, que poderiam, sequer, ser aptos a figurar em tal matéria.
12. Não bastasse esse absurdo, a Cessionária, que tem poder completo sobre a edição do material filmado, como bem lhe apraza, se isenta de qualquer responsabilidade civil ou penal por termos, desenhos, menções ou outras formas de expressão!
13. A lei que protege as criações intelectuais prevê que o autor, o criador, seja recompensado pela exploração econômica que façam de sua produção intelectual e faculta-lhe desobrigar que o faça de qualquer pagamento.
14. Também prevê, no art. 81, necessidade de autorização para produção de audiovisual, mas esse consentimento se refere apenas ao licenciamento, não à usurpação da autoria da obra, cujo crédito de criação deve ser reconhecido. Também se garante ao autor a possibilidade de impedir a fragmentação da obra, e, especialmente, dá ao autor o poder de impedir que se use sua criação de forma a eventualmente causar-lhe embaraços e prejuízos, parecendo que o texto ultrapassa os limites mínimos aceitáveis para discutir-se cessão de direitos autorais.
15. Referido termo de cessão de direitos autorais é leonino e, analisado quer sob a óptica do direito autoral quer aplicando-se a regra do art. 51 da Lei nº 8.078/90 (Lei de Defesa do Consumidor), contém cláusulas nulas, por abusivas.
16. Recomenda-se não assinar contratos com semelhante redação, pois é disso que se trata, de um contrato, em que se constatam irregularidades tais que põem em risco a reputação do profissional.

17. Se, juridicamente fosse pertinente, se a luz do Código de Ética Médica fosse viável, restaria o juízo de consciência, que nos impediria a assinatura de Termo nesse teor e muito menos induzir colegas a fazê-lo.

PROFA. RACHEL SZTAJN
PROF. FLÁVIO ADOLFO COSTA VAZ
Membros da Comissão de Bioética

Parecer CoBi 09.08.1998

Assunto: Entrega de Prontuários de pacientes ou relatórios sobre pacientes à autoridade judiciária e/ou policial
Interessado: Divisão de Arquivo Médico

A Divisão de Arquivo Médico do Instituto Central do Hospital das Clínicas indaga desta Comissão quanto ao amparo ético e legal para cumprir os requerimentos formulados por autoridade judiciária (juiz de direito ou promotor de justiça) ou policial (delegado de polícia), que pretendem receber cópia de prontuário de pacientes da Instituição. Informa o solicitante que, muitas vezes, os pedidos têm caráter de intimação, com prazos definidos para cumprimento, juntando cópias a título de ilustração.

A questão deve ser enfocada de forma a analisar separadamente os pedidos formulados por autoridade policial daqueles que têm origem no Poder Judiciário, bem assim aqueles em que o paciente é interessado dos em que não é parte da demanda. Igualmente, é preciso saber se o paciente, à quem pertence o prontuário, concorda ou não com sua exibição a qualquer daquelas autoridades solicitantes da informação.

É certo que o respeito à autonomia do paciente inclui o direito que tem quanto à manutenção de sigilo sobre sua saúde, práticas terapêuticas a que tenha sido submetido, medicação, ou outros procedimentos médicos quaisquer, sendo que esse direito ao sigilo deve ser respeitado.

O sigilo profissional, aí incluído o médico, visa a restringir a comunicação de fatos de que o profissional tenha conhecimento por força da relação de confiança que deve existir entre ele e seu cliente. Mais ainda, no caso do médico, a profissão está fundada, primariamente, na responsabilidade moral, na *lex artis* e, subsidiariamente, na responsabilidade ética e jurídica, como se verifica da elaboração dos códigos de ética médica ou de deontologia profissional, dos Códigos Penal e Civil.

Aponta-se que a palavra profissão, do latim *professio*, que tem o substantivo *fassio* e o adjetivo *fassus*, termos indicativos de confissão pública, promessa ou consagração ao lado de profissão. Assim, para Cícero, o *profiteri se medicum, gramaticum*, tinha o sentido de confessar-se publicamente, ser reconhecido publicamente como médico. A consagração social e pública de que gozavam os exercentes da profissão médica perdura até hoje seja por força da orientação social da atividade, seja pela característica de confessores que se lhes atribui.

Espera-se do médico altruísmo, esforço desinteressado em benefício da coletividade, tal como aparece no Juramento Hipocrático. E, seguramente, um dos princípios informadores do exercício profissional é o respeito à privacidade e confidencialidade do paciente que deve ser objeto do mais estrito sigilo e confidencialidade, tal como fazem os clérigos nos casos de confissão; trata-se de manter segredo quando danos podem ser causados pela quebra desse dever.

O direito constitucional contra a violação da intimidade, pois é disso que se trata, só pode ser descumprido quando há risco para a comunidade ou saúde pública. É o caso de moléstias infectocontagiosas que se espalham rapidamente podendo pôr em risco grandes contingentes populacionais.

O direito à privacidade deriva do direito à vida, à liberdade, à propriedade sobre a imagem, mas, especialmente, do direito de gozar a vida, de ficar só. O direito de não ser apontado na rua, não ser submetido a tensão ou mal-estar. Charles Fried, citado por Tom I, Beauchamp e James F. Childress diz que *privacy is a necessary condition – "the necessary atmosphere" – for maintaining intimate relationships of respect, love, friendship and trust. Without privacy, he argues, these relationships are inconceivable.*

Porém, o respeito pela autonomia pode ser melhor explicação para esse princípio. Segundo esse princípio, há uma área em que o **eu** e o direito de protegê-lo, restringindo o acesso de terceiros, é importante e deve ser protegida.

Por sua vez, a confidencialidade da informação decorre da dignidade da pessoa, da autonomia e do poder que as pessoas têm sobre as informações particulares que prestam aos médicos, somadas àquelas que decorrem dos resultados dos testes a que tenham sido submetidas.

Nota-se que, em geral, quando uma pessoa confidencia alguma coisa a outra, solicitando que o assunto não seja comentado sem permissão, dois fenômenos estão presentes: o relato voluntário e particular, privativo, quando o pedido de sigilo o acompanha. Em algumas profissões, o pedido de sigilo não é de ser esperado uma vez que, pela própria atividade, para bem desempenhá-la, a "confidência" é involuntária, no sentido de que não decorre de vontade livre, mas de necessidade operacional. Esse é o caso dos médicos, dos advogados, dos religiosos. A especialidade de tais relações está, também, baseada na premissa de que as informações prestadas, voluntária ou compulsoriamente, serão mantidas longe do conhecimento de quaisquer terceiros. E, tais pessoas, por força de seu mister, estão, mais que outras, impedidas de controlar ou limitar a liberdade de seus clientes ou confidentes.

Não por outra razão, Nelson Hungria, citado no parecer de 10/02/1980 de Antonio Carlos Mendes, assessor jurídico, assim se manifesta sobre o sigilo médico no sentido de que *o temor da quebra dos segredos poria em choque a liberdade de atuação da vontade.* (Comentários ao Código Penal).

Admitem-se exceções como nos casos em que possa haver prejuízo para a saúde pública, tais os casos de constatação de moléstias infectocontagiosas e os de conhecimento de crimes de ação pública, sem que se sujeite o paciente a procedimento criminal.

Além dos casos de informação compulsória às autoridades, do ponto de vista ético podem ser encontradas respostas em ambos os sentidos, algumas que permitam a quebra da confidencialidade desde que os profissionais informem aos seus pacientes quais os limites que pretendem observar. Com isso, o paciente poderá procurar outro profissional ou, se for possível, ocultar ou restringir alguma informação que prejudique o paciente. As informações de que aqui se trata podem constar de prontuário médico, papeletas, folhas de anotação médica, ou quaisquer outros documentos, por isso que funcionários e administradores de hospitais, clínicas e casas de saúde ficam sujeitos às regras do Código Penal se vierem a revelar segredo médico por meio da entrega de tais anotações/informações a terceiros.

O acesso não autorizado e/ou a divulgação de tais informações viola o direito à intimidade e configura delito. Ocorre, porém, que a autoridade judicial por força de sua competência legal pode requerer informações sobre saúde, acidentes ou traumas de paciente que seja parte em procedimento judicial como parte da instrução ou fase probatória do processo, mas a autoridade judiciária não tem o poder para obter informações que ultrapassem os dados necessários para elucidar os fatos.

Por sua vez, a autoridade policial não tem, legalmente, competência para requerer informações sobre estado de saúde, moléstias, terapêuticas ou outros procedimentos médicos diretamente à instituição hospitalar.

Na instrução de inquérito policial, seja ou não de interesse do paciente, o consentimento é fundamental para que se prestem informações que, em qualquer hipótese, não podem consistir na entrega do prontuário ou cópia dele. A intimidação pode configurar constrangimento ilegal e/ou abuso de autoridade que se enfrentará com a interposição de mandado de segurança.

Entretanto, para facilitar a convivência, nesses casos, sugere-se requerer à autoridade policial que apresente termo de autorização do paciente e esclareça que tipo de informação deve ser prestada. Exemplo será, no caso de paciente baleado, localização do projétil e ferimentos ou lesões internas decorrentes do fato. Seqüelas daí advindas estariam fora desse limite, salvo se a informação for prestada em benefício do paciente.

Quanto à intimação para prestar depoimentos ou esclarecimentos, os intimados devem comparecer às delegacias de polícia ou audiências de instrução, limitando-se, no máximo, a explicar os procedimentos relacionados com o caso objeto da intimação, salvo expressa autorização do paciente para fornecimento de detalhes outros, excepcionada a justa causa e cumprimento de dever legal.

Assim, há amparo legal e ético para, sem consentimento do paciente, recusar a entrega de prontuários ou cópias de prontuários, ressalvadas as hipóteses previstas no Código de Ética Médica, em que se admite a prestação de informações independente da vontade do paciente em situações bem determinadas.

Do acima exposto resulta que apenas relatórios, com informações específicas, e só aquelas, podem ser emitidos pela Divisão de Arquivo Médico, atendidas as normas internas vigentes. Prontuários médicos, por conterem informações que excedem o interesse das autoridades policiais ou judiciárias, não devem ser fornecidos sem expresso consentimento do paciente titular da informação.

Igualmente no caso de prestação de informações a convênios ou planos de assistência à saúde, reportamo-nos a Pareceres do Conselho Federal de Medicina 50/89 e 02/94, em que se afirma que o prontuário não é documento para a cobrança de convênios, pelo que seu manuseio por pessoas que não estejam sujeitas às regras de sigilo profissional deve ser proibido.

Passa-se em seguida à análise do Of. DE. InCor/021/98 que solicita parecer da Comissão de Bioética sobre a entrega de cópia do inteiro teor de prontuários médicos a pacientes ou seus familiares.

Trata-se, agora, de informação que pertence ao paciente, portanto, a seu pedido, deve ser fornecida. Porém, quanto à cópia fiel, ou inteiro teor do prontuário, há que agir com cautela. O prontuário deve espelhar tanto as condutas terapêuticas prescritas e adotadas, mas conterá, via de regra, informações sobre o parecer do profissional de saúde quanto aos resultados alcançados, ou não, alterações e de condutas terapêuticas, bem como outras informações que interessam sobretudo ao médico e demais profissionais envolvidos no caso clínico, ou outras que o paciente confidencia a seu médico, mas não aos familiares. Assim, o fornecimento de tais informações pode levar à transmissão de segredos profissionais, tanto relacionados a confidências do paciente quanto a práticas médicas, a descobertas outras de interesse científico, mas ainda não suficientemente comprovadas, aquelas que não podem ser objeto de requerimento de patente ou registro especial, o que não deve ser estimulado. Nesses casos, o prontuário de ser, previamente, escoimado dessas informações sigilosas, daí porque não se entregará cópia fiel ou certidão de inteiro teor, mas sim as peças que possam ser manuseadas por quaisquer terceiros sem risco para o paciente e os profissionais que o atenderam.

Quanto aos familiares do paciente, especialmente nos casos de óbito, há que indagar se o prontuário médico-hospitalar constitui parte da herança, quanto haveria transmissão imediata da titularidade. Entendo que não, pois aqui se trata de informações ligadas à personalidade do indivíduo que se extingue com o falecimento.

Dessa forma, para preservar a memória do falecido, o prontuário deve ser mantido em sigilo, salvo no que puder ser solicitado por autoridade judicial para esclarecer eventual responsabilidade pela morte. No caso de paciente vivo, aplica-se a regra geral de que só com seu prévio e expresso consentimento serão entregues cópias do prontuário, com as cautelas recomendadas a seus familiares.

CoBi, em 27 de agosto de 1998.

PROF. GABRIEL OSELKA
Presidente
PROFA. RACHEL SZTAJN
Membro
Membros da Comissão de Bioética

Parecer aprovado pela CoBi em sessão de 27.08.1998

Parecer CoBi 10.12.1998

Assunto: Responsabilidade do médico desde a internação até a alta do paciente

Interessado: Conselho Federal de Medicina. (Resolução 1.493 de 15 de maio de 1998)

O conjunto de escritos sobre ética médica deveria delimitar os ideais da responsabilidade do médico, que vai desde observar os melhores interesses dos pacientes até respeitar a sua própria autonomia enquanto profissional, passando pela relação de dependência com a instituição em que trabalha. Esta responsabilidade consiste na obrigação de reparar e satisfazer as conseqüências dos seus atos ou omissões que o médico realiza.

A internação de um paciente tem por objetivo reunir condições materiais e humanas para a execução de um diagnóstico e um tratamento médico e que a ética recomenda que este deva ser realizado em um ambiente adequado.

O atual paradigma de saúde exige que o Hospital deve dispor de equipes multiprofissionais para um melhor atendimento aos seus pacientes, além das equipes compostas por diferentes especialistas, que procuram dar o melhor de sua competência em benefício do paciente.

Responsabilizar um único profissional por todos os procedimentos que ocorrem durante a internação é uma atitude simplista e anacrônica. Por outro lado, a complexidade dos fatos que na responsabilidade compartilhada devem ser avaliados é um fator que desorienta tanto ao paciente quanto à Instituição no momento de identificar o(s) responsável(eis) frente aos atos.

Por este motivo, torna-se necessário que sempre exista um indivíduo responsável pela ligação entre o doente e a equipe que o assiste e um indivíduo que possa responder pelo conjunto de atendimento ordenados frente à instituição.

O Hospital é uma Instituição que possui uma identidade jurídica e como tal tem responsabilidade civil sobre o que é realizado em seu interior. Enquanto empregador, a Instituição deve responder pelos atos praticados pelos seus empregados ou estagiários, entretanto essa relação de dependência não retira de cada indivíduo a sua responsabilidade, civil, penal, trabalhista etc.

Já o Hospital Universitário, pela função adicional de ensino e pesquisa, tem como peculiaridade no Hospital das Clínicas da USP uma estrutura hierárquica na qual o Professor Titular da Disciplina na Faculdade é o chefe do serviço médico correspondente no Hospital.

O Diretor Clínico, que também é um Professor Titular, é o responsável técnico do Hospital para dirigir o corpo médico, mas ainda que escolhido pelos seus pares, tem sobre eles apenas ascendência técnico-normativa, já que se subordinam administrativamente à Superintendência, que é um cargo nomeado pelo Governador do Estado. Em outras palavras, a relação hierárquica dos professores dirigentes das unidades assistenciais é ambígua.

Na relação do professor com os médicos, docentes ou não, da sua unidade existe clara ascendência técnica administrativa e é sob sua orientação que se dá o atendimento ao doente.

Assim, no Hospital das Clínicas da USP, pelas suas características constitucionais, deveria compartir a responsabilidade. Desta forma, a responsabilidade pela internação é da competência do chefe da unidade assistencial, que deverá designar o médico responsável pelo paciente, que deverá comunicar ao paciente e dele obter o consentimento para poder realizar todos os procedimentos a que será submetido.

PROF. CLAUDIO COHEN
Vice-Presidente da CoBi
DR. ALBERTO HIDEKI KANAMURA
Membro da CoBi
Membros da Comissão de Bioética

Ilmo. Senhor

Professor Evandro A. Rivitti

DD. Diretor Clínico

A Comissão de Bioética, em sessão de 10 de dezembro de 1998, aprovou os comentários sobre a Resolução CFM nº 1.493, que trata da Responsabilidade do médico desde a internação até a alta do paciente, proferidos pelos Doutores Alberto Hideki Kanamura e Claudio Cohen, propondo que o Senhor Diretor Clínico encaminhe ao Conselho Federal de Medicina.

CoBi, 10 de dezembro de 1998.

PROF. GABRIEL OSELKA
Presidente
Comissão de Bioética do HC e da FMUSP

Ofício DC nº 016/98
São Paulo, 03 de março de 1999

Ilmo. Senhor
Doutor Waldir Paiva Mesquita
DD. Presidente
Conselho Federal de Medicina

Senhor Presidente

A título de subsídio, enviamos, anexa, manifestação formulada pela **COMISSÃO DE BIOÉTICA** da Diretoria Clínica do Hospital das Clínicas da Faculdade de Medicina da Universidade de São Paulo, com referência à Resolução do Conselho Federal nº 1.493, datada de 15 de maio de 1998, e sua aplicabilidade num Hospital de perfil Universitário.

Aproveitamos a oportunidade para renovar o nosso apreço

PROF. GIOVANNI GUIDO CERRI
Diretor Clínico do HCFMUSP

Parecer CoBi 10.06.1999

Assunto: Solicitação para documentar sedações (filmando e fotografando) para aulas
Solicitante: Divisão de Anestesia do HCFMUSP

Considerações:

- O Hospital das Clínicas é um Hospital-escola, destacando-se a importância de sua função de ensino. Aulas são componentes das estratégias didáticas utilizadas. A apresentação de experiências práticas é técnica rotineiramente utilizada no Hospital das Clínicas, evidenciando-se a relevância de casos ilustrativos.
- O Código de Ética Médica, em seu art.104, determina: "é vedado ao médico fazer a referência a casos clínicos identificáveis, exibir pacientes ou seus retratos em anúncios profissionais ou na divulgação de assuntos médicos em programas de televisão ou em cinemas e em artigos, entrevistas ou reportagens em jornais, revistas ou outras publicações".
- O sigilo profissional, dever de todo profissional de saúde, pode ser quebrado com o consentimento do paciente.
- Aulas privadas constituem-se em ambiente privilegiado para respeito ao sigilo profissional.
- O disposto no art. 20 do Projeto do Código Civil aprovado pelo Senado Federal, conforme referido na Ata da Reunião da Comissão de Bioética do HC e da FMUSP datada de 12/02/98, prevê a necessidade de autorização para uso da imagem de uma pessoa.

Conclui-se:

Pode ser permitido filmar e fotografar sedações para uso exclusivo em aula proferidas por profissionais da Divisão de Anestesiologia, desde que previamente autorizadas pelo paciente, assinando um Termo de Consentimento Pós-informação, não podendo ser utilizado além das limitações exatas em que for expresso. O consentimento deverá ser obtido de forma livre e sem coação.

Quando se tratar de criança ou adolescente, este deverá ser informado e manifestar sua autorização, de acordo com seu grau de desenvolvimento e compreensão. O termo deverá ser assinado por seu responsável legal.

No caso de paciente incapaz, o documento deverá ser assinado pelo representante indicado.

MARIA JOSÉ PARO FORTE
DR. FRANCISCO ROQUE CARRAZZA
Membros da Comissão de Bioética

EXEMPLO DE TERMO

HC FMUSP

TERMO DE CONSENTIMENTO PÓS-INFORMAÇÃO AUTORIZAÇÃO DE USO DE IMAGENS

I – DADOS DE IDENTIFICAÇÃO DO PACIENTE

1. Nome do Paciente: ....
Rg HC ....
documento de identidade nº ....
sexo: m f
data nascimento: .... / .... / ....
Endereço: .... nº .... apto. ....
Bairro: .... Cidade: .... Estado: ....
CEP: .... Telefone: DDD (..........) ....

II – EXPLICAÇÃO SOBRE O USO DE IMAGEM DO PACIENTE

1. OBJETIVOS DO USO:

Considerando-se

- que a Divisão de Anestesia do HC – FMUSP realiza um trabalho voltado para a assistência, ensino e pesquisa;
- que é fundamental a divulgação de procedimentos através de aulas e palestras;

2. ESCLARECIMENTOS SOBRE A LIBERDADEDE DE RETIRAR SEU CONSENTIMENTO A QUALQUER MOMENTO, SEM QUE ISTO TRAGA PREJUÍZO À CONTINUAÇÃO DO SEU CUIDADO E TRATAMENTO

....

III – OBSERVAÇÕES COMPLEMENTARES

....

IV – CONSENTIMENTO PÓS-ESCLARECIMENTO

Declaro que, após todos os esclarecimentos, autorizo a divulgação de minha imagem (fotos, filmes) quando se fizer necessário dentro de programa de Ensino preestabelecido pela instituição.

São Paulo .... / .... / ....

....

(assinatura do paciente/ou responsável legal ou representante indicado)

....

(assinatura do profissional que obteve o Consentimento)

Parecer aprovado pela CoBi em sessão de 10.06.1999

Parecer CoBi 11.05.1999

Assunto: Solicitação de prontuário de paciente por autoridade judicial
Interessado: Departamento de Cirurgia da FMUSP

Designada pelo Presidente da Comissão de Bioética, para analisar consulta do Departamento de Cirurgia da Faculdade de Medicina da Universidade de São Paulo, decorrente de ofício do Mmo. Juiz de Direito da 23ª Vara Cível da Capital, em que requer o envio de cópia do prontuário de um paciente.

O Departamento de Cirurgia informa que o referido paciente foi atendido no Hospital das Clínicas da FMUSP, com atendimento ambulatorial na Unidade do Fígado, sob cuja guarda há um prontuário. Outro prontuário está sob guarda da Divisão de Arquivo Médico, do qual constam as internações hospitalares deste paciente, falecido em 26 de junho de 1997.

Da leitura das peças dos autos verifica-se que o pedido está ligado a litígio promovido por ..... contra Companhia Seguradora, presumindo-se que esteja a exigir o pagamento do prêmio de eventual seguro de que seja beneficiária.

Faltam informações mais precisas quanto à matéria em discussão naquele feito, mas tendo em mente parecer anterior em que manifestei meu entendimento quanto à entrega de prontuário do paciente às autoridades judiciais, relembro que o prontuário pertence ao paciente e deve ser fornecido a seu pedido. Mas, como também expliquei no parecer anterior, o prontuário do paciente pode conter informações sigilosas prestadas ao médico pelo paciente, informações estas que não devem ultrapassar os limites da confidencialidade. Também expliquei que entendo que o prontuário não constitui parte da herança, pelo que eventuais herdeiros não terão direito sobre as informações ali contidas.

Por isso que, para proteger a memória do falecido, o prontuário deve ser mantido em sigilo, salvo no que puder servir para elucidar a causa da morte, e só se solicitado por autoridade judicial.

De todo modo, a entrega de cópia completa de prontuário do paciente só pode ser feita se por ele autorizada e em seu benefício, não para benefício de herdeiros ou sucessores.

Dessa forma, no caso presente, entendo que se deve verificar quais os dados necessários para que o Mmo. Juiz oficiante possa manifestar-se no litígio acima referido. Tratando-se, como parece, de cobrança de seguro, entendo que dados sobre a causa da morte, e/ou eventuais moléstias que possam tê-la provocado, possam ser suficientes para deslinde do caso. Extraindo-se tais elementos dos prontuários, quer aquele sob guarda da Divisão de Arquivo Médico, quer aquele que se refere ao atendimento ambulatorial da Unidade de Fígado, estarão preservados tanto o sigilo profissional quanto os do Juízo.

CoBi, em 11 de março de 1999

DRA. RACHEL SZTAJN
Relatora
Membro da Comissão de Bioética

Parecer aprovado pela CoBi em sessão de 11.03.1999

Parecer CoBi 25.03.1999

Assunto: Indicação do momento da morte para fins legais
Interessado: Instituto da Criança

Respondendo à consulta formulada à Comissão de Bioética do Hospital das Clínicas e da Faculdade de Medicina da Universidade de São Paulo – CoBi, pelo Instituto da Criança, quanto à conduta a ser adotada quando prontuários de pacientes falecidos no HC fazem constar horários diferentes da morte do paciente, mencionando *morte encefálica* às ... hs. e *morte clínica* às ... hs., criando óbvia dubiedade para fins legais, oferecemos as seguintes considerações:

1. A **morte encefálica** é atualmente considerada como **morte**, em nosso País. A aceitação desse conceito é resultado de Jurisprudência, não estando o mesmo expresso em qualquer texto legal, **a não ser para fins de conduta médica**, e, mais especificamente, **para fins de retirada de órgãos, para transplantes.**
2. Assim sendo, decorre que o **reconhecimento da morte** é, essencialmente, **atribuição do médico** (salvo raras exceções, quando não haja médico para atestar a morte, estando essas situações obviamente excluídas da caracterização da morte encefálica).
3. Embasando a postura do médico, a favor da equiparação da **morte encefálica** a **morte** (para todos os fins legais), citaremos tão somente a DECLARAÇÃO DE SIDNEY, adotada, em 1968, pela 22ª Assembléia Médica Mundial, a Lei 9434 de 04/02/97 *que dispõe sobre a remoção de órgãos, tecidos e partes do corpo humano, para fins de transplante e tratamento*, o Decreto Federal No. 2268, de 30/06/97, regulamentando a Lei referida, e a Resolução do Conselho Federal de Medicina – CFM, No. 1.480/97, **estabelecendo normas para o reconhecimento da morte encefálica.**
4. Nessas condições, embora esses conceitos, e essas disposições, possam ainda não ser totalmente consensuais, e plenamente assimilados pela comunidade, **morte encefálica equivale à morte**. Se assim não fosse, a retirada de órgãos de corpos em estado de morte encefálica passaria a crime de homicídio.
5. Lembre-se que o *Código de Deontologia Médica*, de 1984, mencionava a *morte cerebral (e não a encefálica)*, como situação em que seria ilícito ético a preservação artificial da "vida"; o Código de Ética Médica, de 1988, vigente, é omisso nesse sentido.
6. Não há, definitivamente, porque **NÃO PASSARMOS A CONSIDERAR, <u>PARA TODOS OS FINS</u>, MORTE ENCEFÁLICA COMO MORTE**. Mesmo pela razão de, nas circunstâncias atuais, não existir outro meio.
7. Na situação de morte encefálica, deve ser a conduta adequada, **informa-se a família, desligam-se os aparelhos, e dá-se o atestado de óbito**. (Havendo indicação de transplante de órgãos, obedece-se o que a Lei estabelece.)

8. Nesses termos, **podemos concluir dever ser o instante da morte encefálica** (**quando ela tenha sido caracterizada**), **o horário de morte a ser consignado, para qualquer fim.**

CoBi, em 25 de março de 1999

PROF. DR. MARCO SEGRE
Relator
PROF. DR. FLÁVIO VAZ DA COSTA
Relator
DRA. RACHEL SZTAJN
Relatora
DR. CELSO SCAZUFKA RIBEIRO
Relator
Membros da Comissão de Bioética

Parecer aprovado pela CoBi em sessão de 25.03.1999

Parecer CoBi 14.09.2000

Assunto: Solicitação desta Instituição no sentido de encontrar aproximadamente 20 (vinte) pacientes que não tenham uma das orelhas, para figurantes no filme
Interessado: Produtora de cinema e vídeo

Cabe-me relatar pedido da ..... que tem por escopo a indicação de pacientes da Instituição, portadores de deficiência, para participarem, na qualidade de figurantes, de produção cinematográfica. O pedido vem acompanhado de material contendo dados, sumários, sobre o projeto, a produtora, diretor e a obra. Apresentam cópias de comprovante do Ministério da Cultura aprovando o projeto bem assim cópia de registro, perante a CVM, autorizando a distribuição pública de certificados de investimento. O projeto consiste em realizar filme e, para dar caráter real à película, incluir pessoas que não tenham uma das orelhas, sendo certo que três pacientes entraram em contacto e, ao que se desume, aceitaram colaborar. Assim, dado o precedente criado, solicita-se igual colaboração, com a indicação de 20 pacientes do Hospital das Clínicas para que, na qualidade de figurantes, integrem referido filme. Acrescem que haverá pagamento de cachê a tais figurantes. Nada obstante o mérito que se possa ver na reconstrução do período, da qualidade da obra, diretor e demais artistas já escolhidos, trata-se de procedimento em que pessoas com deformação anatômica, pacientes da instituição que a procuram em busca de recuperação, ficarão expostas, ferindo-se com isso tanto a ética profissional quanto a dignidade individual. Se qualquer profissional de uma das clínicas do HC indicar pacientes para que sejam contatados por produtores de filmes – agora histórico –, em outra oportunidade publicitário, cômico, ou o que seja, por ter-se criado o precedente, fica comprometido o dever de sigilo, de confidencialidade, vital para o relacionamento médico-paciente, pilar da bioética. Não resta dúvida que a deformidade pode ser visível, especialmente se o paciente for do sexo masculino e o cabelo não cobrir a falta da orelha, mas isso não faz com que seja menos grave indicar nome, endereço ou mesmo propiciar contactos diretos entre o paciente e produtores, agindo no caso a instituição como "captadora" de pessoas com deformidades ou anomalias para serem expostas ao público. Haverá desvirtuamento da função precípua do hospital que é cuidar, restaurar a saúde, quando possível, e manter sigilo sobre a moléstia. Evidente que função institucional do Hospital das Clínicas da Faculdade de Medicina da Universidade de São Paulo não é, nem deve ser, atuar como intermediador na indicação de seus pacientes para qualquer atividade que se afaste das terapêuticas e, ainda nessa hipótese, a indicação deve visar a beneficiar o paciente, não a expô-lo, sob qualquer forma, à análise da população. Em oportunidade anterior, esta CoBi manifestou-se contrariamente ao uso de pacientes em filmes, educativos, demonstrando possibilidade de cura de vício do álcool. Não deve ser diversa a posição nesta oportunidade. Se se preserva a imagem de paciente curado, para garantir sua intimidade, com mais razão há de ser preservada a imagem de paciente com deformidade física em material cuja divulgação será mais ampla. Entendo que seja indicar pacientes à produtora, seja propor a eles que a procurem constitui quebra de dever profissional de preservar a intimidade das pessoas que procuram serviços médicos oferecidos pela instituição, pelo que deve ser negado o pedido feito pela produtora.

DRA. RACHEL SZTAJN
Relatora
Membro da Comissão de Bioética

Parecer aprovado pela CoBi em sessão de 14.09.2000

Parecer CoBi 2000

Assunto: Paciente com diagnóstico de Pedofilia
Solicitante: Coordenadoria do Projeto Sexualidade – ProSex – Instituto de Psiquiatria HCFMUSP

A missivista indaga qual a postura ética do médico que atende pacientes com diagnóstico de pedofilia diante da prática e/ou fantasia pedofílica, se existe sustentação para quebra de sigilo, a quem se deverá reportar neste caso e questões correlatas.

O diagnóstico de Pedofilia (F.65.4) da 10ª edição da Classificação Internacional das Doenças, diz respeito a "Preferência sexual por crianças, quer se trate de meninos, meninas ou de crianças de um ou do outro sexo, geralmente pré-púberes ou no início da puberdade". No caso de pessoas que apresentem tão somente fantasias envolvendo este tipo de atividade, sem que esta seja colocada em prática, é possível, especialmente se este fato incomoda o paciente a ponto do mesmo procurar ajuda profissional, que não se trate de pedofilia, mas sim de sintoma pertencente ao espectro do transtorno obsessivo compulsivo. A presença tão somente de fantasias não constitui infração ética muito menos crime de ação penal.

No que diz respeito à situação em que existe de fato atos sexuais envolvendo crianças, principalmente pré-púberes, a situação é bastante diversa. Uma criança é indefesa frente às investidas de cunho sexual de um adulto. Nosso sistema legal possui diversos dispositivos que a defendem.

O código penal em diversos artigos tipifica tal prática como crime passível de prisão.

O Estatuto da Criança e do Adolescente é bastante preciso nos artigos 17 e 18:

Art. 17 – O direito ao respeito consiste na inviolabilidade da integridade física, psíquica e moral da criança e do adolescente, abrangendo a preservação da imagem, da identidade, da autonomia, dos valores, idéias e crenças, dos espaços e objetos pessoais.

Art. 18 – É dever de todos velar pela dignidade da criança e do adolescente, pondo-os a salvo de qualquer tratamento desumano, violento, aterrorizante, vexatório ou constrangedor.

O artigo 18 se aplica a todos os cidadãos brasileiros, neles se incluindo os médicos e demais profissionais de saúde.

Surge então uma questão se haveria conflito entre o sigilo médico, que é a base da confiança que deve reger a relação médico-paciente desde a era hipocrática, e o dever legal. Vejamos o que diz o Código de Ética Médica:

Capítulo IX – Segredo Médico

É vedado ao médico:

Art. 102 – Revelar fato de que tenha conhecimento em virtude do exercício de sua profissão, salvo por justa causa, dever legal ou autorização expressa do paciente.

Parágrafo único: Permanece essa proibição: a) Mesmo que o fato seja de conhecimento público ou que o paciente tenha falecido. b) Quando do depoimento como testemunha. Nesta hipótese, o médico comparecerá perante a autoridade e declarará seu impedimento.

Digamos que um médico sabe que seu paciente está praticando pedofilia contra uma criança. Do ponto de vista ético que conduta deverá ele adotar? Seria esta uma situação em que caberia a quebra de sigilo para impedir o sofrimento de uma criança indefesa? Quer se aborde a ética pelo prisma teleológico, ou das conseqüências, quer pelo prisma deontológico (como o sistema kantiano do imperativo categórico), ambas as abordagens justificariam a quebra de sigilo. A manutenção do sigilo prejudica um bem maior em termos sociais, pois que o corpo social prioriza a proteção das crianças, que não têm defesa ante esta prática. Também pelo ponto de vista deontológico, é um imperativo categórico tomar providências para proteger um indefeso, e não agir para impedir uma ação condenável, além de falha ética, pode ser considerada cumplicidade ou omissão de socorro.

Se existem ou não universais éticos ou se todas as concepções éticas são meras convenções artificiais de cada sociedade e mutáveis à medida que o tempo passa é uma questão metaética para a qual não foi dada ainda uma posição definitiva, embora os filósofos discutam esta questão há pelo menos 2500 anos. Em todo caso, vivemos em uma sociedade em que a ética normativa condena como crime a prática pedofílica, e, do ponto de vista do dever legal ou justa causa, a quebra de sigilo nesta circunstância não entra em conflito com o artigo 102 do Código de Ética Médica. Há que se notar, por outro lado, que tal quebra de sigilo só tem sentido em presença de um caso concreto; a comunicação de meras suspeitas, posteriormente elucidadas como precipitadas ou inverídicas, além de ser uma flagrante quebra da ética, levam o denunciador a ser sujeito de processo por denunciação caluniosa.

Um outro exemplo em que excepcionalmente se justifica a quebra de sigilo é no caso dos contactantes sexuais de pacientes contaminados com doenças sexualmente transmissíveis que se recusam a alertar seus parceiros sexuais, conforme o parecer "AIDS E ÉTICA MÉDICA" elaborado pelo Conselheiro Antonio Ozório Leme de Barros, com a colaboração do Conselheiro Guido Carlos Levi, aprovado na 1295a Reunião Plenária, realizada em 3 de maio de 1988.

No que diz respeito a quem se deve comunicar tais ocorrências, o artigo 245 do Estatuto da Criança e Adolescente deixa bem claro que o médico, ou o responsável por estabelecimento de atenção à saúde, não pode deixar de comunicar à autoridade competente os casos de que tenha conhecimento, envolvendo maus-tratos contra criança ou adolescente. No caso, a autoridade competente é a Vara da Infância e Juventude.

Não se deve, todavia, perder a oportunidade da seguinte reflexão: há uma taxa, constante, ano a ano, de crianças pré-púberes molestadas sexualmente por pessoas portadoras de pedofilia. E é de interesse da sociedade que esta taxa diminua, o mais possível. Uma das formas de obter este objetivo é a descoberta de tratamentos eficazes para esta condição. Isto somente será possível se esta condição puder ser sistematicamente estudada. O que se sabe de científico ainda é muito insuficiente e permanecerá assim se a Universidade não puder estudar o assunto.

Creio ser conveniente que se abra um diálogo da Universidade com a sociedade, mormente os Poderes Públicos que a representam, para que se possa avançar no assunto. Somente a parceria da Universidade com a sociedade encontrará mecanismos que permitam consignar este objetivo. Uma modalidade seria a possibilidade de um dispositivo legal que determinasse, à guisa de exemplo, que o pedófilo se submetesse, em vez de detenção, a tratamento especializado contínuo, que, em caso de abandono, seria imediatamente comunicado ao Ministério Público, sem prejuízo do dever legal dos profissionais de notificar eventual caso concreto de prática pedofílica.

CONCLUSÕES

Do exposto acima vêm as seguintes conclusões:

1. Diante de um caso concreto de prática pedofílica, *por dever legal,* o médico e a equipe multidisciplinar, por intermédio da Intituição a que pertençam, são obrigados a comunicar o fato à Vara da Infância e Juventude.
2. No caso de fatos pretéritos, meras conjecturas ou fantasias, vemos que, do ponto de vista ético, não se deve quebrar o sigilo profissional.
3. Os serviços que prestam assistência médica aos portadores do diagnóstico de pedofilia devem informar a seus clientes os dispositivos pertinentes do Estatuto da Criança e Adolescente
4. A Universidade, que se dedica ao estudo destas condições, deve abrir canais de diálogo com representantes da sociedade civil, pois que o avanço do conhecimento na área, permitindo melhores e mais eficazes tratamentos desta condição, diminuirá a taxa anual de crianças molestadas sexualmente por adultos, o que certamente é do interesse de toda a Sociedade.

DR. JOSÉ CARLOS RAMOS CASTILLO
Membro da Comissão de Bioética

Parecer CoBi 001/2003

Assunto: Permissão para realização de filmagens no Hospital Auxiliar de Cotoxó

Trata-se de expediente encaminhado à Comissão de Bioética por determinação do Diretor Clínico em que se solicita análise de documento de produtora de filmes, que, em conjunto com outra produtora, informa estar em fase de pré-produção de um filme, projeto que conta com o apoio de outras produtoras, assim como patrocínio da Lei Rouanet.

Informa data prevista de início e término das filmagens, artistas que participarão do filme e autor da trilha sonora, nomes conhecidos nacionalmente.

Do **Hospital Auxiliar de Cotoxó**, que é o que interessa ao presente, pretende a permissão para a realização de uma diária de filmagem no interior daquela instituição, em local a ser definido posteriormente, mas que tem como foco, segundo o documento, a sala das enfermeiras.

A descrição é de local espaçoso, em que há um aparelho de televisão, ligado, exibindo uma entrevista. Grupo de enfermeiras está atento à entrevista e, "volta e meia futricam entre si, em voz baixa." Entra uma pessoa com uniforme de enfermeira, e, na seqüência da filmagem, é posto em destaque seu crachá em que há nome e a indicação de ser enfermeira-chefe. Continua a informação no sentido de que uma das enfermeiras levanta da cadeira e, "tentando não chamar a atenção das outras, e com tato leva a enfermeira-chefe para um canto ...".

Pretende a produtora autorização para primeiro visitar o local que será fotografado, para posterior análise do diretor. O local compreende uma sala e um corredor; o período previsto para o trabalho, não se sabe se a filmagem ou fotografias, é de 11 horas.

Não há notícias quanto ao restante do filme, enredo e por que uma sala de enfermagem. Aparentemente, não seriam filmados nem fotografados pacientes, enfermeiros/enfermeiras ou outras pessoas que trabalham no local, entretanto considero provável que isso possa vir a ocorrer. Também considero possível que se identifique o local das filmagens como o Hospital Auxiliar de Cotoxó.

Algumas questões, portanto, devem ser analisadas:

1. O Hospital Auxiliar de Cotoxó é instituição-hospital, e, do ponto de vista ético, gravações realizadas em salas da instituição implicam quebra da tutela da intimidade dos pacientes ali internados ou submetidos a procedimentos terapêuticos, com o que não pode compadecer a instituição;
2. Existe a possibilidade de que pessoal do hospital, ainda que informado, também seja filmado, pelo que seria necessária prévia autorização;

3. Haverá entrada de materiais e pessoas que não se dirigem ao Hospital para tratamento de saúde, mas para finalidade completamente estranha à função daquela instituição, o que pode ocasionar problemas na administração do fluxo de pacientes/pessoal/medicação ou mesmo contaminação de áreas; o ingresso de tais pessoas no Hospital, para filmar por talvez 11 horas, pode comprometer o atendimento aos pacientes;
4. Cabos de iluminação, máquinas, comandos e outras atividades necessárias à execução da filmagem também representam risco ao bom desempenho das atividades hospitalares; o prazo indicado para filmagem, supondo que seja ele de 11 horas, pode-se alongar, agravando a exposição dos pacientes;
5. Não cabe discutir o enredo do filme, mas parece-me que permitir que áreas de hospital público sejam exibidas como local em que há "futricas entre enfermeiras" é indesejável;
6. Superados ou condicionando a autorização a todas as observações antecedentes, o Hospital Auxiliar de Cotoxó, ou o Hospital das Clínicas, deverá submeter a autorização a processo de licitação antes de firmar qualquer tipo de acordo com produtores de vídeo.

Entendo não haver razoabilidade no pedido nem que, sob o aspecto ético, deva ser permitida filmagem nas dependências do Hospital Auxiliar de Cotoxó.

PROFA. RACHEL SZTAJN
Membro da Comissão de Bioética

Parecer CoBi 004/2003

Assunto: Realização de vídeo documentário na Instituição, pelo Departamento de Rádio e Televisão da Escola de Comunicação e Arte – ECA da USP
Interessado: Escola de Comunicação e Artes ECA da USP

Sobre a "realização de vídeo documentário na Instituição, pelo Departamento de Rádio e Televisão da Escola de Comunicação e Arte – ECA da USP", encaminhado ao Sr. ....., Assessor de imprensa do Hospital das Clínicas da FMUSP, referente ao Projeto "Para não esquecer", que, por orientação do Sr. Superintendente, Dr. ....., foi encaminhado a esta Comissão. Trata-se de um vídeo documentário a ser produzido pela Escola de Comunicação e Artes da USP, através do Departamento de Rádio e Televisão. Um segundo solicitante informa que será exibido futuramente pelo canal universitário (NET – Televisão por assinatura), em festivais e documentários do gênero.

Este solicitante deseja:

- Entrevistar um médico (traumatologia, se possível), que atenda no Pronto-Socorro do Instituto Central do HCFMUSP.
- Registrar o cotidiano deste profissional em um plantão na emergência do PS.
- Entrevistar um paciente internado na Divisão de Cancerologia ou no INCOR, observando-se interesse e o consentimento do paciente e de sua família.

Esta equipe é composta por um cineasta e seu assistente, utilizando equipamento digital de pequeno porte (sem cabos), de modo a não obstruir o trabalho e o fluxo profissional do Hospital.

Este vídeo não é exclusivamente sobre o HCFMUSP, pois terá também a participação do corpo de bombeiros, psicanalistas, cineastas, professores, entre outros.

Entendemos que se o médico a ser entrevistado não colocar objeções, se houver interesse e consentimento do paciente e de sua família, e desde que o material editado antes de exibido em qualquer instância seja submetido à apreciação da Assessoria de Imprensa do Hospital das Clínicas, somos favoráveis.

São Paulo, 21 de julho de 2003

PROFA. ÂNGELA MAGGIO DA FONSECA
CECÍLIA SURIANI
Membros da Comissão de Bioética

Parecer CoBi 002/2004

Assunto: Orientação homossexual da Capelania do HCFMUSP
Solicitante: Diretoria Clínica do HCFMUSP
Ementa: O parecer tece considerações referentes ao enfoque da Religião, e da própria Medicina, quanto aos desvios de comportamento, questionando o conceito de "doença" e considerando-o, no caso do homossexualismo, irrelevante. Prossegue afirmando a impropriedade, a seu ver, da proposta de "cura" do homossexualismo e destaca que essa "terapia religiosa" não pode ser identificada com a linha de conduta do HCFMUSP, registrando, entretanto, que não se viola, nessa prática, a autonomia de quem quer que seja, uma vez que alguns pacientes aceitam esse encaminhamento

Conceitualmente, acho absolutamente desimportante o fato de o homossexualismo ser, ou não ser, considerado doença. O fato de a OMS ter retirado essa "opção sexual", em 1973, da relação de enfermidades, foi uma providência visando a descaracterizar o preconceito que as sociedades tradicionalmente têm com relação a essas pessoas. O fato de ter sido o "gay" definido como *doente*, fazendo, portanto, jus a um "tratamento", cujo *bom* resultado seria a prática heterossexual - *esse fato marcava e discriminava gravemente o homossexual.* O conceito de doença é estatístico, e, portanto, os que se situam, pelas suas situações físicas ou psíquicas, fora da *área dos normais*, na curva de Gauss, são "doentes". De forma, pode-se dizer semelhante, já agora não oferecendo um tratamento, mas sim uma condenação, boa parte das religiões aplica o rótulo de *pecado* aos comportamentos que fogem à normalidade estatística, como é a situação do homossexualismo, justifica esse enfoque o abissal e o voluntário desconhecimento e repressão da sexualidade por si mesma (e não tão somente como instrumento para a procriação), pretextando que duas pessoas do mesmo sexo não podem, em parceria, procriar. Assim, religião e ciências de saúde seguem freqüentemente rotas paralelas no sentido de não levar em conta a *individualidade* dos sujeitos, com suas características próprias.

Face a todas essas considerações, embora eu absolutamente não perfilhe esses paradigmas, considero *excessivo* o alarido que se fez em torno do trabalho, ao que tudo indica, bem intencionado.

Essa Senhora, certamente convencida da "verdade" de sua doutrina, propôs-se a "tratar" homossexuais que apresentavam conflitos, e que alegavam desejar ser heterossexuais. Essas pessoas aceitavam a sua orientação, não se podendo dizer que se ferisse a sua autonomia.

É de se recomendar que a Sra. se abstenha de dar o próprio viés ao enfoque do homossexualismo: principalmente tendo em conta que as suas manifestações religiosas podem ser interpretadas como reflexo da posição do Hospital das Clínicas (o que seria equivocado).

É também importante, data vênia, que não se confunda o "politicamente incorreto" com o "nefando". Caso contrário, estaríamos, nós agora, assumindo uma postura inquisitorial.

PROFA. RACHEL SZTAJN
PROF. MARCO SEGRE
Membros da Comissão de Bioética

Parecer aprovado pela CoBi em sessão de 26.02.2004

Parecer CoBi 003/2005

Assunto: Parecer sobre envio de informações dos pacientes aos Planos de Saúde
Solicitante: Diretoria Clínica
Ementa: Envio de informações relativas a pacientes aos Planos de Saúde. Inadmissibilidade (Resolução 1614/2001 do Conselho Federal de Medicina)

Com base no Expediente acima citado, a Diretoria Clínica do HCFMUSP encaminhou à Comissão de Bioética solicitação de parecer sobre o envio de prontuários médicos e outros documentos relativos aos pacientes da instituição às empresas de convênio, com a finalidade de auditoria dos serviços prestados.

Conforme determina a Resolução do Conselho Federal de Medicina de nº 1614/2001 em seu artigo 7º, ao médico auditor é permitido o acesso aos documentos relativos aos pacientes no próprio local onde foi realizado o atendimento, sendo-lhe vedada a retirada do prontuário ou cópias da Instituição.

A própria conclusão desta Resolução é muito clara a respeito da questão: "É expressamente vedada a retirada de prontuários para avaliação fora dos recintos da instituição onde os serviços profissionais médicos foram prestados".

Um parecer complementar elaborado pelo Conselheiro Antonio Pereira Filho do CREMESP (Consulta 41879/04) esclarece que devem ser considerados para este fim não só o prontuário médico de internação, mas também as fichas de pronto-socorro e de consultas ambulatoriais, além dos resultados de exames laboratoriais, de imagem ou de anatomia patológica.

Em conclusão, com base no que consta neste documento de caráter resolutivo do Conselho Federal de Medicina, é nosso parecer que os documentos relativos ao atendimento dos pacientes não devem ser enviados às empresas de convênio, seja pelo HCFMUSP como pela FFM.

DR. ITIRO SUZUKI
Relator
DRA. MARIA MATHILDE MARCHI
Revisora
Membros da Comissão de Bioética

Parecer aprovado pela CoBi em sessão de 23.06.2005

Parecer CoBi 003/2006

Assunto: Autorização para colocar fotos de pacientes desconhecidos, internados no Hospital Auxiliar de Suzano, em jornais de grande circulação, com a finalidade de encontrar familiares ou pessoas relacionadas
Solicitante: Diretoria Clínica

A presente consulta à Comissão de Bioética foi originada por ofício enviado pelo Hospital Auxiliar de Suzano (HAS) ao superintendente do HCFMUSP. Informa o ofício que a assessoria de imprensa da Secretaria de Saúde do Estado, por contato telefônico com o Serviço Social do HAS, solicitou autorização para colocar fotos de pacientes, internados neste hospital, em jornais de grande circulação, com a finalidade de ampliar a possibilidade de encontrar familiares ou pessoas relacionadas a pacientes não identificados.

Nesta página, acionada a partir da coluna "Acesso Rápido", no item "Localização de Pacientes Não Identificados", encontra-se a Resolução SS-159 de 15/12/2005, que dispõe sobre o gerenciamento de pessoas não identificadas civilmente nas unidades de saúde participantes, conveniadas e não conveniadas do SUS (Sistema Único de Saúde). Esta resolução institui a criação de portal na Internet para veiculação de fotos de pessoas não identificadas e em atendimento na rede hospitalar estadual. A íntegra da Resolução pode ser lida na página de legislação da Secretaria na Internet http://tc-legis2.bvs.br/leisref/public/showAct.php?id=1347&word=.

A questão que se coloca agora é sobre a divulgação destas fotos em jornais de grande circulação, possivelmente porque se percebeu que a Internet não atinge todo o público que potencialmente poderia vir a reconhecer estes pacientes. A título de verificação da eficiência deste veículo para os fins propostos, conversou-se com a pessoa responsável por esta página na Secretaria de Saúde, a qual relatou que desde sua criação foram identificadas 6 pessoas por este método dentre as 27 colocadas nesta página da Internet. Havia 12 pessoas na página no dia desta conversa (4 de abril de 2006). Algumas pessoas foram retiradas (9 até aquele momento) por alta hospitalar ou identificadas por outro meio.

Buscar pessoas desaparecidas ou tentar localizar parentes de pessoas sob custódia de serviços de saúde ou de segurança pública é muito comum em todo o mundo. Há uma gama enorme de veículos que se propõe a divulgar fotos e dados descritivos de pessoas, desde crianças desaparecidas até presos políticos, passando por pessoas com amnésia ou rebaixamento de consciência por doença ou senilidade.

O Código de Ética Médica, em seu Capítulo IX, trata do Segredo Médico, sendo vedado ao médico expor os pacientes em público, tanto seus dados como fotografias, salvo por justa causa, dever legal ou por autorização do paciente (artigo 102). A situação em análise envolve além do profissional médico, outros profissionais da saúde e autoridades da Secretaria de Saúde na decisão de divulgar fotos de pacientes internados pela Internet. Do ponto de vista ético, há, portanto, a possibilidade de utilizar o argumento de "justa causa" para divulgar as fotos.

Entretanto, duas discussões bioéticas se apresentam neste tipo de circunstância – a questão dos "fins" e a questão dos "meios", sintetizáveis numa pergunta só: que meios de exposição de imagem de pessoas internadas inconscientes e sem identificação se justificam bioeticamente com a finalidade de estabelecer contato com pessoas que possam identificá-las?

Pode-se reduzir as situações de divulgação de fotos e descrições de pessoas a dois tipos principais. Na primeira, os parentes buscam localizar um familiar desaparecido publicando nos meios disponíveis os dados e fotos. Na segunda, as autoridades, ou pessoas que eventualmente prestem socorro a uma pessoa incapacitada de indicar domicílio ou contatos, buscam divulgar dados e fotos destes indivíduos com o objetivo de encontrar alguém que os reconheça e possa restabelecer a convivência destes com seu círculo familiar. Nas duas situações, estas partes estão exercendo sua autonomia.

Os meios utilizados para esta divulgação têm sido os mais variados: fotos em caixas de leite, bilhetes de pedágio, *sites* da Internet, mensagens eletrônicas entre internautas, em jornais locais, regionais e eventualmente de larga circulação, em bilhetes de loteria, e até mesmo em pontos de encontro públicos como as escadarias de uma igreja ou catedral, até mesmo em novelas e outros programas de televisão.

Toda esta consideração apresentada pretende mostrar que o assunto colocado, qual seja, a divulgação de fotos de pacientes internados sem identificação ou sem a possibilidade circunstancial de contatar com familiares, é de fato uma prática muito utilizada, um recurso do qual se lança mão cotidianamente em todo mundo.

A pergunta para a Comissão de Bioética, mesmo que não colocada explicitamente, é se a instituição hospitalar, e mesmo a Secretaria de Saúde, está autorizada, do ponto de vista ético, a divulgar fotos e dados de pessoas sob seus cuidados, expondo estes pacientes ao público em geral.

Esta situação deve ser vista por diferentes ângulos, posto que a perspectiva de pacientes, famílias e dos profissionais e suas instituições podem apresentar variações.

Considerando o paciente, vitimado pela sua impossibilidade de manifestar-se conscientemente, e portanto vulnerável e dependente da decisão de terceiros, pode-se questionar se a exposição de sua foto em meios de comunicação traz em si dano potencial. Esta pergunta tem respostas afirmativas e negativas. As vantagens diretas, que traduzem uma beneficência para o paciente, os familiares e as instituições hospitalares são as seguintes: possível agilização no restabelecimento de contato com a família e conseqüente acolhimento do enfermo na fase de recuperação, e potencial diminuição do tempo de internação e de seus custos para a sociedade. As desvantagens, que devem ser evitadas em nome da não-maleficência ao paciente, incluem a exposição pública da pessoa em circunstância desfavorável com repercussão na auto-estima; a possibilidade de reconhecimento por pessoas de relacionamentos anteriores e indesejáveis para o momento.

Tomando o ponto de vista dos familiares, é óbvio que parentes interessados em encontrar um ente querido desaparecido irão buscar todos os meios para fazê-lo, sendo que a publicação de uma fotografia em veículos de comunicação pode abreviar esta busca. Por outro lado, a experiência com familiares que abandonam parentes internados não é tão rara, dadas as carências materiais de parcela majoritária de nossa população ou mesmo da falta de afetividade que permeia algumas famílias.

Já as instituições de saúde e os seus profissionais, limitados por seu escopo de atuação, têm claro interesse de poder contar com familiares de pacientes em diferentes momentos da fase de internação e alta hospitalar.

Pode-se afirmar que os interesses das instituições, dos familiares e em parte dos pacientes estão sendo atendidos com a dinâmica de publicação de fotografias de pessoas não identificadas civilmente nos veículos de comunicação. Para contemplar aqueles pacientes que por ventura não estariam de acordo com esta exposição na mídia, mantendo-se portanto sua autonomia, deve-se buscar uma forma de fazer este tipo de publicação, de modo que se minimizem os eventuais efeitos danosos para a pessoa nesta situação.

Algumas etapas poderiam ser cumpridas antes da exposição fotográfica do paciente não identificado. Como mencionado anteriormente, uma parte dos casos é resolvida pela busca ativa dos familiares aos hospitais. O tempo de espera previsto na Resolução SS-159, indicada anteriormente, antes da publicação das fotos, é de 48 horas de internação. Nas condições clínicas com chance de coma ou confusão mental prolongados, este tempo pode ser satisfatório. No entanto, nos casos em que se verifica uma possibilidade de se obter do paciente algum dado de sua identificação, poderia ser pensado numa prorrogação deste prazo, evitando a publicação e passando a se utilizar de recursos de investigação pelo corpo de assistentes sociais da instituição, por exemplo. Assim sendo, a publicação de fotos deveria ser feita após um tempo mais prolongado, por exemplo, depois de 15 dias, depois de esgotadas as tentativas de localização por outros meios.

Em outras palavras, uma regra simples pode ser insuficiente para determinar a publicação de fotos de pessoas civilmente não identificadas porque as condições clínicas e o estado de consciência são muito variados.

Além disso, este método de localização de pessoas que leve à identificação de pacientes internados não é tão eficiente, como tem sido constatado pelo uso de fotos expostas em página da Internet construída para este fim pela Secretaria de Saúde. Não é de se esperar também que o seja a divulgação destas fotos em jornais de grande circulação, além dos custos envolvidos nesta veiculação serem elevados.

Como então fazer esta exposição de fotos de pacientes internados inconscientes e sem identificação civil?

Uma possível solução para este tipo de evento poderia ser a constituição de um banco de imagens destes pacientes e sua localização atual disponibilizado sob demanda de pessoas procurando desaparecidos, ou seja, sem divulgar abertamente estas imagens para toda a Internet, mas um banco de imagens acessável por autoridades autorizadas para este fim, como hospitais, delegacias. O banco de imagens pode oferecer ainda uma classificação da imagem por sexo, idade presumida, dados antropométricos (cor do cabelo, altura, etnia, etc), facilitando e dando maior especificidade à consulta.

Os meios mais fáceis e amplos de divulgação de dados e fotos de pacientes (como são os jornais de grande circulação, a Internet e a televisão) nem sempre respeitam os princípios bioéticos de autonomia, beneficência, não-maleficência e justiça das partes envolvidas neste tipo de divulgação, persistindo o conflito entre a resolução SS-159 e a posição bioética.

Como conclusão, a publicação de fotos de pacientes internados deve ser considerada como último recurso, devendo ser evitada esta exposição como regra geral e que seja considerada a substituição do atual formato na Internet, sob a coordenação da Secretaria de Saúde do Estado de São Paulo, por um banco de imagens de pacientes sem identificação a ser criado pelas autoridades, acessível sob demanda de pessoas que buscam indivíduos desaparecidos a partir de delegacias, hospitais e outros serviços públicos, onde funcionários autorizados entrem no banco de imagem com senha, evitando assim a exposição inadequada de pessoas doentes ao grande público.

PROF. DR. RAYMUNDO SOARES DE AZEVEDO
Relator
PROFA. DRA. RACHEL SZTAJN
Revisora
Membros da Comissão de Bioética

Parecer aprovado pela CoBi em sessão de 26.10.2006

Parecer CoBi 005/2006

Assunto: Termo de Responsabilidade para expor vídeo sobre crises de epilepsia
Solicitante: Instituto de Psiquiatria

Em reunião realizada em 14.12.2006, foram apresentados dois pareceres distintos.

*Parecer 1: Relator: Dr. Joaquim Edson Vieira;

**Parecer 2: Revisora: Profa. Maria Garcia.

Colocou-se em discussão os pareceres, ficando deliberada a necessidade de votação para definição. A votação ocorreu, chegando a um empate, cabendo a decisão de desempate ao Presidente da CoBi que opinou pelo parecer 1. A fim de que não ocorra prejuízo na orientação da matéria, ficou deliberado que farão parte do Parece Final desta CoBi os pareceres 1 e 2.

*PARECER 1:

Considerando os comentários adicionados à discussão do assunto sobre orientações para o uso com fins de ensino de imagens de crises epilépticas e/ou outros eventos de pacientes submetidos a V-EEG prolongado ou Polissonografia, onde se faz necessário manter visibilidade de movimentos faciais para fins de entendimento do quadro clínico, e a Revisão do assunto, decorre que: A Declaração Universal dos Direitos Humanos reconhece e divulga a dignidade inerente a todos os membros da família humana como um dos fundamentos da liberdade, justiça e paz no mundo. Alguns artigos chamam a atenção, nesta discussão específica (grifos deste autor): Art. III – Toda pessoa tem direito à vida, à liberdade e à segurança pessoal; Art. V – Ninguém será submetido a tortura, nem a tratamento ou castigo cruel, desumano ou degradante; Art. XII – Ninguém será sujeito a interferências na sua vida privada, na sua família, no seu lar ou na sua correspondência, nem a ataques à sua honra e reputação. Toda pessoa tem direito à proteção da lei contra tais interferências ou ataques; Art. XXVI, 1 – Toda pessoa tem direito à instrução... 2 – A instrução será orientada no sentido do pleno desenvolvimento da personalidade humana e do fortalecimento do respeito pelos direitos humanos e pelas liberdades fundamentais...

Art. XXIX, 1 – Toda pessoa tem deveres para com a comunidade, em que o livre e pleno desenvolvimento de sua personalidade é possível. O Código de Ética Médica promove as seguintes normas de conduta, relacionadas a esta discussão específica: Art. 1º – A medicina é uma profissão a serviço da saúde do ser humano e da coletividade... Art. 6º – O médico deve guardar absoluto respeito pela vida humana, atuando sempre em benefício do paciente. Jamais utilizará seus conhecimentos para gerar sofrimento físico ou moral... É vedado ao médico: Art. 41 – Deixar de esclarecer o paciente sobre as determinantes sociais, ambientais ou profissionais de sua doença. Art. 46 – Efetuar qualquer procedimento médico sem o esclarecimento e o consentimento prévios do paciente ou de seu responsável legal, salvo em iminente perigo de vida. Art. 48 – Exercer sua autoridade de maneira a limitar o direito do paciente de decidir livremente sobre a sua pessoa ou seu bem-estar. Assim, considerando os termos descritos acima e que as tecnologias atuais superam a necessidade da obtenção de imagens reais, sendo as virtuais e de representação gráfica acessíveis e impessoais, este parecer sugere que não se deve adquirir imagens da pessoa do paciente durante o período de exame para fins didáticos. Se houver imagens adquiridas para fins de diagnóstico, estas devem ser apreciadas pelo paciente sob orientação do seu médico responsável sem divulgação posterior por qualquer meio. Deve o médico informar ao paciente que as imagens observadas por ambos não serão divulgadas em nenhuma instância e que o paciente poderá reter a guarda da mesma, se assim desejar.

**PARECER 2:

Em revisão, ao parecer do Dr. Joaquim Edson Vieira, de 09/05/2006.

Assunto: Uso, com finalidade de ensino, de imagens de crises epilépticas e/ou outros eventos, em Vídeo e/ou DVD, de pacientes submetidos a V-EEG prolongado ou Polissonografia, no Laboratório de Neurofisiologia Clínica do Instituto de Psiquiatria.

Objetivo: Parecer sobre Termo de Responsabilidade para expor vídeo sobre crises epilépticas.

1. Em seu R. Parecer, o Sr. Relator refere dois documentos: a Declaração Universal dos Direitos Humanos, de 1948 especialmente nos seus artigos 3º, 5º, 12, 16 e 29 os quais dispõem sobre o direito à vida, à liberdade e à segurança pessoal, a proibição de tratamento degradante, a preservação da vida privada, o direito à instrução, orientada para o respeito aos direitos humanos e, afinal, os deveres da pessoa "para com a comunidade em que o livre e pleno desenvolvimento de sua personalidade é possível".

   Invoca também o Código de Ética Médica, arts. 1º, 6º, 41, 46 e 48 referidos à medicina, como profissão, ao respeito do médico pela vida humana, não devendo utilizar seus conhecimentos para gerar sofrimento físico ou moral, sendo-lhe vedado deixar de esclarecer o paciente sobre sua doença, sobre seu procedimento médico previamente consentido ou exercer sua autoridade de modo "a limitar o direito do paciente de decidir livremente sobre sua pessoa e seu bem-estar".

   A partir desses pressupostos, o R. Parecer em referência passa a prescrever a necessidade de esclarecimento do paciente quanto às possibilidades resultantes dos procedimentos médicos em questão.

   Não é questionado o ato em si, da filmagem das imagens de crises epilépticas, ficando claro que a utilização dessas imagens "perde totalmente o seu valor de ensino quando o rosto e/ou movimentos faciais são encobertos ou distorcidos com a finalidade de preservar a identidade do paciente"(vide solicitação inicial, 29/3/06).

2. A Constituição Federal artigo 5º, inciso X estabelece: "São invioláveis a intimidade, a vida privada, a honra e a imagem das pessoas, assegurado o direito a indenização pelo dano material ou moral decorrente de sua violação".

No caso, entretanto, existe o consentimento do paciente, que será esclarecido plenamente do uso e alcance da filmagem.

Desde que ocorra essa hipótese, admite-se a possibilidade do uso da imagem, exclusivamente para possibilitar o ensino, ficando a ressalva constitucional de responsabilidade pelo dano material e moral de uso diverso ou de qualquer circunstância desse uso que venha a expor a imagem do paciente de modo contrário à dignidade da pessoa humana (Constituição, art. 1º, III).

3. Nessa conformidade, nem todos os documentos de autorização encontram-se em termos, ao nosso ver: Assim, *mesmo com autorização do paciente*, fazemos restrição do seguinte:

3.1 – Autorização para utilização de imagens (filmes de crises *e outros eventos*): quais eventos? Deve ficar expresso e não em aberto.

"(Letra E) Aulas ou campanhas de esclarecimento dirigidas a público não-médico": aqui entendemos possam ficar vulneráveis a imagem e a intimidade do paciente, devendo ser protegidas, nos termos da Constituição. Não deve constar, ao nosso ver.

3.2 – Com referência ao Protocolo para retirada de imagens obtidas em Vídeo e/ ou DVD, é necessário fique expressa a vedação de *cópias* do material retirado. É o parecer, salvo melhor juízo.

DR. JOAQUIM EDSON VIEIRA
Relator
PROFA. DRA. MARIA GARCIA
Revisora
Membros da Comissão de Bioética

Parecer aprovado pela CoBi em sessão de 14.12.2006

7 Sigilo Médico

Aprovado depois da Constituição do Brasil de 1988, naquele mesmo ano, o Código de Ética Médica (Resolução n. 1246/88 do Conselho Federal de Medicina), além de preservar algumas das regras que informam a atividade desses profissionais, incorporou princípios como a valorização da pessoa humana que a Carta Magna positivara.

Dentre os princípios constitucionais, além da dignidade da pessoa, dos direitos humanos, da inviolabilidade de consciência e de crença, da liberdade de exercício de cultos religiosos, é de lembrar, em sede de segredo, que entre as garantias individuais previstas no texto constitucional, a inviolabilidade da intimidade, a vida privada, a honra e a imagem das pessoas estão expressamente previstas. Da mesma forma, o sigilo profissional é outro dos parâmetros determinantes na questão do segredo médico.

Na busca de terapêuticas para debelar a moléstia, parte-se do diagnóstico da patologia, o que implica conhecer fatos que levam à invasão da privacidade do paciente. Este, ao conversar com o médico, responde a perguntas pessoais que contemplam fatos relacionados a si ou à família e que revelam dados sobre os quais o médico tem o dever de sigilo. O direito à informação, nesse caso, é personalíssimo, tanto que a especialidade dos serviços médicos não pode desrespeitá-lo. Cuida-se de direito de personalidade o que o paciente conta, na verdade confidencia ao médico. Laudos de exames clínicos e/ou laboratoriais têm mesma natureza, assim como o prontuário, das informações prestadas voluntária e diretamente pelo paciente, familiares, ou pessoas a ele ligadas, ao médico.

O sigilo profissional incide sobre outros profissionais tais como os padres, advogados, que ouvem os problemas e deles devem manter segredo. As palavras segredo e sigilo são, nesses casos, sinônimas, indicam as informações que não devem ser divulgadas ou partilhadas pelos profissionais com terceiros, que exigem discrição, e cuja revelação só estará facultada em situações especialíssimas.

Por isso que, no capítulo que trata do segredo médico, a norma cogente, como regra geral, admite exceções entre as quais o dever legal, a justa causa e a autorização expressa do paciente. Dever legal resulta de situação tal que a falta de informação à autoridade competente pode causar problemas de saúde pública, como no caso de moléstias infectocontagiosas. Justa causa é previsão que dá ao médico poder discricionário para que, conforme parâmetros próprios da atividade ou da especialidade em que atue, considere que os desvios são tais que induzem à comunicação a familiares e/ou autoridade competente. Autorização expressa do paciente reflete o respeito pela autonomia individual do ser humano capaz, ou como preferem os médicos, competente. São as exceções tradicionais de quebra do dever de segredo médico.

Menores são também protegidos pelo sigilo, mesmo em face de pais ou responsáveis legais se tiverem capacidade para entender e avaliar o problema, aderindo à terapêutica recomendada. A exceção para violar o sigilo médico relaciona-se a impedir ou evitar danos ao paciente, com o que se dá prevalência ao princípio da beneficência – fazer o bem.

Problemas que se podem enfrentar em face das normas do Código de Ética Médica resultam de mudanças da base social por força de avanços do conhecimento e de novas tecnologias na área da saúde e, de outro, talvez, quando se faz o balanço entre interesses que merecem tutela ou proteção.

No que diz respeito ao primeiro evento, o sigilo profissional quanto a transplante de órgãos captados quando diagnosticada morte cerebral, embora não previsto no que tange a doadores, deve integrar o campo do dever legal quanto à preservação de suas identidades e das de seus familiares. Fundamento será evitar que sejam transferidos aos receptores sentimentos que se nutriam pelos doadores.

É certo que, no mundo atual, não se entende que os direitos individuais sejam sempre absolutos. Dessa forma, sempre que o interesse na preservação da dignidade, da imagem do paciente conflitar com a proteção de interesses outros, notadamente de pessoas cuja autopreservação ou defesa são difíceis, quando possa prevalecer a autoridade ou algum poder do paciente que, ao exercê-lo, venha a causar danos, traumas ou violação da intimidade e da dignidade de tais terceiros, deve o médico afastar a proibição e revelar à autoridade que possa tomar as medidas necessárias, beneficiando não o paciente, mas essas pessoas mais vulneráveis. Casos de maus-tratos a crianças ou adolescentes, prática de pedofilia, são emblemáticos.

O sigilo médico, o não revelar fatos que invadam a esfera íntima do paciente, não expô-lo à curiosidade ou desprezo social não prefere à tutela da sociedade e à prevenção de danos que seus membros possam experimentar.

RACHEL SZTAJN

Parecer CoBi 000/1996

Assunto: Parecer sobre ética e sigilo profissional referente ao fornecimento de informações de paciente via fax
Solicitante: Comissão do Boletim do Corpo Clínico

Indagam os Membros do Corpo Clínico do Hospital das Clínicas quanto a eventual quebra do sigilo profissional, violando, assim, o Código de Ética Médica, a hipótese de fornecimento de informações de pacientes via fax.

A questão deve ser analisada sob dois aspectos. De um lado, o direito de sigilo e, de outro, o avanço tecnológico que permite a prestação de informações por intermédio de linhas telefônicas fax e/ou e-mail. Assim é que a relação entre o conceito de privacidade e o progresso na informática acaba por trazer novos problemas e tensões entre conhecimento, liberdade e intimidade ou dignidade humana.

As regras quanto ao acesso de dados, no Brasil, provêm que a pessoa terá acesso aos informes quer o Poder Público sobre ela tenha coletado, aos constantes de bancos de dados (como SPC), logo, a pessoa terá acesso a seus dados constantes do prontuário do paciente. Pode-se dizer que existe já poder de autodeterminação informal, garantindo o direito à dignidade da pessoa humana.

Assim, lembramos sempre os constitucionais da dignidade da pessoa humana, artigo 1º, Inciso III, e artigo 5º, inciso X, que dizem que são invioláveis a intimidade, a vida privada, a honra, a imagem das pessoas, ... passam-se a analisar outras regras constitucionais que tratam das garantias individuais, antes de se chegar ao Código de Ética Médica e direitos das personalidades e do consumidor. Assim, é que o Inciso XIX, do artigo 50 dispõe: "é inviolável o sigilo da correspondência e das comunicações telegráficas, de dados e das comunicações telefônicas, salvo, no último caso, por ordem judicial, as hipóteses e na forma que a lei estabelece para fins de investigação criminal ou instrução processual, penal".

Ora, se não se pode restringir a evolução tecnológica dos meios de comunicação, que passa a ser vista, no caso específico da informática (logo do e-mail), como ambiente e não apenas tecnologia, reconhecendo-se sua integração como instrumento da vida diária, do quotidiano das pessoas, ainda assim o núcleo essencial dos direitos deve ser preservado, levando em conta a ética, a ordem social e econômica.

Ora, o direito à intimidade "é o direito de excluir o outro das atividades, sentimentos, amizades, informações do e sobre o "eu". A partir do reconhecimento do direito de autodeterminação de cada um, a comunicação dos sentimentos e emoções a terceiros não poderá ocorrer sem que a pessoa queira. Parece que é nessa linha que o Código de Ética Médica, no artigo 102, veda, proíbe ao médico, revelar fato que tenha conhecimento em virtude do exercício da profissão, o que inclui dados sobre o paciente.

Além dessa vedação, o artigo 108 dispõe que é vedado facilitar o manuseio e conhecimento dos prontuários, papeletas e demais folhas de observações médicas sujeitas ao segredo profissional, por pessoas não obrigadas ao mesmo compromisso.

Aqui parece estar o fulcro da indagação, e, nesse caso, o problema passa a ser de legitimidade ou de titularidade. Isto é, quem tem direito à informação e quem deve ou pode recebê-la. Titular do direito é o paciente. Legitimado a receber a informação é o médico que trata o paciente, enfermeiros e outras pessoas que igualmente respondem pelo tratamento.

O fax é, assim como o e-mail, tipo de comunicação telefônica, cuja inviolabilidade depende de prévia autorização judicial. Vale dizer, em princípio, os dados e informações transmitidos por fax ou e-mail não poderiam ser utilizados salvo pelo destinatário, o titular ou o legitimado a recebê-los.

Mas, diferentemente do e-mail, que exige senha para entrar no computador e obter a informação enviada a determinado destinatário, o fax, equipamento eletromecânico, oferece uma cópia do documento original em que a informação está, e sua recepção, impressa em papel, permite que, além do legitimado, outras pessoas possam tomar conhecimento dos dados transmitidos.

Ocorre que no Complexo do Hospital das Clínicas transitam muitas pessoas, podendo-se imaginar que se trata de espaço público, o que produz uma contradição como idéia de sigilo, de intimidade. E como é que se garante sigilo num hospital universitário em que o tratamento se processa em ambiente público? Claro que as pessoas que trabalham no Hospital das Clínicas serão impedidas que ouçam algum comentário feito na enfermaria? Qual a intimidade do paciente em Hospital Universitário? Verifica-se, pois, haver atos da vida privada cuja divulgação pode não constituir atentado à privacidade. Para isso, seria necessária justificação ou justa causa.

Ora, do ponto de vista do Código de Ética Médica poder-se-á entender haver quebra do dever de sigilo das informações sobre o paciente se os dados chegarem à pessoa não legitimada, especialmente se forem transferidos sem expresso conhecimento do paciente.

Analisando o assunto sob o ângulo do Direito, é também preciso saber em que medida a demasiada publicidade de dados, desrespeitando direto individual, da intimidade e da vida privada, não se cria barreiras a uma categoria da realidade. Há tensão permanente entre o íntimo e o público, e, nesse caso, os interesses individuais devem ter procedência sobre qualquer outro.

O dever de informar, ou o inverso, de manter segredo, há de estar harmonizado com o interesse, o bem jurídico, outro que se quer preservar. Bens de igual valor – dignidade e saúde – por exemplo – se opõem sempre que preservar um, implica em destruir o outro.

Muitas vezes é possível transmitir informações sem identificar a pessoa de quem se trata, outras vezes não. No primeiro caso, pode-se, sem ferir ética ou dever profissional, usar qualquer meio de comunicação. Assemelha-se a casos descritos em livros, manuais ou monografias, ou, ainda, talvez, a aulas práticas. No segundo caso, ao revés, pode haver quebra de dever profissional e ético se o paciente identificado tiver sua intimidade devassada por pessoas não legitimadas.

Portanto, se houver alguma forma de garantir que os dados e informações cheguem ao paciente ou a outro profissional que deles possa necessitar, sem conhecimento de terceiros não legitimados, o fax como instrumento de comunicação – igualmente o computador no caso do e-mail – pode, sem quebra de sigilo e/ou de ética profissional, ser usado. Acresça-se o fato de que a rapidez da transferência da informação é, em muitos casos, necessária e interessa ao paciente.

Observo, afinal, que há laboratórios de análises clínicas que transmitem aos médicos e/ou aos clientes, quer via fax, quer via e-mail, resultados dos exames a que se submeteram, tal como fariam, anteriormente, por telefone. Para tanto, basta que o interessado forneça algum elemento que faça com que as pessoas que dele dispuser receba o resultado dos exames.

PROFA. RACHEL SZTAJN
Membro da Comissão de Bioética

Parecer aprovado pela CoBi em sessão de 16.06.1997

Parecer

Assunto: Reflexão sobre Ética Médica no Aspecto Sigilo Médico

CONSIDERAÇÕES GERAIS

O atual Código de Ética Médica foi elaborado em 1988, após uma ampla discussão não só de toda classe médica como também de vários setores da sociedade civil. Isto se deu principalmente através da I Conferência Nacional de Ética Médica realizada no Rio de Janeiro em novembro de 1987. O texto atual foi posteriormente aprovado pelo Conselho Federal de Medicina. Vale salientar ainda que o conceito de Ética Médica é anterior aos códigos, e a conduta médica era individual, sendo ditada pela consciência de cada profissional. Com o avanço da Medicina e o aumento significativo do número de profissionais, houve a necessidade de uma normatização destas condutas, mesmo partindo do princípio de que quem abraça tal carreira tenha em sua personalidade uma forte tendência humanista. "Não há originalidade em afirmar que o Código de Ética nada mais é do que um código de Moral, a Ética é a reflexão científica sobre a Moral."

PRINCÍPIOS FUNDAMENTAIS NO QUE TANGE AO SEGREDO MÉDICO

"Art. 11. O médico deve manter sigilo quanto às informações confidenciais de que tiver conhecimento no desempenho de suas funções. O mesmo se aplica ao trabalho em empresas, exceto nos casos em que seu silêncio prejudique ou ponha em risco a saúde do trabalhador ou da comunidade."

Comentário: Tudo que um profissional venha a tomar conhecimento sobre qualquer paciente, mesmo que este não esteja diretamente sob seus cuidados, jamais pode ser revelado, exceto nos casos previstos pelo próprio artigo, mesmo que não haja intenção em prejudicar o paciente. Deve o médico então ficar atento e ter uma postura ativa para guardar tais segredos, pois a revelação de qualquer informação, mesmo sem querer, caracteriza em erro. Acreditamos que mesmo por uma boa causa e com a autorização prévia do paciente, devemos selecionar o que precisa e pode ser revelado, evitando assim qualquer dano ou prejuízo ao paciente.

CAPÍTULO IX SEGREDO MÉDICO

"Art. 104. É vedado ao médico: Fazer referência a casos clínicos identificáveis, exibir pacientes ou seus retratos em anúncios profissionais ou na divulgação de assuntos médicos em programas de rádio, televisão ou cinema, e em artigos, entrevistas ou reportagens em jornais, revistas ou outras publicações leigas."

Comentário: A identificação do paciente deve estar sempre protegida em qualquer circunstância: no consultório particular, no hospital, nos relatos a outros colegas de profissão, nos trabalhos científicos, no ensino médico, nas campanhas de orientação e prevenção junto à população. Não deve o médico nunca tirar qualquer proveito à custa da imagem de um paciente. Quando necessário o uso de uma imagem, a ilustração do paciente deve sofrer alterações que impossibilitem sua identificação (exclusão do rosto, uso de tarjas, etc.).

CONCLUSÃO

Mesmo com boas intenções, pode o médico, devido a inexperiência e falta de vivência profissional, não tomar a melhor decisão do ponto de vista ético. Portanto, deve-se não somente ter pleno conhecimento do Código de Ética, como também saber como aplicá-lo no dia-a-dia e estar sempre atualizado de acordo com o avanço da medicina e seus métodos diagnósticos e terapêuticos que podem levar a novas interpretações. Naquilo que o Código não prevê ou dê margem a mais de uma interpretação, deve o médico agir com o bom senso e pensar sempre no melhor para seu paciente, pois como já dito antes, tais preceitos antecedem qualquer Código.

SUGESTÕES DE COMO MELHORAR A EFETIVIDADE DO ENSINO DE ÉTICA MÉDICA AO LONGO DO CURSO DE MEDICINA:

1. Promover ao longo do internato, que é quando se inicia uma vivência maior da relação médico-paciente, um momento de discussão do qual participassem os alunos e alguém ligado à disciplina de Ética Médica. Isto deveria ocorrer na metade de cada estágio, possibilitando assim que se tenha material para esta reunião e ao mesmo tempo ainda haja tempo para a correção de qualquer distúrbio.
2. Criar algum mecanismo que traga ao aluno uma noção mais próxima da realidade profissional que o aguarda após sua formação. Quais são os principais erros cometidos em relação à conduta ética pelo jovem profissional? Onde ele pode buscar ajuda quando tiver alguma dúvida de como proceder corretamente?
3. Explicar, formalmente, quais são as normas dos hospitais e ambulatórios freqüentados pelos alunos durante o processo de aprendizado. Isto pode ser feito com ajuda de um "manual" sobre o regimento do serviço, comentado pelo setor de Administração e pela disciplina de Ética Médica.

EDUARDO DE MORAES
CLÁUDIO ELIAS DUARTE
SIDNEY CARVALHO JR.
Membros da Comissão de Bioética

Parecer aprovado pela CoBi em sessão de 09.10.1997

Parecer CoBi 10.12.1998

Assunto: Realização de exame HIV para fins de investigação diagnóstica, quando houver recusa do paciente
Interessado: Serviço de Imunologia

O tema em questionamento foi objetivo de muita e profícua discussão em mais de uma sessão da Cobi, e em uma delas contamos com a presença de profissionais da escola da Vigilância Epidemiológica e da Casa da Aids. Vale a pena ressaltar alguns tópicos:

1. Mesmo nos casos claros de moléstias de notificação compulsória, em que por imperativo normativo legal se é obrigado a notificar a autoridade sanitária, as atribuições que a esta cabem, quais sejam, a investigação epidemiológica para elucidação diagnóstica e a aquilatação da doença na população sob risco, ***não incluem poder de polícia*** algum que possa coagir o indivíduo que deliberadamente se recusar a ser submetido às investigações sorológicas a fazer qualquer exame contra sua vontade, ainda que tal atitude possa constituir um flagrante desatino. A Vigilância Epidemiológica pode tentar persuadir o indivíduo, recorrer a visitas domiciliares etc., porém inexiste dispositivo que lhe permita uma investigação complementar compulsória à revelia do indivíduo.
2. O móvel da "provocação" é a situação do paciente com fortíssima suspeita clínica de moléstia contagiosa, que afeta potencialmente a saúde de terceiros, e este referido paciente recusa-se terminantemente a permitir a confirmação diagnóstica; isto impossibilitaria a devida orientação, quer seja diagnóstica, quer terapêutica, aos contactantes do paciente suspeito de contaminação. Tal situação foi recentemente exemplificada no parecer da Cobi à consulta do Serviço de Imunologia, memorando M.1.57/98, "Consulta da possibilidade de realização de exame HIV para fins de investigação diagnóstica quando houver recusa do paciente" e também no recente parecer da Cobi sobre Ofício GCIH 108/98 "sobre conduta em acidentes pérfuro-cortantes.
3. Nos dois pareceres acima referidos, foram abortados diversos dilemas éticos. O primeiro dilema é o conflito entre o respeito à autonomia do indivíduo que se recusa a realizar em si sorologia e o direito dos contactantes à informação que decorre justamente do resultado desta confirmação diagnóstica, que é crucial não só para a saúde destes contactantes, mas também para os contactantes ulteriores dos já referidos. O que existe de precedente em uma situação análoga porém não exatamente igual é o Parecer do CREMESP "AIDS E A ÉTICA MÉDICA" da 1295ª Reunião Plenária, que, ao abordar o item do sigilo profissional, admite que a ruptura do sigilo é admissível quando o paciente contaminando recusa-se a informar sua condição às pessoas que com o paciente tiveram contacto sexual, pois em tal situação "...haverá aqui, nessas condições, possibilidade de ruptura de sigilo plenamente justificada, posto que

se está a proteger bens de maior relevância que o bem-estar individual, quais sejam o bem-estar social e a saúde (e mesmo a vida) de outras pessoas - tem-se aqui em vista o conceito de legítima defesa"... "havendo a recusa do paciente nesse sentido, é lícita a iniciativa do médico em informar o comunicante contra a vontade daquele pelas mesmas razões acima expostas – o que se esta a proteger se sobrepõe aos motivos pessoais do paciente, ocorrendo, assim, justa causa." A diferença crucial do caso mencionado pelo parecer do CREMESP e a situação em que pauta é que o parecer trata da situação em que já se tem o diagnóstico e o nosso caso é o de forte suspeita diagnóstica, ainda não confirmada.

4. Num caso como o nosso, onde o que existe é uma forte suspeita diagnóstica e uma intransigente recusa da parte do indivíduo em cooperar com a corroboração do diagnóstico, está o médico, e por extensão a equipe de saúde de posse de informação (a saber, a própria suspeita diagnóstica) que é de crucial importância para a saúde de terceiros (a saber, os atuais contactantes do suspeito e os futuros contactantes dos atuais contactantes). Um bem comparável à Autonomia é o direito à liberdade individual, garantido constitucionalmente. Contudo, mesmo este direito não se exerce sem liames. A minha liberdade não é ilimitada. Ela termina onde começa a liberdade de outrem. Nós, como médicos, e portadores de informação privilegiada, não podemos nos omitir perante o risco que afeta potencialmente a saúde de terceiros. Cabe aos médicos e à equipe de saúde valer-se de todos os recursos possíveis de persuasão no intuito de obter o consentimento do paciente. Caso todos os esforços sejam debalde, este parecerista entende que há que se preservar a autonomia do paciente, isto é, não se pode lhe colher a sorologia à revelia. Porém, do ponto de vista ético, coerente com o princípio do IMPERATIVO CATEGÓRICO de Kant, estamos autorizados, no intuito de preservar um bem maior, que é a saúde de terceiros, a revelar, aos contactantes, a suspeita diagnóstica existente, para que estas pessoas possam, dentro de sua autonomia, tomar as medidas cabíveis para o bem de sua saúde. Não assumir tal atitude constituiria em uma comissão de conseqüências potencialmente deletérias.

DR. JOSÉ CARLOS RAMOS CASTILLO
Relator
Membro da Comissão de Bioética

Parecer aprovado pela CoBi em sessão de 26.11.1998

Parecer CoBi 11.08.1998

Assunto: Fornecimento de senhas para acesso lógico às informações em saúde, no HCFMUSP
Solicitante: Diretoria Clínica HCFMUSP

Em atendimento à solicitação do Superintendente do Hospital das Clínicas da Faculdade de Medicina da Universidade de São Paulo – HCFMUSP, através do Memorando/AS2/153/98, aos 24 de abril de 1998, Diretoria Clínica instou a **Comissão de Bioética – CoBi** a se manifestar quanto ao fornecimento e utilização de senhas de acesso ao Sistema de Informações de Saúde, por profissionais não-médicos e estagiários.

Em sua reunião ordinária de 14 de maio de 1998, a **CoBi** analisou o referido assunto e designou relatores para emitir parecer sobre a matéria, com referência a todos os usuários do Sistema, ou seja, médicos e não-médicos.

HISTÓRICO

1. Em 12 de dezembro de 1997, a Diretoria Executiva do Instituto Central – **ICHC**, através do Memorando ICHC 336/97, solicitou orientação ao Conselho Diretor sobre o fornecimento de senhas de acesso para o Sistema de Laboratórios.

   O Conselho Diretor consultou a Divisão de Arquivo Médico, a qual informou que, naquela Divisão, necessitam acessar os bancos de dados do Laboratório, os servidores do Serviço de Análise de Dados e Serviço de Manutenção de Acervo.

   O pedido foi remetido, pelo Diretor Executivo do **ICHC**, ao Diretor Clínico.

2. Em 05 de janeiro de 1998, a Diretoria da Divisão de Nutrição e Dietética endereçou pedido ao Diretor Executivo do ICHC, no sentido de ser mantido o acesso dos Nutricionistas aos resultados de dosagens bioquímicas, para a realização da conduta dietética, nas diferentes patologias. Para tanto, pediu a concessão de senhas a vários nutricionistas.

   O Diretor Executivo do ICHC enviou o pedido ao Diretor Clínico, acrescendo outros profissionais: enfermeiros e fisioterapeutas de UTI.

   O Diretor Clínico solicitou ao Superintendentemanifestação prévia da área de informática.

3. Em 05 de fevereiro de 1998, o Superintendente do HCFMUSP comunicou ao Diretor Executivo do ICHC, através do Memorando AS2/048/98: "de comum acordo com a Diretoria Clínica considera que não é oportuno, salvo melhor juízo, que o acesso à senha do sistema de resultados de Laboratório seja franqueado a todos os profissionais que compõe a equipe de saúde sem a anuência do médico responsável pelo tratamento do doente.

Assim, cabe ao médico-assistente suprir a necessidade dessas informações aos demais componentes da equipe através da impressão dos resultados, anotação em prontuário, ou por outro meio adequado.

O assunto deverá com certeza, futuramente, ser revisto, mas no momento esta é a orientação."

4. Em 13 de fevereiro de 1998, a Divisão de Nutrição e Dietética - ICHC questionou a resolução referida no item 3.

   O Diretor executivo solicitou ao Diretor Clínico uma reunião com as Diretorias dos profissionais não-médicos, para discussão do assunto.

5. Em 17 de fevereiro de 1998, através do Memorando GCIH 026/98, o Grupo de Controle de Infecção Hospitalar solicitou ao Centro de Informática do **ICHC** acesso aos exames laboratoriais, para o pessoal de enfermagem e secretaria.

   O Centro de Informática do ICHC solicitou autorização ao Diretor Clínico para o fornecimento das senhas.

6. Em 11 de março de 1998, a Diretoria Executiva do Instituto de Ortopedia e Traumatologia, através do Memorando do IOT/CE/15/98, solicitou autorização do Diretor Clínico para fornecimento de senhas de acesso ao Sistema de Exames Laboratoriais, aos servidores não-médicos, tais como: cirurgião-dentista, enfermeiro, técnico de laboratório, da área administrativa e estagiário.

7. Através do Memorando EPH/84/98, o serviço de Epidemiologia Hospitalar solicitou ao Diretor Clínico a concessão de senhas a enfermeiras, para acesso aos resultados de exames de apoio diagnóstico.

8. O Superintendente do HCFMUSP, mediante o Memorando AS2/153/98, solicitou ao Diretor Clínico que fosse consultada a Comissão de Bioética, com as seguintes indagações:

   "1. O pedido de exames laboratoriais do interesse dos pacientes é ato privativo de médicos e dentistas?

   2. O acesso aos resultados desses exames é livre a todos os profissionais de saúde envolvidos no tratamento ou deve antes ser do conhecimento do médico-assistente?

   3. O médico pode delegar a responsabilidade de acessar resultado de exames por enfermeiros e nutricionistas que conseqüentemente estarão liberados a prescrever procedimentos da alçada desses profissionais?"

MÉRITO

1. A informação em saúde consiste em um bem inestimável para a sociedade moderna. Porém, a visualização dessa informação nos computadores enseja indagações:

   a) as informações digitalizadas e armazenadas podem ser consideradas **documento**, para fins de proteção jurídica?

   b) quem pode ter acesso a essas informações?

2. O documento, em computador, é o texto armazenado em um meio físico, representado por **bits**, e desde que devidamente protegido, só poderá ser acessado e alterado por pessoas autorizadas. Traçando um paralelismo com o documento em papel, a

concepção é a mesma, sendo o meio físico representado pelo papel e a proteção é o arquivo a que somente as pessoas autorizadas têm acesso.

Desta feita, as informações em saúde digitalizadas podem ser consideradas **documento** para fins de tutela legal.

3. Os dados, informações e sistemas informatizados, em saúde, devem ser protegidos contra ações intencionais ou acidentais que impliquem em perda, destruição, inserção, cópia, acesso e alteração indevidos, de conformidade com os princípios da **confidencialidade, integridade e disponibilidade.**
4. Continua a viger o artigo 154 do Código Penal que comina pena de detenção a quem revelar sem justa causa, segredo, de quem tem ciência em razão de função, ministério, ofício ou profissão.

   Todos os profissionais que lidam com informes em saúde **estão adstritos ao segredo, não importando o meio no qual sejam armazenados**, em que trafeguem ou do ambiente em que estejam sendo processados.
5. Evidentemente, impõe-se a adotação das medidas de segurança compatíveis com a nova tecnologia, proporcionais aos riscos existentes e à magnitude dos danos potenciais.
6. O acesso aos sistemas informatizados deverá ser efetuado mediante o **uso privativo de senha pessoal e intransferível**, sendo sempre motivado por necessidade de serviço. O nível de acesso observará o conjunto de transações inerentes aos perfis estabelecidos para os sistemas.
7. Quando do acesso aos sistemas, caberia, na tela inicial, a informação aos usuários sobre suas responsabilidades e penalidades aplicáveis quanto ao uso indevido de suas senhas.

CONCLUSÃO

O falso dilema informação em saúde × informática omite, de partida, a melhor forma de descobrir entraves e remover pontos de estrangulamento.

Os novos procedimentos exigem além de um processo regulamentador, também indutor, no sentido de se conscientizar os usuários de que os princípios éticos e legais continuam intocáveis, pois não estão condicionados ao instrumento que se utiliza para formar a informação.

O que transparece à guisa de conclusão é que, depois das turbulências inerentes às novidades, hodiernamente, há consenso quanto ao princípio da relatividade ou conveniência das liberdades públicas, que na prática pode ser traduzido pelas assertivas a seguir enunciadas.

- É de responsabilidade da Instituição e dos usuários cuidar da integridade, confidencialidade e disponibilidade dos dados, informações e sistemas.
- O acesso à informação não garante direito sobre a mesma e nem confere autoridade para se liberar a outras pessoas.
- Os usuários e os cadastradores devem manter as senhas de acesso secretas, não podendo deixar qualquer sistema em condições de ser acessado por terceiros.
- O acesso imotivado aos sistemas informatizados constitui, sem prejuízo da responsabilidade civil e penal, infração funcional de falta de zelo e dedicação às

atribuições do cargo ou função e descumprimento de normas legais ou regulamentares.

- Configura descumprimento de normas legais e regulamentares a quebra de sigilo funcional, a divulgação de dados obtidos dos sistemas informatizados, para os que não estejam envolvidos nos trabalhos-objeto das consultas.

PROPOSTA

Considerando:

- o dever desta Instituição de perfil universitário, de permitir o acesso lógico à informação em saúde, à equipe multiprofissional, ao pessoal de apoio técnico-administrativo e aos demais envolvidos diretamente em atividades de assistência ao paciente, ensino e pesquisa;
- o objetivo de reduzir a vulnerabilidade dos sistemas informatizados em saúde;
- a imperiosa necessidade de coibir a ocorrência de fraudes praticadas por meio de pessoas que tenham acesso autorizado aos sistemas informatizados em saúde;
- a conveniência de possibilitar a identificação e responsabilidade civil e criminal dos servidores e outros que, tendo acesso aos sistemas informatizados em saúde, venham a cometer irregularidades;
- a responsabilidade da Administração de zelar pela segurança dos sistemas informatizados em saúde, impõe-se a regulamentação disciplinando o controle de acesso lógico aos sistemas informatizados deste HCFMUSP.

Nesta linha, sugere-se a edição de **Ordem Conjunta de Serviço**, da Diretoria Clínica e Superintendência, com aprovação do Conselho Deliberativo, nos termos a seguir enunciados.

Ordem Conjunta de Serviço nº ...../98

Dispõe sobre o fornecimento de senhas para acesso lógico às informações em saúde, no HCFMUSP.

O Diretor Clínico e o Superintendente do Hospital das Clínicas da Faculdade de Medicina da Universidade de São Paulo – **HCFMUSP**, no uso de suas atribuições, com aprovação do Conselho Deliberativo, em sessão de .../.../..., considerando que:

- os dados, informações e sistemas informatizados de saúde devem ser protegidos contra ações intencionais ou acidentais que impliquem perda, destruição, inserção, cópia, acesso e alteração indevidos, em conformidade com os princípios da **confidencialidade, integridade e disponibilidade**;
- devem ser adotadas medidas de segurança proporcionais aos riscos existentes e à magnitude dos danos potenciais;
- as necessidades de segurança devem ser avaliadas com relação a confiabilidade, integridade e disponibilidade;
- o acesso aos sistemas de informações de saúde deve ser controlado e estar disponível apenas às pessoas devidamente autorizadas;

- os usuários devem ser permanentemente conscientizados sobre os aspectos de segurança e formas de proteção dos recursos e informações sobre sua responsabilidade.

RESOLVEM expedir a presente **Ordem Conjunta de Serviço**, objetivando disciplinar o fornecimento de **senhas** para o acesso lógico aos Sistemas Informatizados de Saúde, no Complexo HCFMUSP, conforme a seguir articulado.

DISPOSIÇÕES PRELIMINARES

Artigo 1° – Para os efeitos desta Ordem Conjunta de Serviço, entende-se por:

I – **Usuário:** pessoa física cadastrada e habilitada nos Sistemas para acesso a informações em saúde;

II – **Habilitação:** procedimento que permite ao usuário cadastrado acessar Sistemas Informatizados de Saúde;

III – **Acesso lógico:** operação de atualização e consulta de dados e informações em um sistema;

IV – **Perfil:** subconjunto de transações de um Sistema, que define a abrangência de atuação do usuário;

V – **Transação:** um programa executável do Sistema;

VI – **Confidencialidade:** princípio de segurança que estabelece restrições ao acesso e à utilização da informação;

VII – **Integridade:** princípio de segurança que trata da confiabilidade da informação;

VIII – **Disponibilidade:** princípio de segurança que trata da entrega tempestiva da informação a usuários e processos autorizados;

IX – **Acesso imotivado:** aquele realizado para fins estranhos às tarefas do usuário.

ACESSO LÓGICO ÀS INFORMAÇÕES EM SAÚDE

Artigo 2° – O acesso do usuário aos Sistemas Informatizados de Saúde será feito mediante o uso privativo de **senha pessoal** e intransferível, sendo que a sua outorga não confere direito de acesso imotivado.

Artigo 3° – O acesso aos Sistemas Informatizados de Saúde deve ser sempre motivado por **necessidade de serviço**, com anuência expressa do superior hierárquico em linha direta.

Artigo 4° – Cabe aos Dirigentes das Unidades do HCFMUSP submeter aos respectivos Diretores Executivos ou de Departamentos o pedido de concessão de **SENHA** aos seus subordinados, por absoluta necessidade de serviço.

Parágrafo Único – O acesso motivado compreende o conjunto de transações inerentes aos perfis estabelecidos pelo Centro de Informações e Análise para as Unidades do HCFMUSP.

Artigo 5° – Compete aos Diretores Executivos ou de Departamentos autorizar as concessões de **Senha** e enviar os pedidos ao **Centro de Informações e Análise** para providências de cadastramento e de habilitação.

Artigo 6º - Os casos excepcionais, não enquadrados no disposto do artigo 4º, mas que justifiquem a concessão de SENHAS, deverão ser submetidos ao Superintendente para análise e autorização.

Artigo 7º – Caberá ao Centro de Informações e Análise definir as condições para a adoção, manutenção e controle do acesso lógico aos Sistemas Informatizados de Saúde, visando:

I – proteger as informações dos Sistemas Informatizados de Saúde contra o uso não autorizado;

II – auxiliar na detecção de violações de segurança;

III – assegurar recuperação nas situações de falha;

IV – permitir contabilização individual do uso do Sistema;

V – preservar os dados relativos às transações realizadas nos Sistemas, com a identificação do usuário, local, data e horário de acesso.

Artigo 8º – Os usuários disporão da **SENHA** após assinatura do "**Termo de Responsabilidade**", conforme modelo anexo.

Artigo 9º – Os usuários ao acessarem os Sistemas serão informados, na tela inicial, de suas responsabilidades quanto ao uso dos Sistemas e Informações, bem como sobre as penalidades aplicáveis quanto ao uso indevido de suas senhas.

RESPONSABILIDADES INSTITUCIONAIS E FUNCIONAIS

Artigo 10. – Constitui-se em responsabilidade de todos os usuários cuidar da **integridade, confidencialidade e disponibilidade** dos dados, informações e Sistemas, devendo comunicar por escrito à chefia imediata quaisquer irregularidades, desvios ou falhas identificadas.

§ 1º – O acesso à informação não garante direito sobre a mesma nem confere autoridade para liberar acesso a outras pessoas.

§ 2º – Os usuários e os cadastradores devem manter suas senhas de acesso secretas, não podendo deixar qualquer sistema em condições de ser acessado por terceiros.

Artigo 11. – É de responsabilidade da chefia imediata iniciar ação corretiva apropriada para corrigir os desvios com relação às normas desta Ordem Conjunta de Serviço ou procedimentos de segurança dentro de sua área de atuação, comunicando o fato ao Diretor Executivo ou de Departamento.

Artigo 12. – O descumprimento das disposições desta Ordem Conjunta de Serviço caracterizará infração funcional, a ser apurada em processo administrativo disciplinar, sem prejuízo da responsabilidade penal e civil.

Artigo 13. – O acesso imotivado do usuário aos Sistemas Informatizados do HCFMUSP constitui, sem prejuízo da responsabilidade civil e penal, infração funcional de falta de zelo e dedicação às atribuições do cargo ou função-atividade e descumprimento de normas legais ou regulamentares.

Artigo 14. – Ressalvadas as hipóteses de requisições legalmente autorizadas, constitui infração funcional a revelação de segredo do qual se apropriou em razão do cargo ou função-atividade, e crime tipificado no Código Penal, a divulgação, a terceiros, de informações dos Sistemas Informatizados protegidas pelo sigilo, sujeitando o infrator à penalidade de demissão.

Artigo 15. – Sem prejuízo da responsabilidade penal e civil, e de outras infrações disciplinares, constitui falta de zelo e dedicação às atribuições do cargo ou função-atividade o descumprimento de normas legais e regulamentares, não proceder o servidor com o devido cuidado na guarda e utilização da senha ou emprestá-la a outro servidor, ainda que habilitado.

DISPOSIÇÕES FINAIS

Artigo 16. – Cabe ao Centro de Informações e Análises gerenciar o processo de implantação e de aplicação das normas desta Ordem Conjunta de Serviço, expedir instruções complementares, bem como realizar periodicamente auditoria de segurança nos ambientes operacionais e nos Sistemas de Informação em Saúde no HCFMUSP.

Artigo 17. – Os contratos de prestação de serviços relacionados aos sistemas informatizados de saúde no HCFMUSP devem conter cláusulas que viabilizem a adoção e manutenção das normas de segurança.

Esta Ordem Conjunta de Serviço entra em vigor na data de sua publicação, revogando-se as disposições em contrário.

São Paulo,

DIRETOR CLÍNICO DO HCFMUSP
Superintendente

Anexo
TERMO DE RESPONSABILIDADE

Eu, ..., declaro que recebi autorização de acesso, através de **senha**, aos Sistemas Informatizados e Bancos de Dados de Saúde do Hospital das Clínicas da Faculdade de Medicina da Universidade de São Paulo – HCFMUSP e me comprometo a guardá-la, mantê-la em sigilo, não revelar a terceiros e não permitir indevidamente o acesso a estes dados e informações a pessoas não autorizadas.

Declaro que recebi, nesta data, o regulamento ou norma interna relativo à utilização da **senha**, do qual tomo conhecimento. Reconheço que a infração a estas normas ou a este Termo de Responsabilidade constitui falta funcional punível de acordo com a lei, responsabilizando-me, inclusive, pelos danos que causar ao HCFMUSP ou a terceiros, em decorrência da má utilização ou uso indevido que fizer desta autorização para ter acesso aos Sistemas e Bancos de Dados Informatizados da Instituição.

(local) de de 1998.

____

Assinatura

Identificação

R.G. Nº

Submetemos o presente Parecer à apreciação da CoBi.

CoBi, 11 de agosto de 1998.

PROF. FRANCISCO R. CARRAZZA
DRA. MARIA MATHILDE MARCHI
Membros da Comissão de Bioética

Parecer aprovado pela CoBi em sessão de 14.08.1998

Parecer 22.07.1999

Assunto: Ficha de notificação de eventos adversos a medicamentos

Do ponto de vista ético, valem as seguintes considerações:

- É a ficha de notificação em apreço um instrumento adicional para a avaliação e controle de qualidade de medicamentos, sejam estes fornecidos pela rede pública ou privada.
- Permite rastrear e mapear eventuais iatrogenias de cunho exclusivamente farmacológico e também identificar possíveis casos de medicamento de qualidade duvidosa (por exemplo: por falsificação, deterioração).
- Permite o levantamento epidemiológico dos eventos adversos já conhecidos em nossa população.

Os quesitos acima mencionados representam um ganho e um benefício evidente, não só para o paciente individualmente, como também para a comunidade. O centro de Vigilância Sanitária pode tomar as providências cabíveis quanto à qualidade dos medicamentos ofertados à população de forma eficiente, e os dados epidemiológicos concernentes à incidência de efeitos colaterais previsíveis em nosso meio poderão orientar futura padronização de condutas terapêuticas adaptadas a nossa população.

Nota-se também uma salutar preocupação com a preservação do sigilo desse tipo de informação, que não deixa de ser uma extensão do prontuário do paciente, demonstrada pela última linha do Anexo, "ESTAS INFORMAÇÕES SÃO CONFIDENCIAIS E SERÃO UTILIZADAS PARA INVESTIGAÇÃO EPIDEMIOLÓGICA".

Existe um único pormenor que merece um cuidado especial para que do ponto de vista ético a mencionada Ficha de Notificação seja irrepreensível, que vem escrito no texto final das orientações para preenchimento. Neste trecho, menciona-se que tal ficha encontra-se disponível na Internet. Neste caso, é recomendável que o acesso a estas informações seja protegido por senha, para que se possa assegurar o caráter sigiloso das informações.

CONCLUSÃO

A ficha de notificação de eventos adversos a medicamentos tem grande valor heurístico do ponto de vista científico e é impecável do ponto de vista ético, *desde que se proteja por senha o acesso à ficha via Internet*, para que se mantenha o caráter sigiloso das informações, condição explícita do próprio documento.

DR. JOSÉ CARLOS RAMOS CASTILLO
Membro da Comissão de Bioética
Parecer aprovado pela CoBi em sessão de 22.07.1999

Parecer CoBi 013/2003

Assunto: Parecer sobre pacientes com diagnóstico de pedofilia
Interessado: Projeto Sexualidade do IPq
Ementa: Caso concreto de prática pedofílica: dever do médico e equipe multidisciplinar de comunicação à Vara da Infância e Juventude (art. 245, Estatuto da Criança e do Adolescente). Fatos pretéritos, meras conjecturas ou fantasias: não se deve quebrar o sigilo profissional. Como *regra geral* da assistência médica, no diagnóstico de pedofilia: informação dos dispositivos pertinentes do Estatuto da Criança e do Adolescente

A missivista indaga qual a postura ética do médico que atende pacientes com diagnóstico de pedofilia diante da prática e/ou fantasia pedofílica, se existe sustentação para quebra de sigilo, a quem se deverá reportar neste caso e questões correlatas.

O diagnóstico de Pedofilia (F.65.4) da 10ª edição da Classificação Internacional das Doenças diz respeito a "Preferência sexual por crianças, quer se trate de meninos, meninas ou de crianças de um ou do outro sexo, geralmente pré-púberes ou no início da puberdade". No caso de pessoas que apresentem tão somente fantasias envolvendo este tipo de atividade, sem que esta seja colocada em prática, é possível, especialmente se este fato incomoda o paciente a ponto do mesmo procurar ajuda profissional, que não se trate de pedofilia, mas sim de sintoma pertencente ao espectro do transtorno obsessivo compulsivo. A presença tão somente de fantasias não constitui infração ética, muito menos crime de ação penal.

No que diz respeito à situação em que existem, de fato, atos sexuais envolvendo crianças, principalmente pré-púberes, a situação é bastante diversa. Uma criança é indefesa frente às investidas de cunho sexual de um adulto. Nosso sistema legal possui diversos dispositivos que a defendem.

O Código Penal, em diversos artigos, tipifica tal prática como crime passível de prisão.

O Estatuto da Criança e do Adolescente é bastante preciso nos artigos 17 e 18:

"**Art. 17** – O direito ao respeito consiste na inviolabilidade da integridade física, psíquica e moral da criança e do adolescente, abrangendo a preservação da imagem, da identidade, da autonomia, dos valores, idéias e crenças, dos espaços e objetos pessoais".

"**Art. 18** – É dever de todos velar pela dignidade da criança e do adolescente, pondo-os a salvo de qualquer tratamento desumano, violento, aterrorizante, vexatório ou constrangedor".

O artigo 18 se aplica a todos, incluídos médicos e demais profissionais de saúde.

Surge então uma questão: se haveria conflito entre o sigilo médico, que é a base da confiança que deve reger a relação médico-paciente desde a era hipocrática, e o dever legal. Vejamos o que diz o Código de Ética Médica:

"**Capítulo IX – Segredo Médico**

É vedado ao médico:

Art. 102 – Revelar fato de que tenha conhecimento em virtude do exercício de sua profissão, salvo por justa causa, dever legal ou autorização expressa do paciente.

Parágrafo único: Permanece essa proibição: a) Mesmo que o fato seja de conhecimento público ou que o paciente tenha falecido. b) Quando do depoimento como testemunha. Nesta hipótese, o médico comparecerá perante a autoridade e declarará seu impedimento".

Digamos que um médico sabe que seu paciente está praticando pedofilia contra uma criança. Do ponto de vista ético que conduta deverá ele adotar? Seria esta uma situação em que caberia a quebra de sigilo para impedir o sofrimento de uma criança indefesa? Quer se aborde a ética pelo prisma teleológico, ou das conseqüências, quer pelo prisma deontológico (como o sistema kantiano do imperativo categórico), ambas as abordagens justificariam a quebra de sigilo. A manutenção do sigilo prejudica um bem maior em termos sociais, pois que o corpo social prioriza a proteção das crianças, que não têm defesa ante esta prática. Também pelo ponto de vista deontológico, é um imperativo categórico tomar providências para proteger um indefeso, e não agir para impedir uma ação condenável, além de falha ética, pode ser considerada cumplicidade ou omissão de socorro.

Se existem ou não universais éticos ou se todas as concepções éticas são meras convenções artificiais de cada sociedade e mutáveis à medida que o tempo passa é uma questão metaética para a qual não foi dada ainda uma posição definitiva, embora os filósofos discutam esta questão há pelo menos 2500 anos.

Em todo caso, vivemos em uma sociedade em que a ética normativa condena como crime a prática pedofílica, e, do ponto de vista do dever legal ou justa causa, a quebra de sigilo nesta circunstância não entra em conflito com o artigo 102 do Código de Ética Médica. Há que se notar, por outro lado, que tal quebra de sigilo só tem sentido em presença de um caso concreto; a comunicação de meras suspeitas, posteriormente elucidadas como precipitadas ou inverídicas, além de ser uma flagrante quebra da ética, levam o denunciador a ser sujeito de processo por denunciação caluniosa.

Um outro exemplo em que excepcionalmente se justifica a quebra de sigilo é no caso dos contactantes sexuais de pacientes contaminados com doenças sexualmente transmissíveis que se recusam a alertar seus parceiros sexuais, conforme parecer "AIDS E ÉTICA MÉDICA" elaborado pelo Conselheiro Antonio Ozório Leme de Barros, com a colaboração do Conselheiro Guido Carlos Levi, aprovado na 1295a Reunião Plenária, realizada em 3 de maio de 1988.

No que diz respeito a quem se deve comunicar tais ocorrências, o artigo 245 do Estatuto da Criança e do Adolescente deixa bem claro que o médico ou o responsável por estabelecimento de atenção à saúde não podem deixar de comunicar à autoridade competente os casos de que tenham conhecimento, envolvendo maus-tratos contra criança ou adolescente. No caso, a autoridade competente é a Vara da Infância e Juventude.

Não se deve, todavia, perder a oportunidade da seguinte reflexão: há uma taxa, constante, ano a ano, de crianças pré-púberes molestadas sexualmente por pessoas portadoras de pedofilia. E é de interesse da sociedade que esta taxa diminua, o mais possível. Uma das formas de obter este objetivo é a descoberta de tratamentos eficazes para esta condição. Isto somente será possível se esta condição puder ser sistematicamente estudada, como pretendem pioneiros como a consulente. O que se sabe de científico ainda é muito insuficiente e permanecerá assim se a Universidade não puder estudar o assunto. Creio ser conveniente que se abra um diálogo da Universidade com a sociedade, mormente os Poderes Públicos que a representam, para que se possa avançar no assunto.

Somente a parceria da Universidade com a sociedade encontrará mecanismos que permitam consignar este objetivo. Uma modalidade seria a possibilidade de um dispositivo legal que determinasse, à guisa de exemplo, que o pedófilo se submetesse, em vez de detenção, a tratamento especializado contínuo, que em caso de abandono, seria imediatamente comunicado ao Ministério Público, sem prejuízo do dever legal dos profissionais de notificarem eventual caso concreto de prática pedofílica.

Do exposto acima vêm as seguintes conclusões:

1. Diante de um caso concreto de prática pedofílica, *por dever legal,* o médico e a equipe multidisciplinar, por intermédio da Instituição a que pertençam, são obrigados a comunicar o fato à Vara da Infância e Juventude.
2. No caso de fatos pretéritos, meras conjecturas ou fantasias, vemos que, do ponto de vista ético, não se deve quebrar o sigilo profissional.
3. Os serviços que prestam assistência médica aos portadores do diagnóstico de pedofilia devem informar a seus clientes os dispositivos pertinentes do Estatuto da Criança e do Adolescente
4. A Universidade, que se dedica ao estudo destas condições, deve abrir canais de diálogo com representantes da sociedade civil, pois que o avanço do conhecimento na área, permitindo melhores e mais eficazes tratamentos desta condição, diminuirá a taxa anual de crianças molestadas sexualmente por adultos, o que certamente é do interesse de toda a sociedade.

DR. JOSÉ CARLOS RAMOS CASTILLO
Membro da Comissão de Bioética

Parecer aprovado pela CoBi em sessão de 24.04.2003

Parecer CoBi 012/2004

Assunto: Orientação quanto à necessidade ética de informar os médicos que atendem pacientes que usam o Serviço de Rastreamento Genético sobre as informações encontradas
Solicitante: Serviço de Endocrinologia e Metabologia do HCFMUSP
Ementa: Como deve proceder o Serviço de Rastreamento Genético do HCFMUSP quanto à convocação de pacientes atendidos por médicos que não pertencem ao Laboratório de Investigação Médica que realiza este tipo de procedimento? Haveria necessidade de um consentimento do médico assistente responsável pelo paciente?

MOTIVAÇÃO

O Serviço de Endocrinologia e Metabologia do HCFMUSP está implantando uma nova rotina de rastreamento genético de doenças como a Síndrome de von Hippel Lindau (VHL), paragangliomas familiares e as neoplasias endócrinas múltiplas dos tipos 1 e 2 (NEM tipo 1 e NEM tipo 2). Para tanto adquiriu e instalou equipamentos, mantendo equipe treinada no Laboratório de Investigação Médica 25 (LIM 25 HCFMUSP) para realizar este procedimento em pacientes e seus familiares, potenciais portadores das enfermidades supracitadas.

O corpo clínico do Serviço de Endocrinologia e de outros serviços ambulatoriais clínico-cirúrgicos do HCFMUSP pode encaminhar pacientes para a realização deste rastreamento. Especificamente dentro da Clínica de Endocrinologia existe a possibilidade de os pacientes, que já tenham algum dos diagnósticos acima e que estejam sob os cuidados de médicos deste serviço, serem convocados por uma assistente social para comparecerem ao ambulatório para uma entrevista. Uma das médicas envolvidas com a rotina de rastreamento genético apresentará esta possibilidade diagnóstica e todas as informações e orientações pertinentes a respeito, bem como suas implicações, de acordo com protocolo a ser aprovado pela CAPPesq e de consentimento escrito obtido de cada paciente.

A consulta à Comissão de Bioética é a seguinte: uma vez que estes pacientes são atendidos por outros médicos dentro do HCFMUSP, haveria necessidade de obter um consentimento de cada médico antes de fazer a convocação dos pacientes?

DISCUSSÃO

Uma primeira consideração fundamental para a situação exposta nesta consulta é a de que cada paciente é antes de tudo uma pessoa com decisões próprias a respeito de sua vida. Este fato é plenamente reconhecido no "Termo de Responsabilidade Para Pacientes Maiores Capazes" na seção III (http://www.hcnet.usp.br/dirclinica/cobi/

maioresecapazes.htm). Assim sendo, cabe ao corpo clínico do HCFMUSP oferecer os melhores meios diagnósticos e terapêuticos aos pacientes, pautando-se numa relação de respeito mútuo, lembrando-se do princípio da autonomia.

Outra consideração capital a ser lembrada é que a estrutura dos serviços e divisões hospitalares estão subordinadas técnico-cientificamente a profissionais capacitados para propor protocolos de intervenção diagnóstica ou terapêutica a serem seguidos dentro de suas áreas de competência, sendo que no plano hierárquico os diretores de divisão têm a responsabilidade de definir e acompanhar a execução destes protocolos.

Outro ponto a ser considerado é aquele expresso no Capítulo I, artigo 5º do Código de Ética Médica, onde há uma indicação clara que todo médico deve usar o melhor do progresso científico em benefício do paciente.

A oferta do serviço de rastreamento genético pelo Serviço de Endocrinologia Clínica do HCFMUSP a pacientes e seus familiares está a favor destes conceitos. Para tanto, propõe-se que o serviço hospitalar, capacitado para este novo procedimento diagnóstico e com desdobramentos assistenciais benéficos para o paciente, passe a mediar a relação diretamente com o paciente e seus familiares, apresentando uma situação de interveniência deste serviço e seu corpo clínico na condução de procedimentos com pessoa eventualmente assistida por outro médico, apesar de serem todos profissionais da mesma instituição e subordinados à mesma diretoria técnica.

Considerando que se está diante de uma situação que envolve a relação entre equipes médicas, é interessante mencionar novamente o Código de Ética Médica, em seu Capítulo VII que versa sobre a relação entre médicos. Há 4 artigos que merecem destaque, transcritos a seguir:

É vedado ao médico:

Art. 76 – Servir-se de sua posição hierárquica para impedir, por motivo econômico, político, ideológico ou qualquer outro, que médico utilize as instalações e demais recursos da instituição sob sua direção, particularmente quando se trate da única existente no local.

Art. 81 – Alterar prescrição ou tratamento de paciente, determinado por outro médico, mesmo quando investido em função de chefia ou de auditoria, salvo em situação de indiscutível conveniência para o paciente, devendo comunicar imediatamente o fato ao médico responsável.

Art. 82 – Deixar de encaminhar de volta ao médico-assistente o paciente que lhe foi enviado para procedimento especializado, devendo, na ocasião, fornecer-lhe as devidas informações sobre o ocorrido no período em que se responsabilizou pelo paciente.

Art. 83 – Deixar de fornecer a outro médico informações sobre o quadro clínico do paciente, desde que autorizado por este ou seu responsável legal.

Ao interpretar em conjunto as proposições dos artigos acima, percebe-se que deve prevalecer boa e ampla cooperação entre os profissionais que estão prestando serviços a pacientes, proporcionando uma otimização dos recursos institucionais em benefício direto à população atendida.

É bem verdade que a realidade comum, atualmente, do trabalho em equipe na saúde por vezes desafia "sentimento de posse", consciente ou inconsciente, que os profissionais de saúde soem sentir em relação aos seus pacientes, tendo em vista a "tradição paternalista" na área. Outra decorrência do trabalho coletivo que hoje vigora na atenção à saúde é a necessidade de as equipes multiprofissionais se verem como co-responsáveis pela saúde do paciente e não como partes de uma pendência de direitos. Talvez esta seja, hoje, uma das grandes lições que a academia tenha a aprender e ensinar na humanização da educação e da assistência. Para enfrentar a situação é necessário manter os profissionais esclarecidos de sua inserção institucional e em uma equipe multiprofissional, levando-os a constatar que os pacientes são dotados de autonomia e a eles deve ser oferecido o melhor recurso disponível no hospital, para que participem da decisão sobre utilizar ou não determinada intervenção diagnóstica ou terapêutica.

Especialmente, em se tratando dos pacientes atendidos no Hospital das Clínicas, um fato relevante que deve ser lembrado é que os pacientes do Hospital das Clínicas costumam ser registrados no serviço onde são atendidos, e não são pacientes de determinados médicos-assistentes, cujo corpo clínico por vezes "rodizia" funções, dias, horários e que também se renova a cada ano com a saída e entrada de médicos-residentes. Os artigos 48, 56 e 57 do Código de Ética deixam muito claro que todos os meios diagnósticos e terapêuticos devem ser informados ao paciente a fim de fornecer subsídios para o paciente poder decidir livremente; dessa forma, a informação prestada diretamente aos pacientes pela consulente não constitui uma atitude antiética, contanto que sejam notificados os médicos que assistem os pacientes, previa ou posteriormente. Lamentável e criticável seria a atitude de coibir ou negar a informação da existência desse novo método diagnóstico aos pacientes.

Assim sendo, parece adequado que os médicos-assistentes sejam estimulados a solicitar o rastreamento genético a partir de carta circular a eles enviada pelo LIM 25, na qual constem eventuais esclarecimentos do procedimento e indicando a importância deste diagnóstico para seus pacientes, subsidiando técnica e cientificamente o corpo clínico para melhor atender sua clientela.

Aproveitando esta oportunidade, cabe ponderar as implicações que podem trazer a incorporação de novos desenvolvimentos advindos da pesquisa na rotina dos serviços assistenciais, com dificuldades que vão desde os esforços exigidos para as atualizações constantes da equipe até a percepção do novo procedimento como uma sobrecarga adicional ao trabalho cotidiano. Estimular positivamente o corpo clínico a manter o exercício da educação continuada, oferecendo recursos institucionais para isso e incluindo numa parte do horário de trabalho as condições para esta atualização na especialidade, pode colaborar no sentido de lidar com estas questões.

CONCLUSÃO

Com o intuito de fortalecer o vínculo médico-paciente, melhorar a atuação assistencial dos profissionais envolvidos com doenças genéticas e ao mesmo tempo propiciar uma boa relação entre os assistentes do HCFMUSP, propõe-se que procedimentos diagnósticos novos como o rastreamento genético sejam solicitados pelo corpo clínico diretamente responsável pelo atendimento e seguimento cotidiano do paciente, exceção feita aos indivíduos que tenham recebido alta e/ou não contem mais com a assistência específica de um médico dentro do HCFMUSP e que poderão se beneficiar-se convocados pelo serviço clínico-laboratorial diretamente.

É uma atitude correta a divisão hospitalar ou o serviço especializado definirem protocolos de atendimento e prestação de novos serviços aos pacientes registrados na instituição, buscando ativamente contato com esta clientela para oferecer-lhes estes meios diagnósticos ou terapêuticos atualizados, estando de acordo com as finalidades e responsabilidades daqueles que dirigem o HCFMUSP, sendo, portanto, um comportamento ético.

PROF. DR. RAYMUNDO SOARES DE AZEVEDO NETO
Relator
PROF. DR. CHIN AN LIN
Revisor
PROFA. DRA. ELMA ZOBOLI
Revisora
Membros da Comissão de Bioética

Parecer aprovado pela CoBi em sessão de 25.11.2004

Trechos de interesse do Código de Ética Médica para a consulta em análise.

Capítulo I – Princípios Fundamentais

Art. 5° – O médico deve aprimorar continuamente seus conhecimentos e usar o melhor do progresso científico em benefício do paciente.

Art. 14° – O médico deve empenhar-se para melhorar as condições de saúde e os padrões dos serviços médicos e assumir sua parcela de responsabilidade em relação à saúde pública, à educação sanitária e à legislação referente à saúde.

Art. 16° – Nenhuma disposição estatutária ou regimental de hospital, ou instituição pública ou privada, poderá limitar a escolha, por parte do médico, dos meios a serem postos em prática para o estabelecimento do diagnóstico e para a execução do tratamento, salvo quando em benefício do paciente.

Capítulo II - Direitos do Médico

É direito do médico:

Art. 21 – Indicar o procedimento adequado ao paciente, observadas as práticas reconhecidamente aceitas e respeitando as normas legais vigentes no País.

Art. 28 – Recusar a realização de atos médicos que, embora permitidos por lei, sejam contrários aos ditames de sua consciência.

Capítulo IV – Direitos Humanos

É vedado ao médico:

Art. 46 – Efetuar qualquer procedimento médico sem o esclarecimento e consentimento prévios do paciente ou de seu responsável legal, salvo em iminente perigo de vida.

Art. 48 – Exercer sua autoridade de maneira a limitar o direito do paciente de decidir livremente sobre a sua pessoa ou seu bem-estar.

Capítulo V – Relação com Pacientes e Familiares

É vedado ao médico:

Art. 56 – Desrespeitar o direito do paciente de decidir livremente sobre a execução de práticas diagnósticas ou terapêuticas, salvo em caso de iminente perigo de vida.

Art. 57 – Deixar de utilizar todos os meios disponíveis de diagnóstico e tratamento a seu alcance em favor do paciente.

Art. 59 – Deixar de informar ao paciente o diagnóstico, o prognóstico, os riscos e objetivos do tratamento, salvo quando a comunicação direta ao mesmo possa provocar-lhe dano, devendo, nesse caso, a comunicação ser feita ao seu responsável legal.

Capítulo VII – Relações entre Médicos

É vedado ao médico:

Art. 76 – Servir-se de sua posição hierárquica para impedir, por motivo econômico, político, ideológico ou qualquer outro, que médico utilize as instalações e demais recursos da instituição sob sua direção, particularmente quando se trate da única existente no local.

Art. 81 – Alterar prescrição ou tratamento de paciente, determinado por outro médico, mesmo quando investido em função de chefia ou de auditoria, salvo em situação de indiscutível conveniência para o paciente, devendo comunicar imediatamente o fato ao médico responsável.

Art. 82 – Deixar de encaminhar de volta ao médico-assistente o paciente que lhe foi enviado para procedimento especializado, devendo, na ocasião, fornecer-lhe as devidas informações sobre o ocorrido no período em que se responsabilizou pelo paciente.

Art. 83 – Deixar de fornecer a outro médico informações sobre o quadro clínico do paciente, desde que autorizado por este ou seu responsável legal.

Parecer CoBi 008/2005

Assunto: Pacientes com diagnóstico de pedofilia
Solicitante: Diretoria Clínica

Encaminha a Diretoria Clínica do HC a esta Comissão de Bioética cópia do Parecer Consulta 51.676/05, aprovado pelo Plenário do CRM, relativamente a expediente originário do HC relativo à obrigatoriedade de quebra de sigilo profissional de pacientes pedófilos.

O parecer original foi fruto de consulta feita pela Professora ...., tendo como fundamento a criação de uma clínica para tratamento de pessoas acometidas de tal patologia. Sobre a questão, que teve como relator José Carlos Ramos Castillo, parecer esse aprovado pela CoBi. Mas, quando se analisa o Parecer do CREMESP, o que se tem como questões são:

1. Qual deve ser a postura ética do médico diante da queixa da prática e/ou fantasia de pedofilia?
2. Quais e quando as entidades ou instituições devem ser comunicadas?
3. Antes de iniciar o tratamento, deve o médico alertar o paciente que ele poderá quebrar o sigilo médico caso saiba da prática de pedofilia?
4. O sigilo médico deve ser quebrado nos casos em que existe somente "risco" de violência ou abuso sexual do menor?

E o Parecer Consulta conclui:

a) Que a pedofilia constitui duplo *status,* é ao mesmo tempo diagnóstico médico e delito.

b) A quebra de sigilo não pode ser entendida como dever legal.

c) O rompimento do segredo é faculdade do médico.

d) A opção pela quebra deve levar em conta características clínicas do paciente e propõe alguns parâmetros entre os quais:

   1. A condição psíquica do pedófilo, sua história, outro distúrbio mental associado à pedofilia, avaliação da periculosidade do paciente, tipo e gravidade do prejuízo infligido à criança ou ao adolescente;
   2. Submeter, a critério do profissional, o caso à comissão de ética médica ou pedir parecer de colega, de forma a não assumir, **isoladamente,** a responsabilidade da comunicação;
   3. Tentar alertar os parentes ou responsável legal pela criança ou adolescente, antes de notificar à autoridade competente;
   4. Esforçar-se para que a comunicação não interrompa a terapêutica;

5. Buscar que a criança ou adolescente também receba tratamento.
6. Por derradeiro sugere que se aperfeiçoe o conceito de pedofilia para distingui-lo de distúrbio mental.

Relatora:

Por ocasião do parecer elaborado pelo Dr. José Carlos Ramos Castillo, a CoBi entendeu que a pedofilia é patologia mental caracterizada pelo fato de o agente fantasiar ou manter relações sexuais com crianças ou adolescentes. Assim, pedofilia, entendida como distúrbio mental, poderia aparecer sob duas formas, ativa, com a prática de atos sexuais com menores, ou virtual, quando o paciente apenas sonha, fantasia, que pratica atos sexuais ou libidinosos com menores de idade.

Cabe, pois, ao médico, identificar o risco potencial que a conduta de seu paciente poderá criar para outras pessoas, no caso de menores de idade, vulneráveis, muitas vezes sujeitos ao poder familiar do agente ou facilmente seduzidos e por ele atraídos para servirem de objeto na consumação de atos delituais.

Se o médico após examinar o paciente, e, espera-se, como profissional treinado no exercício do mister da arte de curar, suspeitar da sua periculosidade, seja ele agressivo ou não, deve para a preservação de outros *interesses, notadamente* dos mais *vulneráveis,* dos menos aptos a se defenderem de assédio ou exercício de poder, alertar tanto os responsáveis legais quanto as autoridades competentes. Aqui o campo em que se manifesta a autonomia do profissional da medicina e onde deve atuar de forma diligente, cuidadosa. (Lembra-se, a propósito, a condenação de profissional nos *EUA* por não ter informado às autoridades do perigo que um paciente representava para a vida de alguém que, ao final, foi por ele, paciente, assassinado. Nesse caso o médico foi responsabilizado por ter faltado com o dever de diligência, de prudência em face da vida de terceiro, preso ao sigilo profissional)

Entretanto, o Parecer do CREMESP, ou de seu Departamento Jurídico, se atém à literalidade das normas e estimula o que se denomina medicina defensiva, como se nota da leitura da redação do item 2 no que se refere à consulta a outro profissional para não assumir a responsabilidade isoladamente, antes de formular denúncia. Igualmente, o alerta a parentes ou responsáveis pela criança molestada é indicativo de que se pretende construir o argumento de forma vaga, imprecisa. Tal entendimento desconsidera a magnitude do malefício que o comportamento do médico impõe à criança molestada, para, escudado em sigilo profissional, preservar seu paciente.

As questões relevantes são: quem será responsável pelos danos - físicos e mentais - causados a crianças ou adolescentes vítimas de pedófilos que persistem enquanto estes tiverem ascendência sobre aqueles? Qual o bem jurídico que se pretende tutelar, e de interesse maior para a sociedade? Sigilo médico combinado com responsabilidade desse profissional prevalece sobre a segurança ou proteção de menores contra abusos de qualquer espécie?

Esses pontos, s.m.j., não foram considerados no Parecer Consulta do CRM que se ocupou de defesa da categoria. Se compete aos Conselhos profissionais zelar pelo exercício da profissão, informar seus membros dos riscos que correm quando atuem de forma culposa ou dolosa, cabe-lhes, e no caso do CFM ou dos CRMs, ter presente que há outros interesses que não podem ser ignorados. Que ao lado dos direitos e interesses dos profissionais da medicina estão aqueles da sociedade, e, entre eles, o Conselho não deve dar primazia aos primeiros em completo detrimento dos outros. O ideal é que sejam harmonizados; quando não for possível fazê-lo, e isto apenas em situações bem definidas, os interesses da coletividade devem prevalecer sobre os individuais ou da categoria.

O Parecer Consulta vem embasado em dispositivos legais, sejam eles do Código Penal, de 1940, sejam do Estatuto da Criança e do Adolescente, esquecendo-se o relator de que literalidade das normas não se sobrepõe ao interesse social; que normas punitivas se destinam a coibir ou inibir práticas danosas as quais incidirão sobre interesses de terceiros e, no caso de pedofilia, podem imputar aos menores vitimados, danos irrecuperáveis.

Por isso, sugerir, como se faz no documento em exame, sejam alertados os responsáveis pelo menor vitimado, embora importante represente sempre agir *ex post,* quando a conduta desejável vai na direção de tentar impedir ou reduzir os eventos danosos, portanto, agir *ex ante*, tentar evitar novas vítimas uma vez que não há garantia de que o pedófilo ativo não buscará outras crianças para satisfazer sua patologia. À sociedade interessam as ações preventivas mais do que as corretivas.

Cuidado há de ser adotado pelo médico no que diz respeito a informar as autoridades competentes sobre a prática de pedofilia: na falta de evidências ou de indícios sérios, a informação pode ser postergada até mesmo para evitar o cometimento de delito de denunciação caluniosa. Diante de fundadas suspeitas, porém, cabe ao médico esclarecer ao paciente que poderá noticiar às autoridades a fim de que sejam tomadas as medidas legais cabíveis.

Considero, ainda, que nos planos ético e bioético, normas jurídicas são meramente indicativas e não impositivas de condutas que visem a garantir a autonomia do paciente assim como a do profissional que não deverá ter sua autonomia restringida. Compete a este, que melhor compreende os perigos que desvios comportamentais podem gerar, adotar medidas que minimizem seus efeitos sobre terceiros.

Dessa forma, considero que, meritória tentativa de desenhar terapêuticas para a pedofilia, no âmbito do HC, de sua clínica psiquiátrica, melhor serviço se presta à sociedade ao manter as sugestões do parecer aprovado pela CoBi, que vai no sentido da prevenção, da denúncia sempre que a atividade do paciente põe em risco qualquer criança, do que aceitar o do CRM, que se abriga no sigilo médico e posterior tratamento da criança vitimada. Rachel Sztajn – Relatora

Em manifestação separada, a Revisora, a Dra. Pilar Lecussan Gutierrez, reproduz parecer que apresentou em reunião do CRM, visto que a matéria voltará para discussão na Câmara técnica. Esse parecer vai transcrito:

"Foram discutidos pela CoBi o parecer inicial (elaborado pelo Dr. Castillo) e os documentos elaborados pelo Dept. Jurídico do CREMESP e da Câmara Técnica de Saúde Mental do CREMESP. Seguem as considerações levantadas durante a discussão realizada.

– A importância e complexidade do tema fazem necessário e extremamente oportuno o estabelecimento de diálogo contínuo e amplo entre os segmentos representativos da sociedade, de maneira que se estabeleça um cenário mais preciso do que esta sociedade considera adequado, justo, correto, em última instância ético.

- Que a criança é um sujeito especial, cujas possibilidades de autodeterminação e defesa frente a um agravo estão estreitamente relacionadas a seu momento particular de desenvolvimento e, por isso, são relativas.
- Que a condição estabelecida acima determina que as crianças demandam cuidados (relativos a seu desenvolvimento e particularidades) e tenham autonomia relativa.
- Que os agravos decorrentes de situações de abuso podem determinar à criança danos com conseqüências difíceis de se prever, com duração, intensidade e qualidade variáveis e com possibilidade de se repetir em gerações futuras.
- Que é dever ético e legal de qualquer um de nós proteger este sujeito infantil e oferecer-lhe o melhor cenário possível de desenvolvimento, visando alcançar a constituição de um adulto íntegro e autônomo.
- Que o parecer da CoBi usou como referências legais para este parecer o ECA (arts. 5º e 18), o Código de Ética Médica (art. 102) e a Constituição Federal (art. 227).
- Que a COBI reconheceu que o diagnóstico de pedofilia envolve questões complexas quanto a sua conceituação e possibilidades de intervenções terapêuticas.
- Que algumas destas intervenções terapêuticas fundamentam-se na possibilidade de promover-se um controle da atuação do paciente, seja social ou intrapsíquico, recursos que a sociedade tem utilizado em diversos níveis.
- Que uma das grandes dificuldades que se apresentam ao profissional que se dispõe a atender o adulto pedófilo é o nível de segurança que este profissional deve ter ao identificar, no relato de seu paciente, dados reais de prática de pedofilia que não façam parte de um contexto imaginário ou de suposições.
- Que deve ser feito um contrato de atendimento com o paciente e que a possibilidade de quebra do sigilo profissional, em caso de atuação do mesmo, que coloque em risco crianças e adolescentes, seja claramente especificada.
- Que estas considerações fundamentam o parecer da CoBi, que é o de manter a decisão do parecer anterior." Pilar Lecussan Gutierrez – Revisora

Não há divergência entre as duas manifestações, da relatora e da revisora, ambas no sentido de que existe, sim, dever legal para o médico que trate de **paciente pedófilo ativo**, de informar às autoridades competentes. Isso não o desobriga de, antes de fazê-lo, ou ao início da terapêutica, esclarecer ao paciente que, se considerar que a prática é ativa, informará às autoridades competentes a respeito.

E, dado que o Parecer do Dept. Jurídico do CREMESP se baseia na interpretação de leis, e que o Parecer da Câmara de Psiquiatria parte de dois fundamentos, a confidencialidade e o fato de que a eventual denúncia de paciente, mesmo quando previamente informado pelo profissional, representaria justa causa, com o que o médico, de acordo com seu critério, poderia, ou não, informar às autoridades, e não dever legal, em que a informação é compulsória, a complementação do relatório anterior é imperiosa.

A proposta de tratar a denúncia da prática de pedofilia da óptica da justa causa, como pretendem os profissionais, sob o argumento de possível abandono do tratamento pelo paciente, não parece correta. De um lado porque justa causa, tal como apresentada, não está balizada em critérios objetivos, é fluida, amorfa, portanto, permite amplo grau de discricionariedade. Note-se que, em direito privado, justa causa implica a aceitação da prática de um ato que, em outras circunstâncias, seria ilícito e que, na hipótese, vem seguida da excludente da correspectiva punição. É que se sabe que há situações em que o agente não poderia ter tomado outra atitude – faltam meios, alternativas que produzam o mesmo resultado – e, por isso, ainda que aja contra expressa previsão ilegal, não se o pune. Justa causa é, pois, excludente de punibilidade em relação a uma ação ou decisão que, sem previsão legal, seria ilícita ou irregular. Entretanto, pedofilia não pode ser incluída entre aquelas ações sobre as quais o agente não tem outra alternativa, não pode tomar outro curso de ação, notadamente quando usa de subterfúgios, sedução, ou atrai a vítima em virtude de relação familiar, de amizade, ou porque exerce poder sobre ela. Portanto, ainda que a ação seja resultado de distúrbio mental, não se pode considerar que há, em relação ao médico, "justa causa" para o fim de evitar eventual denúncia, se o paciente é ativo, se efetivamente molesta ou age de modo a causar danos a crianças ou adolescentes.

E, dado que o Departamento Jurídico do CREMESP se baseou no ECA, vale notar que sua interpretação das normas nem considerou o artigo 1° da lei que garante à criança e ao adolescente proteção integral, vale dizer, proteção tanto da integridade física quanto mental. Este o fio condutor da interpretação da Lei. Nessa mesma linha vão os comandos dos artigos 3° e 4° da Lei que visam a preservar o desenvolvimento físico, mental, moral, espiritual e social, em condições de liberdade e de dignidade, fazendo recair sobre a família, a comunidade, a sociedade em geral, assim como sobre o poder público o dever de assegurar, com absoluta prioridade, a efetivação dos direitos referentes à vida, à saúde, à alimentação, à educação, ao esporte, ao lazer, à profissionalização, à cultura, à dignidade, ao respeito, à liberdade e à convivência familiar e comunitária.

O artigo 5° do ECA preserva a criança ou adolescente de crueldade e opressão punindo a omissão no respeito aos direitos fundamentais - integridade física e mental – e, adiante, o artigo 17, cujo teor é: "O direito ao respeito consiste na inviolabilidade da integridade física, psíquica e moral da criança e do adolescente, abrangendo a preservação da imagem, da identidade, da autonomia, dos valores, idéias e crenças, dos espaços e objetos pessoais", contrariam a interpretação feita no âmbito do CREMESP relativamente à tutela dos menores em face da tutela do sigilo profissional.

Veja-se que o art. 13 do ECA determina que **suspeita ou confirmação de maus-tratos** contra criança ou adolescente **serão obrigatoriamente comunicadas** ao Conselho Tutelar da respectiva localidade, sem prejuízo de outras providências legais. Esse texto combinado com o artigo 18 impõe a todos (e aqui estão incluídos profissionais da área da saúde) o dever de velar pela dignidade da criança e do adolescente, pondo-os a salvo de qualquer tratamento desumano, violento, aterrorizante, vexatório ou constrangedor. Isso é suficiente para embasar o entendimento de que há dever legal de informar a autoridade competente quando o médico tem evidências de que seu paciente é pedófilo ativo, que é o que se propôs.

Os dispositivos legais do ECA – e trata-se de lei especial – que protegem os mais vulneráveis, crianças e adolescentes, visando a garantir seu desenvolvimento físico e mental, não permite a invocação de justa causa, sobretudo quando de natureza subjetiva, diante do dano que o pedófilo causa a crianças ou adolescentes. O instituto adequado diante de tais situações é que seja dever legal.

A pedofilia é capitulada como crime, e, ainda que atualmente a psiquiatria possa oferecer respostas terapêuticas, elas devem ser voltadas para inibir sua prática, não para permitir que assédios se perpetuem. Recomenda-se que, quando em função de informação do médico às autoridades competentes, se garanta ao pedófilo recolhido em casas de custódia tratamento que o recupere, deixando de molestar seres vulneráveis.

Reafirmo minha proposta anterior, que é a da revisora, no sentido de que o médico informe ao paciente pedófilo ativo que será denunciado às autoridades, sem prejuízo da manutenção da terapêutica para que, se possível, seja recuperado e retorne ao convívio social, sem o desvio comportamental.

PROFA. DRA. RACHEL SZTAJN
Relatora
DRA. PILAR LECUSSAN GUTIERREZ
Revisora
Membros da Comissão de Bioética

Parecer aprovado pela CoBi em sessão de 24.08.2006

Parecer CoBi 007/2006

Assunto: Protocolo de Pesquisa – Contactar paciente para participar da pesquisa
Solicitante: CAPPesq
Ementa: A presente consulta foi motivada por envolver uma situação recorrente em pesquisa com seres humanos voluntários: como proceder para localizar pessoas com diagnóstico feito a partir de triagem populacional

O caso específico vem de um protocolo de levantamento de doença celíaca em doadores de sangue na cidade de São Paulo. Nesta pesquisa foram encontrados 24 doadores com exame sorológico positivo para doença celíaca, dos quais 22 foram encontrados novamente e para quem foram informados o diagnóstico e as providências cabíveis.

Ocorre que dois doadores mudaram de endereço e não há referência de sua localização atual.

Os pesquisadores perguntam se poderiam lançar mão da publicação do número do CPF (cadastro de pessoa física) em veículos da imprensa escrita para localizar estes dois indivíduos e assim poder alertá-los sobre a necessidade de tratamento, prevenindo, assim, a manifestação da doença no futuro.

Ao remeter a questão para a Comissão de Bioética, o presidente da CAPPesq realiza uma importante constatação: é preciso ampliar o debate das questões relacionadas à pesquisa em seres humanos e seus desdobramentos para além das fronteiras das comissões de ética em pesquisa.

O presente caso ilustra uma grave intercorrência, não prevista inicialmente no protocolo de pesquisa, com conseqüências importantes para a vida dos voluntários, qual seja, a impossibilidade de notificar um diagnóstico, o qual é o objetivo específico desta pesquisa.

A publicação de dados destes voluntários, como o CPF, por exemplo, na imprensa escrita não parece eficiente. Além do fato de ser dispendiosa, a chance de os indivíduos se reconhecerem ou serem reconhecidos pelo CPF num jornal, mesmo de grande circulação, é muito pequena.

Veicular nomes destes indivíduos em jornais seria inadequado posto que seu anonimato e privacidade seriam quebrados, e as conseqüências desta publicidade não são previsíveis, além de também ser ineficaz como forma de localização.

Considerando a importância de localizar estes dois indivíduos, para seu próprio bem, uma alternativa que se apresenta é a de buscar apoio de uma instituição que mantém endereços atualizados de todo cidadão economicamente ativo: o Ministério da Fazenda e a Receita Federal. Uma vez que os dois doadores têm o CPF anotado pelos pesquisadores, a Superintendência ou a Diretoria Clínica do Hospital das Clínicas poderia fazer contato oficial com o Ministério Público explicando a situação destes dois voluntários, e a pedido do Ministério Público a Receita Federal entraria em contato por carta com cada um destes indivíduos solicitando que telefonassem para os pesquisadores, sem adiantar o diagnóstico nem para os voluntários e nem para a Receita Federal.

Esta pode ser uma maneira mais específica de contato com estes indivíduos, evitando sua exposição pública em jornais ou outros veículos de comunicação e lançando mão de uma ação do Ministério Público em favor destes cidadãos por iniciativa do próprio HCFMUSP.

PROF. DR. RAYMUNDO SOARES DE AZEVEDO
Relator
DRA. FÁTIMA SOLANGE PASINI
Revisora
Membros da Comissão de Bioética

Parecer aprovado pela CoBi em sessão de 26.10.2006

8

Termo de Responsabilidade

A redação e proposição de um Termo de Responsabilidade para pacientes de uma instituição hospitalar, como o Hospital das Clínicas da Faculdade de Medicina da Universidade de São Paulo, é um dos tópicos de grande relevância trazidos para discussão e produção de pareceres pela Comissão de Bioética.

No passado não muito distante, os termos de responsabilidade oferecidos para o paciente eram bastante gerais e deixavam em aberto uma quase completa autonomia dos profissionais de saúde para decidirem e atuarem segundo suas competências quanto a procedimentos diagnósticos e terapêuticos, fazendo com que o paciente aceitasse esta circunstância ou deixasse o atendimento na instituição. Os termos aproximavam-se da expressão "ou tudo ou nada" – ou tudo que fosse proposto pelas equipes profissionais seria acatado pelo paciente ou este não teria assistência alguma no hospital.

Descontando-se o fato de que as relações profissionais-pacientes não são mediadas desta maneira, dado que seria um paternalismo autoritário e inconveniente para o bom vínculo entre as partes, formalmente os termos de responsabilidade pretendiam salvaguardar as instituições quanto a potenciais divergências das condutas adotadas e facilitar o andamento das ações médico-assistenciais no ambiente clínico-hospitalar[1].

Com o advento da Bioética e seus pilares fundamentais de autonomia, beneficência, não-maleficência e justiça, passaram-se a rever inúmeras situações, como o tema em apreço, dada a necessidade de rediscutir o posicionamento de todas as partes envolvidas nos eventos relacionados à prestação de serviços assistenciais em saúde.

Diante desta nova demanda, a Comissão de Bioética do Hospital das Clínicas da Faculdade de Medicina da USP tem buscado ativamente contribuir com a discussão das relações institucionais com os pacientes por ela atendidos no tocante ao estabelecimento de responsabilidades multilaterais que contemplem amplamente não apenas as bases bioéticas vigentes, mas também as fronteiras que resultam dos novos conhecimentos científicos aplicados à prática clínica, diagnóstica e terapêutica.

Alguns exemplos destas fronteiras podem ser apreciados nos pareceres que se seguem, debatidos em muitas das sessões realizadas regularmente pela Comissão de Bioética nestes 10 anos de sua existência em nossa instituição.

Estamos certos de que as demandas para discutir e rever o tema Termo de Compromisso estão apenas no início e não é difícil prever que em futuras edições deste livro o assunto reaparecerá com novos pareceres que provavelmente não só acrescentarão novidades conceituais complementares aos textos ora publicados, mas sobretudo poderão trazer mudanças do ponto de vista atual aqui expresso.

O leitor deve sempre ter em mente que a Bioética se nutre da pluralidade e está em constante movimento, como de fato está o próprio universo e a vida nele contida, sendo que a diversidade de visões sobre este e outros assuntos pode contribuir decisivamente para o aperfeiçoamento das relações entre as diferentes partes envolvidas neste delicado e essencial vínculo entre pacientes, profissionais e instituições.

Raymundo Soares de Azevedo Neto

---

[1]Vale reforçar que o cenário está aqui apresentado com cores fortes para abrir as considerações que vêm a seguir e justificar as demandas de pareceres publicadas neste livro.

Parecer CoBi 002/1996

Assunto: Alta de paciente incapaz
Solicitante: Instituto de Psiquiatria

PRELIMINARES

O Processo diz respeito ao paciente que, em 1982, iniciou tratamento no ambulatório de Psiquiatria Infantil do Instituto de Psiquiatria do Hospital das Clínicas da Faculdade de Medicina da Universidade de São Paulo – HCFMUSP. Na clínica do Instituto de Psiquiatria – IPq, foi internado por diversas vezes, estando atualmente em sua oitava internação. O diagnóstico inicial de "Esquizofrenia Infantil" foi atualizado para Esquizofrenia Residual", sendo seu estado atual de acentuada cronicidade. Foi submetido a extensa investigação clínica, exames subsidiários e diversas modalidades terapêuticas com resultados insatisfatórios no que diz respeito à saúde mental do paciente. Do ponto de vista corporal, o paciente apresenta completa higidez física. Na enfermaria não manifesta comportamento agressivo e é facilmente controlado pela enfermagem; todavia, no meio familiar apresenta gravíssimos distúrbios de conduta.

Os profissionais diversos que cuidaram e cuidam atualmente do paciente são concordes que o mesmo tenha alta do HC, cuja filosofia assistencial prioriza patologias agudas e que, em seguida à alta, seja o paciente transferido e mantido em instituição de longa permanência. O impasse surge, pois o pai do paciente, e seu responsável, recusa-se a assinar o termo de alta, desde de setembro de 1994.

O IMPASSE

O responsável pelo paciente, que também é o seu progenitor, recusa-se a assinar o termo de alta e, em 18/08/1994, envia ao Conselho Regional de Medicina do Estado de São Paulo – CREMESP, extensa representação onde faz diversas alegações, infundadas, de mau atendimento prestado pela Instituição a seu filho, que lhe foi negado o acesso aos exames laboratoriais constantes do prontuários, e levanta a suspeita de o paciente ter contraído AIDS com base em suposto intenso emagrecimento patológico (na verdade o paciente era portador de obesidade, devida a uma voracidade psicopatológica, que, graças à adequada orientação dietética e boa farmacoterapia foi controlada – seu peso está em 65 kg para 1,75 m de altura, cifras não indicativas de baixa massa corporal).

Os autos deste processo demonstram que estas alegações carecem de fundamento (fls. 3; 17-18; 23-25; 44-45). Na realidade este paciente tem sido alvo de exemplar atendimento pela equipe multiprofissional do IPq-HCFMUSP.

O que se revela problemática e preocupante na verdade é a atitude do responsável pelo paciente, como fica flagrante no incidente mencionado em fls. 49 deste processo;

em 12/12/1995 o responsável do paciente foi convocado no intuito de autorizar procedimentos odontológicos sob anestesia geral no paciente em questão e, na presença de testemunhas, o responsável, após explicada a importância da cirurgia e riscos, não concordou em assinar o Termo de Autorização e ficou de retornar dois dias depois para dar uma resposta. No documento da pág. 49, assinado pelos doutores ....., consta literalmente "São Paulo, 15/12/1995.... ao retornar, estavam presentes o Dr. ....., e Dona ....., além de mim. O responsável pelo paciente informou que estava orientado a não assinar nada, além de fazer ameaças".

PROVIDÊNCIAS TOMADAS PELO IPq-HCFMUSP

Os Diretores do IPq-HCFMUSP houveram por bem consultar a Douta Procuradoria Jurídica por mais de uma vez, fornecendo farta documentação à mesma.

Em 26/12/1994, esta se manifestou sugerindo que o responsável fosse notificado extrajudicialmente para em 15 dias comparecer ao IPq para receber o paciente; em isto não ocorrendo, poderia o IPq removê-lo para outra instituição que preste assistência a pacientes crônicos.

Em 08/02/1995, o IPq solicita novo parecer à Procuradoria Jurídica, pois alega que por dispositivos regulamentares não se pode concretizar a transferência do paciente para outra instituição sem a assinatura do responsável do termo de alta e solicita como proceder, já que o responsável recusa-se terminantemente a assinar.

Em 03/04/95, a Procuradoria Jurídica responde solicitando estudo social, parecer do médico assistente e que o assunto enseja provocação ao órgão Competente, no caso, a Curadoria de Incapazes.

Tais providências foram tomadas, e, por fim, o Ilmo. Diretor Executivo IPq tem uma reunião com a Curadoria de Incapazes, sendo que em 13/15/96 o mesmo encaminha à superintendência os esclarecimentos obtidos, a saber (fls. 69):

a) "O Termo de Responsabilidade... é suficiente para autorização de procedimentos... e das remoções para outras entidades (grifo do relator).

....

Quanto à remoção para uma instituição mais adequada ao quadro clínico do paciente, deve-se enfatizar que a mesma é uma opção terapêutica e seria omissão, negligência ou imprudência privá-lo.

b) ..... o Curador ou tutor do paciente também tem um conjunto de obrigações inerentes à sua função. No ato da internação o responsável substabelece formalmente parte de suas responsabilidades ao hospital. Cabe-nos executar nossas tarefas.... este fluxo só será embargado mediante a notificação por escrito do responsável.... Tal notificação poderá expor o responsável a processo legal.... caso se configure a intenção do responsável de que não seja ministrado o tratamento clínico adequado.... Conforme rege o artigo 431 do Código Civil, combinando com o artigo 453 do mesmo código, o tutor (e o curador) responde pelos prejuízos que, por negligência, culpa, ou dolo, causar ao pupilo (interdito).

O artigo 159 do Código Civil pune o responsável por prejuízos a terceiros "Aquele que, por ação ou omissão voluntária, negligência ou imprudência, violar direito ou causar prejuízo a outrem fica abrigado a reparar o dano".

O Boletim de Ocorrência será o instrumento inicial para salvaguardar os interesses das instituições e do paciente aqui internado.

CONSIDERAÇÕES FINAIS DO RELATOR

1) Tendo em apreço que, nos esclarecimentos obtidos pelo DD. Diretor Executivo do IPq, junto à Curadoria de Incapazes, constar que o Termo de Responsabilidade é suficiente para remoções para outras entidades, creio ser interessante consultar a Procuradoria Jurídica se não poderia o IPq proceder à transferência do paciente para uma instituição de crônicos dispensando a formalidade de assinatura do Termo de Alta por parte do responsável.

2) No caso em preço, a recusa em assinar a alta e a recusa em autorizar o procedimento anestésico para tratamento dentário (fls. 49) constituem indícios de que o responsável do paciente, por omissão, age de forma a prejudicar seu pupilo, incorrendo possivelmente nos artigos 431, 453 e 159 do Código Civil. Creio ser interessante consultar a Procuradoria Jurídica se não caberia o início de processo legal.

DR. JOSÉ CARLOS RAMOS CASTILLO
Membro da Comissão de Bioética

Parecer CoBi 5.11.1996

Assunto: Termo de Responsabilidade (Processo HC 407/96-D)
Interessado: Diretoria Clínica

Em nome da Comissão de Bioética do Hospital das Clínicas da FMUSP, nos dirigimos ao Conselho Regional de Medicina de São Paulo com a finalidade de obtermos esclarecimentos a respeito de quais são os limites da autonomia, tanto do médico quanto do paciente, na prática clínica.

HISTÓRICO

Este tipo questionamento, sobre quais são os limites éticos da autonomia dos indivíduos, na relação médico-paciente, emerge da grande quantidade de consultas que os médicos desta Instituição nos fazem, sobre questões de como agir frente aos pacientes que em um determinado momento estão inconscientes e em risco iminente de vida, porém, eles previamente haviam informado ao médico que não desejam, por exemplo, ser transfundidos com sangue, sendo que os médicos sentem a necessidade imperiosa de realizar essa transfusão.

PREMISSA

Consideramos que o direito fundamental do ser humano é o direito à autodeterminação, pois será este o direito que permitirá ao indivíduo ter consciência da cidadania e de liberdade. A virtude ética que emerge deste direito é a de se respeitar a autonomia dos indivíduos.

Já existem algumas resoluções que falam sobre este assunto; sabemos que o Convênio Europeu de Bioética, órgão assessor do Conselho Europeu, em seu projeto para a proteção dos Direitos Humanos e da Dignidade do Ser Humano em seus artigos 8 e 9, reza:

Artigo 8º – Situações de emergência:

Se por imperativo de emergência for impossível obter o respectivo consentimento do paciente, poder-se-á realizar de imediato toda intervenção que requeira o bem de sua saúde.

Artigo 9º – Desejos emitidos com anterioridade:

Deverão ser tomados em consideração pelo médico os desejos emitidos pelo paciente com antecedência a um ato médico, quando este se encontre em um estado que não possa expressar a sua vontade.

Questões éticas que surgem desta premissa:

1. Frente ao artigo 57 do Código de Ética Médica

   Isto será sempre válido mesmo quando o paciente não estiver de acordo com tais condutas?

2. Do artigo 56 do Código de Ética Médica

   Em caso de iminente perigo de vida do paciente, qual a atitude ética poderá o médico tomar:

   a) Desrespeitar os direitos do paciente para decidir livremente sobre sua própria vida? Por exemplo, nos casos de pacientes que não desejam ser mais ventilados artificialmente nos casos de insuficiência respiratória, o que fazer?

   b) Quando houver perda de consciência de um paciente, mas este estiver esclarecido previamente ao médico, até que limites de intervenção sobre ele serão aceitos, frente a um iminente perigo de sua vida deverá o médico continuar respeitando os desejos do paciente? Por exemplo, nas testemunhas de Jeová que se recusam a aceitar a transfusão de sangue, o médico deverá se impor e não respeitar a sua religião?

3. Finalmente, como médico deverá interpretar o desejo de alta a pedido do paciente, quando ele não concordar com o paciente e pensar que este deverá permanecer internado para tratamento? Por exemplo, paciente que não quer se submeter a uma cirurgia cardíaca e esta é considerada pelo médico como fundamental para preservar a vida do paciente?

CoBi, 05 de novembro de 1996

DR. CLÁUDIO COHEN
Relator
Membro da Comissão de Bioética

Parecer CoBi 13.02.1997

Assunto: Termo de Responsabilidade

Ilmo. Senhor

Professor **Gabriel Oselka**

DD. Presidente

Comissão de Bioética do Hospital das Clínicas e do HCFMUSP

Conforme decidido em sessão de 13 de fevereiro de 1997, apresentamos Exposição de Motivos referente à proposta de novo TERMO DE RESPONSABILIDADE

EXPOSIÇÃO DE MOTIVOS

I – INTRODUÇÃO

Os princípios filosóficos de igualdade, fraternidade e legalidade estão consolidados na Declaração Universal dos Direitos Humanos, que neste final de século teve relevante papel como fonte inspiradora da nossa Constituição Federal, promulgada em 1988, assegurando direitos individuais, coletivos, difusos e estabelecendo obrigações jurídicas claras e precisas, voltadas a proteger os interesses fundamentais do homem.

Ocorreu significativa diferenciação entre os direitos coletivos, aqueles cujo exercício depende de relação jurídica preestabelecida e os direitos difusos, os transindividuais, inerentes ao indivíduo como integrante da sociedade.

Por outro lado, a evolução científica vem permitindo questionamentos sobre a manipulação e limites da vida, através do Projeto Genoma, da inseminação artificial, da conscientização do direito à morte digna e etc. Nessa conjuntura a bioética é invocada no trato dos novos conflitos éticos.

Sob o prisma legal, o Código de Defesa do Consumidor e normas correlatas constituem-se no marco da tutela dos direitos do cidadão na qualidade de consumidor. Especificamente, no campo da saúde, as ações e serviços passaram a ser contemplados na defesa do consumidor.

A repercussão da ênfase social e política pelo reconhecimento dos direitos fundamentais das pessoas permite falar em emancipação do paciente, constituída em essência pelo respeito à autonomia e ao consentimento informado.

Nesse cenário, a Comissão de Bioética elaborou, contando com subsídios das diferentes Unidades do Complexo HCFMUSP, o anteprojeto de Termo de Responsabilidade às fls. 163.

QUADRO
ANTEPROJETO – TERMO DE RESPONSABILIDADE

Artigos	*Exposição de Motivos*
I – DADOS DE IDENTIFICAÇÃO DO PACIENTE 1. NOME: REGISTRO HC	• Tendo em conta o sistema informatizado de registro geral, não há necessidade de repetição dos dados de qualificação do paciente, podendo ser utilizada etiqueta.
II – DAS DISPOSIÇÕES GERAIS Artigo 1º – O presente Termo de Responsabilidade dispõe sobre direitos e deveres do paciente e do Hospital das Clínicas da Faculdade de Medicina da Universidade de São Paulo-HCFMUSP.	• Sendo o paciente um habitante da vida cotidiana da sociedade de consumo, passou a ser enfocado como "consumidor" na área da saúde. Então, a relação paciente × profissional de saúde × instituição adquiriu outra feição. Passou de simples contrato tácito de respeito e confiança, para um ajuste consignando direitos e obrigações, com efeitos no mundo jurídico. Na verdade, os princípios fundamentais dessa relação já estão consagrados nas Constituições e legislação ordinária. O Termo de Responsabilidade é o complemento necessário que introduz formalidades para as garantias constitucionais. Se o modo e a forma da realização dessas garantias fossem deixados a critério das partes ou à discrição do profissional de saúde, ou da instituição, mesmo sob o mais prudente dos arbítrios, seria a marcha sem guia, marcada pela desconfiança e por surpresas.
III – DO RECONHECIMENTO E SALVAGUARDA DOS DIREITOS E DEVERES Artigo 2º – O paciente será tratado por meios adequados, devendo a relação mútua entre profissionais de saúde e pacientes ser baseada na dignidade e no respeito.	• A consciência de que os meios adequados colocados à disposição do paciente não serão necessariamente os ideais, mas os possíveis. • Insere o reconhecimento do profissional de saúde na condição de cidadão e conseqüentemente também de consumidor, tal qual o paciente.
Artigo 3º – O médico informará ao paciente, de forma clara e em linguagem acessível, sobre o seu estado de saúde, diagnóstico, métodos terapêuticos e evolução provável do seu quadro clínico.	• O paciente deixa de ser objeto de intervenção, sem vontade própria. A relação paciente × profissional de saúde × instituição desenvolva-se sob a égide do princípio da igualdade, preservando-se as características funcionais. – Há necessidade de se informar o paciente sobre suas condições e perspectivas, a fim de que possa tomar decisões pessoais. – Há oito anos, na Inglaterra, onde o serviço médico é estatizado, surgiu debate se os pacientes têm direito a conhecer dados de seu prontuário. Alan Dean, um clínico geral, ganhou, em 1988, um prêmio pelo seu denodo nessa campanha.

QUADRO (cont.)
ANTEPROJETO – TERMO DE RESPONSABILIDADE

Artigos	*Exposição de Motivos*
	• Os principais argumentos aventados para permitir o acesso aos registros são: – Os pacientes apreciam muito estar envolvidos no controle de sua própria saúde e devem conhecer mesmo os diagnósticos mais graves, para poder adotar as medidas cabíveis. – A história clínica da pessoa tem elementos que em qualquer momento podem servir de auxílio no diagnóstico e tratamento. • Lean Doyal, Professor de Ética da "London Medical College", afirma que o código moral e o código profissional médico se reduzem a duas regras simples e profundas: Proteger a vida e a saúde do paciente e respeitar a autonomia. O paciente deve ter o direito de fazer a sua escolha. • O paternalismo do médico em proteger o doente de infelizes revelações já está ultrapassado. Esse é um direito que o médico não tem. Caso insista nesta postura, o paciente talvez possa recorrer ao remédio constitucional: "*habeas data*". A Constituição da República Federativa do Brasil, promulgada em 1988, instituiu, no capítulo das liberdades individuais, o "*habeas data*", que permite a qualquer indivíduo conhecer informações a seu respeito e que estejam em poder do governo.
Artigo 4º – Os procedimentos diagnósticos e terapêuticos serão executados com a prévia concordância do paciente, após ter sido informado quanto aos seus riscos e benefícios.	• O princípio da Autonomia é o alicerce da emancipação do paciente como sujeito de direitos e obrigações. • O consentimento pós-informação é a manifestação do indivíduo competente que recebeu a informação necessária, que a entendeu e que chegou a uma decisão, sem ter sido submetido à coação, influência, indução ou intimação. • A liberdade de escolha do indivíduo é protegida, e respeitada a sua autonomia.
§ 1º – O paciente tem direito de revogar o seu consentimento a qualquer tempo, por decisão livre, consciente e esclarecida, sem que lhe sejam imputadas sanções morais ou legais.	• Consiste no respeito ao ato volitivo, que poderá ser contrário à decisão do profissional de saúde, sem que o paciente seja penalizado ou prejudicado no seu direito à assistência.

QUADRO (cont.)
ANTEPROJETO – TERMO DE RESPONSABILIDADE

Artigos	*Exposição de Motivos*
§ 2º – Quando ocorrer discordância quanto à aplicação dos procedimentos diagnósticos e terapêuticos ou revogação do consentimento, o paciente deverá se manifestar por escrito. § 3º – Quando o paciente se recusar a aceitar os métodos diagnósticos e terapêuticos propostos e deixar o Hospital, cessará a responsabilidade do médico	• Significa a responsabilização do paciente pelos seus atos e a salvaguarda do profissional de saúde.
Artigo 5º – No caso de se tornar incapaz de tomar decisões sobre sua saúde o paciente indica como seu representante (parente ou não): Endereço: Telefone: Parágrafo Único: Cabe ao paciente a incumbência de notificar o seu representante indicado.	• Nem sempre o representante legal é o que tem vínculo afetivo reconhecido pelo paciente. Daí a razão de se outorgar ao paciente a prerrogativa de decidir sobre quem poderá representá-lo.
Artigo 6º – Em caso de iminente risco de vida, encontrando-se o paciente incapacitado de tomar decisões, o Médico Responsável estará autorizado a adotar condutas, até que seu representante, indicado no artigo 5º, possa se manifestar.	• Tem suporte no artigo 46 do Código de Ética Médica que veda ao médico "Efetuar qualquer procedimento médico sem o esclarecimento e o consentimento prévios do paciente ou de seu responsável legal, *salvo em iminente perigo de vida*".
Artigo 7º – O prontuário do paciente será elaborado de forma legível e completa. Artigo 8º – O paciente terá direito de obter relatório contendo as informações registradas no seu prontuário, mediante solicitação junto ao Arquivo Médico.	• Dizem respeito à observância do Código de Ética Médica, especificamente o Capítulo V, que trata da "RELAÇÃO COM PACIENTES E FAMILIARES", artigos 69, 70 e 71, os quais vedam ao médico: a. deixar de elaborar o prontuário para cada paciente; b. negar ao paciente acesso a seu prontuário, ficha clínica ou similar, bem como deixar de dar explicações necessárias a sua compreensão, salvo quando ocasionar riscos para os pacientes ou para terceiros; c. deixar de fornecer laudo médico ao paciente, quando do encaminhamento ou transferência para fins de continuidade de tratamento ou na alta se solicitado. • A informação verbal sobre o diagnóstico deverá ser fornecida diretamente pelo médico, o qual pode se utilizar do apoio da equipe multiprofissional. • O fornecimento de atestados, declarações e relatórios médicos sobre a assistência prestada ao paciente deve ser efetuado através da respectiva área de Arquivo Médico.

QUADRO (cont.)
ANTEPROJETO – TERMO DE RESPONSABILIDADE

Artigos	*Exposição de Motivos*
Artigo 9º – O paciente tem garantida e respeitada a confidencialidade sobre seus dados pessoais e clínicos, podendo ser revelados apenas com sua autorização, salvo em casos de imposição legal.	• O artigo 153 do Código Penal – CP tutela o direito do indivíduo de manter em sigilo ou reserva fatos de sua vida, cujo conhecimento possa acarretar dano, não apenas a ele, como a outrem. • O artigo 154 do CP destaca como autor de delito aquele que revela segredo que teve conhecimento, em virtude de função, ministério, ofício ou profissão. Porém, no que tange a esses delitos, há excludentes de antijuridicidade a seguir referidos. – A ocorrência de justa causa, que se funda na existência de estado de necessidade, ou seja, há colisão de dois interesses, devendo um ser sacrificado em benefício do outro. – O titular do segredo consente explicitamente na sua revelação. – A norma imperativa, como artigo 269 do CP, a qual pune o médico que deixar de notificar moléstias compulsórias. • No trato do sigilo alguns aspectos são basilares: – De rotina, deve-se obter o consentimento do paciente para revelação a outrem do mal de que está acometido. – Para realizar factível rastreamento epidemiológico, a ruptura do sigilo pelo médico se justifica. – O segredo deve ser quebrado no que implica a informação devida pelo médico às autoridades sanitárias, estando assim esses profissionais obrigados a notificar às Secretarias de Estado da Saúde todas as doenças relacionadas na Portaria do Ministério da Saúde nº 1.100, 24.5.1996. – Atendendo requisição do Poder Judiciário, a informação poderá ser fornecida, com anuência do paciente.
Artigo 10 – Após a alta médica, o paciente deverá deixar as dependências do HCFMUSP, no prazo de até 48 (quarenta e oito) horas, após as quais serão adotadas as medidas legais cabíveis.	• Significa a salvaguarda da Instituição e respeito aos princípios do SUS.

Artigo 11 – O paciente e os profissionais de saúde do HCFMUSP poderão recorrer à Comissão de Ética e à Comissão de Bioética, para dirimir questões surgidas em decorrência da prestação das ações e dos serviços de atenção à saúde.

Observações: ________________________________

O presente termo foi lido e achado conforme

São Paulo, ______/______/______

____
paciente

O presente modelo de Termo de Responsabilidade não se aplica aos indivíduos considerados legalmente incapazes, ou seja, os sujeitos que não tenham capacidade civil para dar seu consentimento pós-informado e esclarecido, pois estes devem ser assistidos ou representados de acordo com a legislação vigente.

II – MÉRITO

Mediante quadro demonstrativo, serão expendidas considerações a respeito dos motivos que nortearam o conteúdo de cada dispositivo do novo Termo de Responsabilidade.

Importa destacar que a denominação deste instrumento, após ampla discussão, foi mantida, tendo em conta que consigna os referenciais básicos da bioética: autonomia, não-maleficência, beneficência e justiça. Também assegura os direitos e deveres do profissional de saúde e da Instituição.

III – CONCLUSÃO

Em síntese, esta proposta de novo "Termo de Responsabilidade" se contrapõe ao Termo vigente cujo substrato imprime a convicção desconforme com as aludidas normas constitucionais e essencialmente contra o princípio da autonomia.

O novo disciplinamento da matéria supera o arraigado posicionamento paternalista, positivando regras judiciosas e consentâneas com a sistemática de valorização da cidadania, reconhecendo a emancipação do paciente e, por via de conseqüência, a sua nova condição de consumidor das ações e serviços de Saúde e os direitos e responsabilidades decorrentes.

DRA. MARIA MATHILDE MARCHI
PROF. CLAUDIO COHEN
Membros da Comissão de Bioética

Parecer CoBi 29.09.1999

Assunto: Autorização para administração de Talidomida à doente de hanseníase reacional do sexo feminino, em idade fértil. Termo de Esclarecimento para o usuário e Termo de Responsabilidade do profissional médico
Solicitante: Divisão de Saúde da Clínica Dermatológica

Solicitação de autorização da Divisão de Saúde da Clínica Dermatológica do Hospital das Clínicas da FMUSP à Comissão de Bioética para administração de Talidomida à doente de hanseníase reacional do sexo feminino, em idade fértil.

Considerando:

a) as ponderações técnicas e médicas do Professor solicitante, quanto à absoluta necessidade de administração do fármaco à paciente, já que se constitui em último recurso;

b) que a paciente encontra-se internada na Divisão de Clínica Dermatológica sob orientação do referido médico;

c) que os dispositivos constantes da Portaria 569 de 11/nov/1997 da Secretaria de Vigilância Sanitária do Ministério da saúde, em especial, o *Termo de Esclarecimento para o usuário da Talidomida* (Anexo V) e o *Termo de Responsabilidade* (Anexo VI) do profissional médico;

d) que o art. 6 da referida portaria reza: "É proibido o uso de Talidomida por mulheres em idade fértil, compreendida da menarca até menopausa";

e) que o art. 5, item a, da mesma portaria diz: "A Talidomida só poderá ser indicada e utilizada no âmbito dos seguintes programas sociais:

a) Hanseníase (reação hansênica tipo Eritema Nodoso ou Tipo II) e o parágrafo Único: "caberá aos órgãos oficiais responsáveis pelos programas acima (a) a elaboração e instruções normativas para operacionalizar a utilização do disposto neste artigo".

Sou de parecer que:

a) a obtenção e a preservação da saúde devem ser a missão do médico e alcançar tais objetivos, a sua responsabilidade;

b) os artigos, os incisos, os parágrafos das Portarias são necessários à disciplina dos procedimentos e à ordenação das idéias, sempre voltadas para o bem comum;

c) sempre é possível ao entendimento do palavreado jurídico, vislumbrar a possibilidade de adequação de fato relevante, como a saúde, por exemplo, ao seu rigoroso conteúdo;

d) encontrando-se a paciente internada, sem outra possibilidade terapêutica, com seu estado de saúde precário, a doença em franco progresso, toda a problemática do uso do fármaco tendo sido apontada;

e) a proibição do que trata o art. 6 supracitado seja superada pela necessidade imperiosa da terapêutica de último recurso, não cabendo, no meu entender, arranhaduras jurídicas legais ou éticas.

PROF. FLÁVIO ADOLFO COSTA VAZ
Membro da Comissão de Bioética

Parecer aprovado pela CoBi em sessão de 23.09.99

Parecer CoBi

Assunto: Termo de Responsabilidade, Ciência e Consentimento do Instituto de Psiquiatria

Analisando-se o Termo, nota-se que houve um denodado esforço em se elaborar um documento, baseado no atual Termo de Responsabilidade em vigor no Complexo HCFMUSP, que atendesse às peculiaridades intrínsecas do atendimento em saúde mental, coerente com as recentes alterações na legislação que versam sobre os cuidados e internação psiquiátricos e com recente Resolução do Conselho Federal de Medicina (**RESOLUÇÃO CFM 1.598/00** – Normatiza o atendimento médico a pacientes portadores de transtorno mental), que normatiza procedimentos referentes às internações involuntárias. Também contempla a comunicação das internações involuntárias, quando as houver, à Comissão de Revisão das Internações Involuntárias, e a decência de informar tal fato ao paciente. Uma outra qualidade dos documentos é um cuidado de preservar os direitos da pessoa portadora de transtorno psiquiátrico num documento sucinto e ao mesmo tempo abrangente. Os pontos todos foram tocados, incluindo alguns particularmente nevrálgicos.

Houve necessidade de mudar alguns pontos constantes do Termo de Responsabilidade geral, por conflitar com a legislação em vigor.

AS MUDANÇAS NA LEGISLAÇÃO

Vale a pena uma sucinta análise da *LEI 10.216 DE 06 DE ABRIL DE 2001,* também conhecida como Lei Paulo Delgado, a qual dispõe sobre a proteção e os direitos das pessoas portadoras de transtornos mentais e redireciona o modelo assistencial em saúde mental, sendo que em muitos aspectos representa um brutal avanço, mas que ainda tem alguns pontos retrógrados.

Vejamos o artigo 6º:

Artigo 6º – A internação psiquiátrica somente será realizada mediante laudo médico circunstanciado que caracterize os seus motivos.

Parágrafo único – São considerados os seguintes tipos de internação psiquiátrica:

I – internação voluntária: aquela que se dá com o consentimento do usuário;

II – internação involuntária: aquela que se dá sem o consentimento do usuário e a pedido de terceiro; e

III – internação compulsória: aquela determinada pela Justiça.

Mantém uma antiga arbitrariedade legal, ou seja, permite ao magistrado, geralmente sem formação em medicina ou em saúde mental, a prerrogativa de poder internar qualquer pessoa, a seu bel-prazer, em estabelecimento psiquiátrico! Já testemunhamos situações que do ponto de vista médico não havia a mais remota necessidade de internação com o mandado do juiz exigindo tal medida! Esta arbitrariedade legal obrigou o IPq a elaborar o item VII.

Vejamos também o parágrafo segundo do artigo oitavo:

§ 2º – O término da internação involuntária dar-se-á por solicitação escrita do familiar, ou responsável legal, ou quando estabelecido pelo especialista responsável pelo tratamento.

Ou seja, quem pode "desinternar", para usar a nomenclatura pós-desconstrutivista tão afeita a alguns sociólogos, é o médico ou o responsável legal, tão-somente! O que o infeliz do paciente acha ou deixa de achar é completamente irrelevante e o legislador simplesmente deixou de lado.

Uma conseqüência desta imposição legal é que fica impossível a figura do representante indicado, no caso das internações involuntárias, e o Termo do IPq, por força legal, se viu obrigado a respeitar conforme está no item VI.

O artigo 11 é muito superficial, pois exige, para participação em experimentos, do consentimento expresso do paciente ou do seu representante legal. Ora, há situações em que o paciente não deseja participar e o responsável legal, por ele mesmo, autoriza a participação. No IPq se recomenda que só se faça pesquisa caso o paciente concordar, ainda mais se for menor de idade!

Não obstante tais virtudes que não deixam de merecer os maiores encômios, creio que alguns pequenos detalhes podem ser reformulados, a saber:

- O título "Termo de Responsabilidade, Ciência e Consentimento" é um tanto quanto intimidador e evoca o antigo autoritarismo, muito embora a intenção não seja esta.
- O item 3 do IV ficaria melhor "tomo ciência das Normas Assistenciais contidas no verso desta folha". O paciente não tem obrigação de expressar sua concordância, da forma que está fica parecendo coação.
- Os itens IX e X não me parecem pertinentes. Quem deve assinar deve ser tão somente o paciente, ou se necessário, o representante indicado ou o responsável legal, à guisa do Termo para pacientes maiores e capazes. E tal ato não requer testemunhas.
  - No que diz respeito às Normas Assistenciais do IPq valem alguns reparos.
  - *Parágrafo* 2º do artigo talvez melhor conforme preconiza a literatura.
  - *Parágrafo* 1º não é necessário o testemunho de mais ninguém além daquele do profissional de saúde envolvido.
  - *Parágrafo* 4º – polêmico. A lei Paulo Delgado faculta ao responsável legal o término da internação. Por conseguinte, o ônus e a responsabilidade serão de quem executar tal ato. E talvez fosse melhor, se tanto, registrar que, na impossibilidade de alternativas terapêuticas adequadas que substituam as rejeitadas, esta rejeição, por parte do paciente, responsável legal ou representante indicado, **isenta** a equipe de saúde mental da responsabilidade por quaisquer conseqüências adversas à saúde *diretamente relacionadas a esta recusa.*

DR. JOSÉ CARLOS RAMOS CASTILLO
Relator
Membro da Comissão de Bioética

Parecer CoBi 011/2004

Assunto: Orientação quanto à modificação do item "OBS" do Termo de Responsabilidade para Atendimento à Criança e ao Adolescente
Solicitante: Subcomissão de Bioética do Instituto da Criança

Discutido e esclarecido que a observação inserida no termo de responsabilidade do Instituto da Criança – ICr destina-se à proteção dos pacientes, houve concordância na utilização da mesma, tão logo algumas modificações sejam feitas: os dados serão coletados, mas não será necessária a assinatura da pessoa que trouxer a criança.

Constar uma explicação que a presença obrigatória do responsável legal não apenas é importante para assinatura do termo de responsabilidade, mas também, que no momento da alta, apenas o responsável legal da criança poderá retirá-la do hospital.

Uma sugestão de redação segue:

OBS: Quando a pessoa que trouxer a criança/adolescente não for o responsável legal, preencher os campos abaixo e advertir que o comparecimento do responsável legal é obrigatório, para assinar o termo, bem como o Hospital só poderá deixar a criança/adolescente sair no momento da alta se acompanhado do responsável legal, e que o auxílio neste contato é desejável.

Nome: ....

Documento: ....

Vínculo: ....

Endereço: .... Cidade: .... Estado: ....

Telefone: ....

DR. MAURÍCIO SECKLER
Relator
DRA. FÁTIMA SOLANGE PASINI
Revisora
Membros da Comissão de Bioética

Parecer aprovado pela CoBi em sessão de 28.10.2004

Sistema CTcP,
impressão e acabamento
executados no parque gráfico da
Editora Santuário
www.editorasantuario.com.br - Aparecida-SP